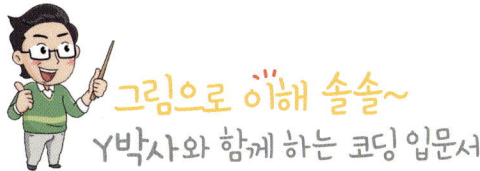

C로 배우는 자료구조와 알고리즘

www.cyber.co.kr

Y박사
- 미국 T대학 컴퓨터공학 박사.
- 대기업 컴퓨터 교육 담당.
- 이 책의 총괄 기획자.

한인
- 동국대학교 컴퓨터공학과 공학 박사
- 동국대학교 전산원 컴퓨터공학과 교수

정승태
- 동국대학교 컴퓨터공학과 석사
- (주) 올원 CTO

저자 소스 링크
https://github.com/jinniahn/book_python_example

그림으로 이해 솔솔~
Y박사와 함께 하는 코딩 입문서

C로 배우는 자료구조와 알고리즘

Y박사 기획 | 한인·정승태 저

성안당
www.cyber.co.kr

머리말

지난 2016년 3월(3/9~3/15)에 전 세계를 경악하게끔 만든 사건이 서울에서 일어났습니다. 프로 바둑 기사이자 프로 9단인 이세돌 기사가 구글의 자회사 중 하나인 딥마인드(DeepMind)라는 회사에서 만든 알파고(AlphaGO)라는 인공지능 바둑 소프트웨어에 무참하게 패배했기 때문입니다.

IT 분야에 종사하는 사람들은 2016년 3월의 알파고의 출현 전후를 본격적으로 대중화된 인공지능의 등장 이전과 이후로 나눕니다. 알파고와 같은 인공지능 소프트웨어는 이전에도 여러 가지 존재했지만 간혹 해외 토픽에서나 등장했던 기사 거리 정도였지 오늘날처럼 IT 학계와 업계의 근간을 뒤흔든 적은 없었습니다. 인공지능이라는 개념이 거창하게 느껴지기는 하지만, 사실 인공지능은 '고도화된 알고리즘'이라고 봐도 무방합니다. 다시 말하면 이세돌 9단을 꺾은 알파고는 '고도화되고 최적화된 바둑용 알고리즘'이라고 말할 수 있습니다.

이 책은 알고리즘을 처음 접하는 중, 고등학교 학생들뿐만 아니라 대학 초년생들까지도 이해할 수 있도록 구성되었습니다. 이 책의 가장 큰 장점은 기본적으로 알아야 하는 알고리즘을 거의 대부분 다루고 있다는 것입니다. 이러한 장점은 나중에 복잡한 알고리즘을 공부하더라도 끈기 있게 따라갈 수 있도록 기본기를 탄탄하게 해줍니다. 이 책의 또 다른 특징은 구성, 용어 등 다소 어렵게 느껴지는 개념들을 다양한 예제와 편안한 일러스트로 설명하고 있다는 점입니다. 소스 코드로 도배되어 있는 책들과 달리 편안한 설명도 큰 장점입니다. 마지막으로 이 책의 구성과 설명이 교재용으로 적합하게 되어 있다는 점입니다. 딱딱하지 않고 간결하고 군더더기 없는 설명이나 코드들은 선생님이나 교수님들께서 좋아하시리라 생각듭니다.

이 책은 알고리즘에 대한 설명을 하되 다음의 의문점을 해결하고자 노력했습니다.
- 왜 이 알고리즘이 필요한가?
- 언제 이 알고리즘을 사용하는가?
- 이 알고리즘의 장점은 무엇이고, 단점은 무엇인가?

알고리즘 설명과 함께 이 알고리즘이 적용되어 실행되는 예제 프로그램의 모습(캡처 화면)과 중간 중간의 코드를 함께 설명합니다. 각 알고리즘의 설명이 끝난 후에 전체 코드를 보여줍니다. 이 책은 C를 사용하여 프로그래밍에서 가장 큰 부분에 해당하는 알고리즘에 대해 설명하고 있지만, 비단 C 언어에만 국한되는 것이 아니라 다양한 프로그래밍 언어를 사용하는 여러 분야에서 사용될 수 있습니다.

이 책이 기획되고 집필하는 동안 많은 분들의 노고가 곁들여졌습니다. 성안당 출판사의 담당자, 편집자님께 감사를 드립니다. 필자의 부족한 시간 관리로 인해 그 동안 마음고생이 많으셨는데 좋은 품질의 결과물로 만들어 주셔서 이 자리를 빌어 감사를 드립니다. 집필과 업무를 동시에 진행하면서 정신줄을 놓을 뻔할 때마다 호주 출장 때 다친 허리 통증으로 힘들어하면서도 저의 정신적 멘토이자 평생 친구가 되어 준 37년 친구 김상인 교수님께도 감사를 드립니다. 김교수님의 위로와 격려가 아니었으면 이 책은 결코 빛을 보지 못했을 겁니다. 놀라운 추진력과 결단력으로 결정 장애가 있는 필자에게 단호박 같은 결단력을 보여 준 이수연 사장님과 필자의 성급한 결정을 끊임없는 지도와 촌철살인의 훈계로 바로 잡아 주신 이유진 사장님께도 이 자리를 빌어 다시 한 번 감사를 드립니다. 장기간 출장에 지친 필자의 영혼을 맛있는 곱창으로 회복시켜 주신 박미옥 대표님께도 감사를 드립니다.

2017년 11월 어느 날
저자 Y박사

이 책의 구성

이 책은 C 프로그래밍 언어를 사용하여 자료 구조와 알고리즘을 익히도록 구성하였습니다. 독자 스스로 한 장씩 학습할 수도 있고, 중/고등학교를 비롯한 정식 교육 기관에서 선생님의 강의를 통해 학습할 수도 있습니다. 예제 소스와 도표, 삽화와 참고 팁 등을 통해 쉽고 편하게 학습할 수 있습니다.

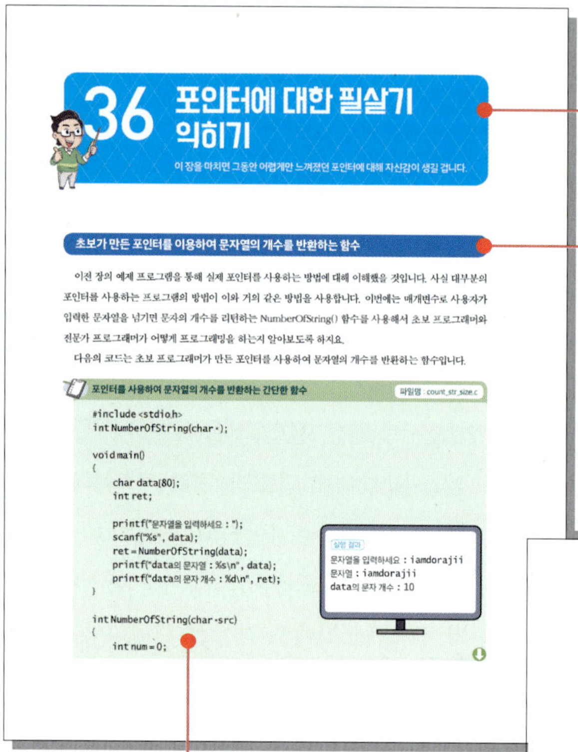

> 알고리즘과 자료구조의 다양한 기능을 각 섹션별로 구성합니다.

> 본격적인 학습 코너로서 중간 제목을 넣어 구분하여 설명합니다.

> 예제 소스의 제목과 파일명, 실행 결과를 통해 따라하기 쉽도록 구성하였습니다.

> 개념 설명을 알기 쉬운 그림을 통해 설명합니다.

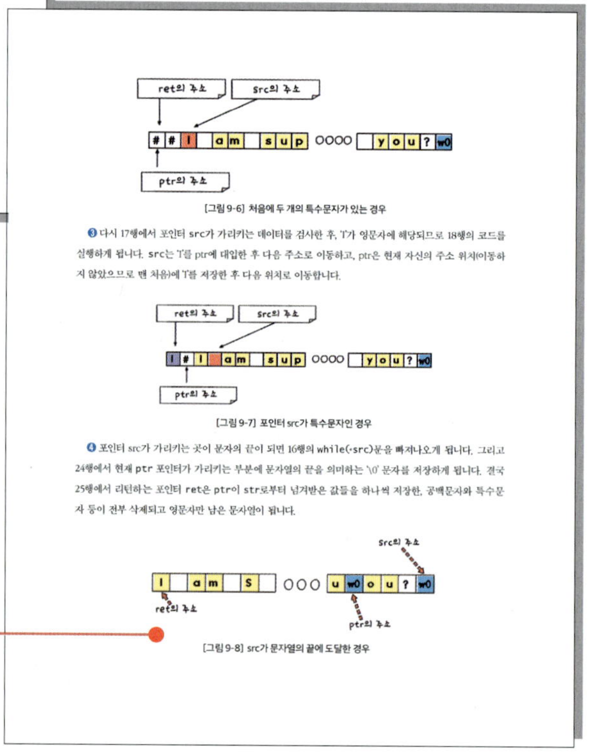

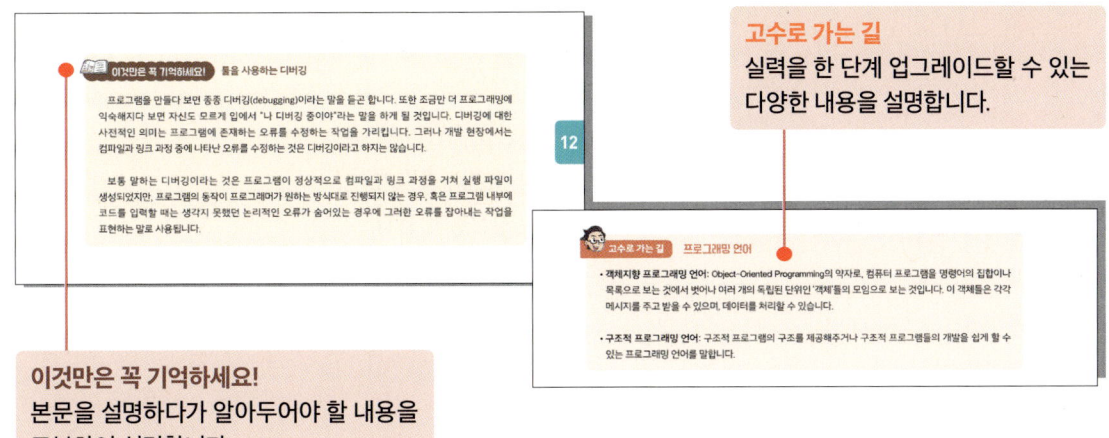

고수로 가는 길
실력을 한 단계 업그레이드할 수 있는
다양한 내용을 설명합니다.

이것만은 꼭 기억하세요!
본문을 설명하다가 알아두어야 할 내용을
구분하여 설명합니다.

이 책을 읽기 전에

이 책은 자료 구조와 알고리즘을 중점적으로 학습하기 위한 내용으로 구성되어 있기 때문에 C 프로그래밍 언어에 대해서는 어느 정도 익숙한 상태에서 학습하는 것이 좋습니다. 물론 C 프로그래밍 언어의 고급 기술들을 사용하지는 않으며, 필요한 경우 책 안에서 설명하고 있으므로 크게 걱정할 필요는 없습니다.

- **1장** 변수에 대한 개념과 간단한 설명입니다. 변수와 자료형의 관계에 대해서도 설명합니다.
- **2장** 알고리즘의 정의와 자료 구조의 관계에 대해 설명합니다.
- **3장** 프로그램에서 사용하는 메모리에 대해 설명합니다. 실제 프로그램이 어떻게 컴퓨터의 메모리를 사용하고, 메모리의 주소가 무엇인지에 대해 설명합니다.
- **4장** 메모리를 사용하기 위해 C 언어에서 제공하는 포인터의 개념과 사용 방법에 대해 설명합니다.
- **5장** 본격적으로 알고리즘의 기본적인 내용을 설명합니다. 그 중 가장 간단한 형태인 연결 리스트에 대해 설명합니다.
- **6장** 모든 프로그램에서 기본적으로 사용하는 스택의 개념에 대해 이해하기 쉬운 도표와 예를 들어 설명합니다.
- **7장** 운영체제와 시스템 프로그래밍에서 자주 사용하는 큐에 대해 설명합니다.
- **8장** 인공지능 분야에서 기본적으로 사용하는 알고리즘인 트리에 대해 설명합니다.
- **9장** 알고리즘을 효과적으로 설계하고 사용하기 위해 꼭 필요한 포인터의 개념에 대해 설명합니다.
- **10장** 가장 빠른 검색 방법으로 알려진 해쉬 알고리즘에 대해 설명합니다.
- **11~12장** 주어진 데이터를 빠르게 정렬하는 정렬 알고리즘에 대해 설명합니다.
- **13~14장** 주어진 데이터를 빠르게 검색하는 검색 알고리즘에 대해 설명합니다.

되도록 독자들이 이해하기 쉽도록 편한 예제와 코드를 사용했습니다. 그럼에도 불구하고 문의할 내용이 있다면 inhan0730@gmail.com으로 연락 바랍니다. 언제든지 여러분의 질문을 환영합니다.

목차

1장 자료형과 함께 생각하자
- 01 헝가리언 표기법이 뭐길래 — 14
- 02 변수의 개념과 초기화 — 16
- 03 변수는 자료형과 묶자 — 18
- 04 변수와 자료형 사용 시 주의점 — 23

2장 알고리즘이 뭔가요?
- 05 알고리즘의 의미 알기 — 30
- 06 알고리즘의 3대 요소 — 36
- 07 자료구조와 알고리즘 관계 — 42

3장 찜질방 사물함, 배열
- 08 메모리의 물리적인 개념 — 52
- 09 메모리의 크기 단위 — 56
- 10 메모리와 주소와의 관계 — 59
- 11 모든 변수는 메모리에 할당된다 — 62
- 12 컴퓨터에서 출력되는 주소는 상대주소이다 — 64
- 13 십진수가 아니라 이진수를 사용하는 이유 — 66

4장 사물함 열쇠, 포인터
- 14 배열과 포인터는 다르다? — 70
- 15 배열과 포인터를 사용할 때 발생하는 문제 — 73
- 16 포인터로 함수의 파라미터 사용 시 문제점 — 78
- 17 문자열을 다루는 세 가지 방법 — 82
- 18 포인터를 사용한 문자열 처리 — 85

5장 줄줄이 소시지, 연결 리스트

19	연결 리스트란	92
20	연결 리스트의 삽입 알고리즘	96
21	연결 리스트의 삭제 알고리즘	104
22	이중 연결 리스트와 원형 연결 리스트	111

6장 회전 초밥집의 접시, 스택

23	무조건 쌓아라	122
24	스택의 구현	126
25	스택의 응용	131
26	괄호 계산이 되는 계산기	136

7장 워터 파크 줄서기, 큐

27	큐의 개념과 구현	148
28	큐의 동작 분석	152
29	연결 리스트를 사용한 큐의 구현	156

8장 왕족의 족보, 트리

30	트리의 개념과 용어	168
31	트리의 전위 순회	172
32	중위 순회 알고리즘	181
33	후위 순회 알고리즘	185

목차

9장 만능 열쇠, 포인터

- 34 포인터를 사용한 문자열 처리 — 192
- 35 전문가들의 포인터를 이용한 문자열 다루는 함수 — 198
- 36 포인터에 대한 필살기 익히기 — 204
- 37 특수 문자를 제거하는 함수 만들기 — 208

10장 해쉬 알고리즘

- 38 키-주소 검색 알고리즘 — 220
- 39 키-맵핑 알고리즘 — 225
- 40 해쉬 알고리즘의 데이터 중복 문제 — 229
- 41 해쉬 알고리즘의 문제점을 해결하는 방법 — 231

11장 줄을 서시오 - 정렬 알고리즘 I

- 42 다양한 정렬 알고리즘 — 238
- 43 선택 정렬 알고리즘 — 240
- 44 삽입 정렬 알고리즘 — 246

12장 좀 더 빨리 줄을 서시오 - 정렬 알고리즘 II

- 45 버블 정렬 알고리즘 — 252
- 46 셸 정렬 알고리즘 — 256
- 47 4가지의 기본 정렬 알고리즘의 비교 — 261

13장
보물 찾기 - 검색 알고리즘

48	순차 검색 알고리즘	268
49	순차 검색 알고리즘에서 데이터의 삽입	273
50	순차 검색 알고리즘에서 데이터의 삭제	280

14장
조금 더 특별한 검색 알고리즘

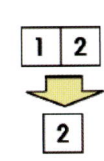

| 51 | 연결 리스트를 사용한 검색 알고리즘 | 288 |
| 52 | 보간 검색 | 298 |

자료형과 함께 생각하자

흔히들 변수라고 하면 변수 이름을 만드는 규칙에 대해서만 집중적으로 생각하는 경향이 있습니다. 또한 대부분의 프로그래밍 서적이 이러한 내용으로만 설명을 하죠. 그러나 변수의 중요성은 이름이 아니라 변수의 활용이 더욱 중요합니다. 이 장에서는 변수를 활용할 때 뗄래야 뗄 수 없는 자료형에 대해서 변수의 개념과 묶어서 알아보도록 합시다.

01 헝가리언 표기법이 뭐길래
02 변수의 개념과 초기화
03 변수는 자료형과 묶자
04 변수와 자료형 사용 시 주의점

01 헝가리언 표기법이 뭐길래

소스 코드를 잘 이해하기 위해서, 먼저 변수의 의미를 쉽게 파악하는 것이 중요합니다. 변수의 이름에 그 역할과 기능이 담겨 있기 때문입니다. 변수의 이름을 만드는 헝가리언 표기법이 무엇인지, 그 특징에 대해 알아봅니다.

헝가리언 표기법이란

변수 이름은 한 번 지어놓고 다시 보거나 다른 사람이 보더라도 금방 이해할 수 있도록 지어야 합니다. 그냥 a, b, c와 같이 변수 이름을 지어놓으면 나중에 이 변수들이 무슨 값을 저장하기 위한 것인지 기억하기 어렵거든요. 그래서 변수 이름은 대개 단어들을 조합하여 만듭니다. 각 변수 이름에 접두어를 붙여서 변수가 하는 일을 할 수 있게 하거나, 변수 이름에 두 단어 이상을 사용하여 만들 때 두 번째 단어의 첫 글자를 대문자로 표현합니다. 이런 여러 가지 방법을 '헝가리언 표기법'이라고 하는데, 헝가리 사람이 개발했기 때문에 붙여진 명칭입니다.

헝가리언 표기법의 특징

헝가리언 표기법의 특징은 다음과 같습니다.

❶ 변수의 대소문자를 구분한다.
❷ 특별한 접두어를 사용한다.

```
int Age;
int GradeOfKorean;
char fChecked;
```

어떻습니까? 변수의 이름만 보고도 쉽게 이해가 되죠? 특히 Age나 GradeOfKorean과 같이 변수의 첫 문자를 대문자로 적어주면 이해하기 쉽겠죠? 다음은 헝가리언 표기법에 주로 사용되는 접두어들입니다. 꼭 외울 필요는 없지만, 알아두면 피와 살이 될 거에요.

접두어	의미
a	배열
b 또는 f	BOOL형 변수(b는 "bool", f는 "flag"의 약자)
by	BYTE(unsigned char)형 변수
c	카운터로 사용되는 변수
ch	char형 변수
cx, cy	x, y 길이를 나타내기 위해 사용되는 변수
d	날짜형 변수
dbl	double형 변수
h	핸들(handle)형 변수
n 또는 i	int형 변수
p	포인터 변수
lp	long(far) 포인터 변수(32비트 프로그래밍에서는 일반 포인터와 같음)

[표 1-1] 변수의 접두어와 그 의미

종종 헝가리언 표기법에 목숨 걸듯이 매달리는 개발자들이 있습니다. 특히 나이가 조금 지긋하신 개발자들이 더욱 그렇죠. 그러나 여기서 잠깐, 헝가리언 표기법이든 코리언 표기법이든 정작 문제의 핵심은 소스 코드의 이해를 돕기 위한 하나의 방법론이라는 것입니다. 헝가리언 표기법을 지키지 않더라도 다른 사람들이 소스 코드를 볼 때 변수의 이름만 보고 그 역할이나 기능을 이해할 수 있으면 충분합니다.

고수로 가는 길 — 카멜 표기법이란

헝가리언 표기법과 함께 근래에 많이 사용하는 표기법이 '카멜 표기법(Camel Casing Notation)'입니다. 카멜 표기법은 자바(java) 언어에서 시작된 것이며 변수 이름을 작성할 때 단어와 단어가 만나는 경우, 각 단어의 첫 번째 글자를 대문자로 표기하는 방법입니다. 그 모양이 낙타의 등처럼 대문자로 불룩 튀어나와 있는 형태가 되어 카멜 표기법이라고 합니다.

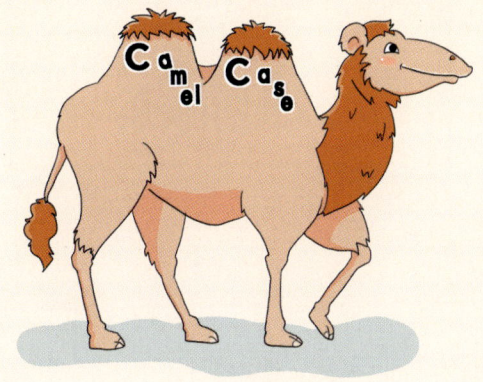

[그림 1-1] 카멜 표기법

02 변수의 개념과 초기화

변수의 개념을 먼저 이해하고 초기화하는 두 가지 방법을 소스 코드와 함께 살펴봅시다. 변수의 개념이 그래로 이해가 안되거나 어려운 단어가 나와도 고민하지 말고, 용기내서 계속 진도를 나가 봅시다.

변수의 개념

변수가 정의되면 변수의 자료형의 크기만큼 메모리에 영역이 할당됩니다(18쪽, '**03 변수는 자료형과 묶자**' 참고). 할당된다는 것은 메모리 공간에 자료형만큼의 크기가 잡힌다는 의미가 되죠. 그런데 메모리에 데이터를 저장할 공간을 마련하는 것으로는 충분하지 않습니다. 이 공간에는 이전에 기록된 다른 값들이 어지럽게 저장되어 있을테니까 말이죠. 여러분들이 연습장에 수학 문제를 다시 풀려는데, 이미 다른 숫자들이 빽빽하게 쓰여 있는 곳 위에 또 다시 쓰게 되면 너무 어지럽겠죠? 메모리도 이와 마찬가지로 변수를 정의하고 나면 그 변수의 메모리 안에는 어떤 값들이 들어 있는지 알 수 없습니다. 이런 값들을 보통 '쓰레기 값'이라고 말하죠. 그래서 기존에 썼던 내용을 지우개로 박박 지우는 것처럼 변수도 초기화하는 과정이 필요합니다.

[그림 1-2] 메모리 공간에 쓰레기들이 잔뜩 들어있는 모습

변수를 초기화하는 방법

변수를 초기화하는 방법은 간단합니다. 변수를 정의하고 나서, 그 변수에 원하는 초기값을 대입해주면 됩니다. 변수 초기화 방법에는 다음과 같이 두 가지가 있습니다.

첫 번째는 변수를 정의할 때 변수의 초기화를 함께 해주는 방법입니다.

변수의 정의와 함께 초기화

```
int number = 0;
char score_English = 'A';
short MyAge = 33;
```

두 번째는 변수의 정의만 미리 해두고, 변수의 초기화는 그 변수를 사용하기 전에 하는 방법입니다.

변수의 정의 이후 별도의 초기화

```
int number;
char score_English;
short MyAge;
    ....
number = 0;
    ....
score_English = 'A';
    ....
Age = 33;
```

어떤 방법이 더 좋은가는 그때 그때 달라요. 어떤 방법을 사용하든 상관없지만 '정의된 변수는 초기화가 필요하다'는 것은 꼭 기억해 두세요.

03 변수는 자료형과 묶자

자료형이 무엇인지 알아보고 메모리를 효율적으로 관리하는 방법을 알아봅니다.
자료형과 변수의 관계를 이해하고 실제 간단한 예제를 통해 실습해 봅니다.

자료형이란

자료형(Data Type)이란 데이터를 저장하는 공간입니다. 단, 데이터가 저장되는 공간이 하드디스크나 USB 메모리가 아니라 메모리입니다. 프로그램이 실행되면 프로그램 실행을 위해 사용되는 데이터는 메모리에 저장하여 그 프로그램을 종료할 때까지 메모리에 상주하게 됩니다. 보통 용량이 큰 프로그램의 경우 많은 양의 메모리를 차지한다는 것이 이런 이유에서 나오는 말이죠. 그런데 메모리를 잘 사용하면, 즉 프로그램을 만들 때 프로그램이 메모리를 효율적으로 사용하도록 만들면 같은 기능의 프로그램이라도 속도와 안정성 면에서 더욱 뛰어난 프로그램이 됩니다.

메모리 효율적으로 사용하기

어떻게 하면 메모리를 효율적으로 사용하도록 만들 수 있는 걸까요? 그 원리는 데이터의 종류에 따라서 사용하는 메모리 공간에 차이가 난다는 점을 이용하는 것입니다. 즉, 데이터의 종류에 따라 메모리 공간이 낭비되지 않도록 적절하게 지정해 주는 거죠.

예를 들어, 멋진 한식당에서 한정식을 주문했는데 막상 밥상을 받고 보니 김치를 담은 그릇이나 된장찌개를 담은 그릇이나 밥을 담은 그릇이 모두 크기가 같다면 어떨까요? 보통의 경우에는 김치를 담는 그릇, 밥을 담는 그릇 그리고 국이나 찌개를 담는 그릇을 따로 사용합니다. 아무리 그 집이 음식이 맛있고 푸짐해도 모든 음식을 똑같은 그릇에 담아 사용한다면 좀 이해가 안될 수 있습니다. 물론 그 집의 콘셉트(concept)가 '쌩뚱'이라면 얘기가 다르겠지만요. 어떤 방법이 더 좋은가는 그때 그때 달라요. 어떤 방법을 사용하든 상관없지만 '정의된 변수는 초기화가 필요하다'는 것은 꼭 기억해 두세요.

자료형도 마찬가지입니다. 데이터에 따라서 필요한 메모리 공간이 서로 다릅니다. 어떤 데이터는 1바이트만을 필요로 하지만, 또 어떤 데이터들은 4바이트를 필요로 하는 경우가 있습니다.

[그림 1-3] 다양한 그릇의 종류

이렇게 사용할 데이터의 종류에 따라 메모리 공간을 적절하게 설정해 주는 것을 자료형이라고 합니다. 정리하자면, 자료형이란 효율적인 프로그래밍을 위해 미리 정의해 둔 메모리의 저장 공간을 의미합니다.

그리고 각 프로그래밍 언어에서는 프로그래머가 데이터를 처리하기 전에 미리 데이터의 유형, 즉 자료형을 선언하도록 해놓았습니다. 실제로 프로그래밍에 능숙한 사람들은 데이터의 크기에 따라 적절한 자료형을 선언하여 사용하고 있으며, 이런 능력이 특히 뛰어난 사람들이 시스템 프로그래머로, 그리고 프로그램 튜닝 전문가로 활동하고 있습니다.

자료형과 변수의 관계

자료형과 변수와의 관계는 위의 한식집 예에서 볼 수 있듯이 그릇의 종류와 그릇에 담길 내용물을 연상하면 쉽게 이해할 수 있습니다. 자료형은 그릇의 종류를 말하며 변수는 그릇의 이름을 말합니다. 다시 그릇의 예를 들어봅시다. 여러분들의 집에 있는 국그릇은 '미역국 그릇', '북어국 그릇', '냉이국 그릇…'. 이렇게 국그릇마다 용도가 정해져 있나요? 그렇지 않죠? 저희 집도 그렇지 않습니다. 미역국을 먹을 때는 국그릇에 미역국을 담으면 되고, 북어국을 먹을 땐 국그릇에 북어국을 담으면 되죠. 마찬가지로 자료형은 국그릇에 해당되며, 변수는 그릇에 담길 내용을 의미합니다.

```
int MiyukGuk; /* 미역국 */
```

위와 같이 정수형을 갖는 변수를 MiyukGuk이라고 선언하면 int라는 것은 '이 MiyukGuk은 국그릇이다'

라는 것을 의미합니다. 다시 말하면 변수 MiyukGuk이 국을 담을 만한 크기의 그릇을 의미합니다. 변수 MiyukGuk이라는 이름은 '미역을 담겠다'는 것을 의미합니다. 그럼 북어국은 어떻게 만들까요?

```
int BukaGuk; /* 북어국 */
```

요렇게 되겠죠. 이제 자료형과 변수의 관계에 대해 머릿속에 차곡차곡 정리되나요? 대부분의 프로그래밍 언어에서는 자료형을 사용하지만 그 중에서 가장 많이 사용하는 것은 C 언어입니다.

자료형	이름	읽는 법	크기	값의 표현 범위
정수형	char	캐	1바이트	-128 이상 +127 이하
	unsigned char	언사인드 캐		0~255 이하
	short	쇼트	2바이트	-32,768 이상 +32,767 이하
	unsigned short	언사인드 쇼트		0 ~ 65,535 이하
	int	인트	4바이트	-2,147,483,648 이상 + 2,147,483,647 이하
	unsigned int	언사인드 인트		0 ~ 4,294,967,295 이하
	long	롱	4바이트	-2,147,483,648 이상 +2,147,483,647 이하
	unsigned long	언사인드 롱		0 ~ 4,294,967,295 이하
	long long	롱롱	8바이트	-9,223,372,036,854,775,808 이상 +9,223,372,036,854,775,807 이하
	unsigned long long	언사인드 롱롱		0 ~ 18,446,744,073,709,551,615 이하
실수형	float	플로트	4바이트	$\pm 3.4 \times 10^{-37}$ 이상 $\pm 3.4 \times 10^{38}$ 이하
	double	더블	8바이트	$\pm 1.7 \times 10^{-307}$ 이상 3.4×10^{308} 이하
	long double	롱더블	8바이트 이상	Double 이상의 표현 범위

[표 1-2] C 언어에서 제공하는 자료형

자료형의 크기 이해하기

char형은 문자를 저장하는데 왜 1바이트만 사용하는 걸까요? 그것은 1바이트로 나타낼 수 있는 경우의 수와 관련 있습니다. 1바이트, 즉 8개의 비트로 나타낼 수 있는 경우의 수는 00 00 00 00에서 11 11 11 11까지 256가지입니다. 즉, 알파벳의 대소문자와 숫자를 모두 사용해도 256개보다는 작기 때문에 1바이트만으로 문자 데이터를 저장하기에 충분한 것이죠. 그런데 숫자는 알파벳의 개수에 비해 무한합니다. 그렇다고 무조건 숫자를 저장할 변수의 크기를 아주 크게 설정하는 것은 또 낭비가 되죠. 이런 점에서 정수형은 웬만한 숫자 표현이 가능한 4바이트의 크기가 할당됩니다. 1바이트당 8비트씩 계산하면(8 × 4 = 32) 모두 32비트가 되므로 4바이트로 2의 32승(4,294,967,296)만큼의 숫자 데이터를 저장할 수 있죠. 따라서 char형이 간장종지 만한 그릇이라면, int형은 국그릇 정도의 크기가 되는 거죠.

여기서 잠시 sizeof( )라는 함수를 이용하여 각 자료형이 차지하는 실제 메모리 공간을 알아보는 예제 프로그램을 만들어 보면서 자료형의 크기를 이해해 보도록 하죠. sizeof( ) 함수는 데이터의 실제 크기를 알아내는 기능을 합니다. 따라서 sizeof( ) 함수를 적절하게 사용하면 프로그램 내부에서 실제로 사용하는 데이터의 크기를 알 수 있게 되므로 상당히 유용합니다.

소스 코드를 컴파일한 후 파일을 실행하면 다음과 같은 결과를 얻을 수 있습니다.

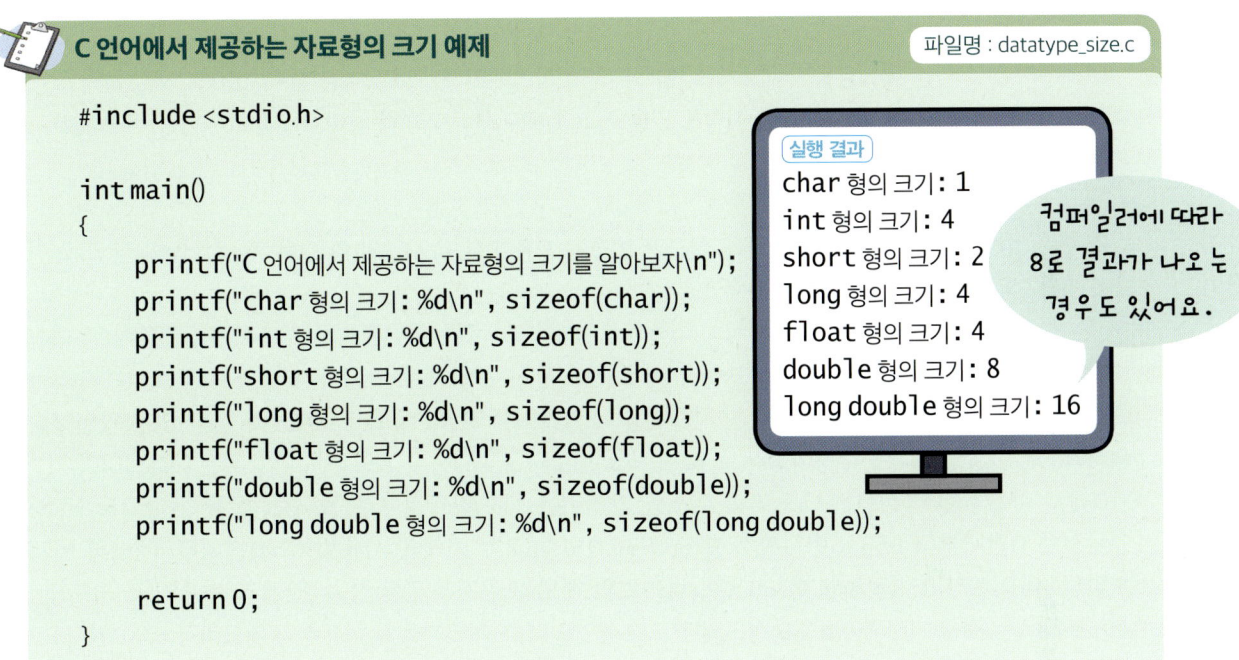

C 언어에서 제공하는 자료형의 크기 예제 파일명 : datatype_size.c

```c
#include <stdio.h>

int main()
{
    printf("C 언어에서 제공하는 자료형의 크기를 알아보자\n");
    printf("char 형의 크기: %d\n", sizeof(char));
    printf("int 형의 크기: %d\n", sizeof(int));
    printf("short 형의 크기: %d\n", sizeof(short));
    printf("long 형의 크기: %d\n", sizeof(long));
    printf("float 형의 크기: %d\n", sizeof(float));
    printf("double 형의 크기: %d\n", sizeof(double));
    printf("long double 형의 크기: %d\n", sizeof(long double));

    return 0;
}
```

실행 결과
char 형의 크기: 1
int 형의 크기: 4
short 형의 크기: 2
long 형의 크기: 4
float 형의 크기: 4
double 형의 크기: 8
long double 형의 크기: 16

컴파일러에 따라 8로 결과가 나오는 경우도 있어요.

이것만은 꼭 기억하세요! 정수형의 크기

보통 C 언어를 사용하여 프로그래밍할 때 가장 많이 사용하는 자료형은 정수형입니다. 정수형이 표현할 수 있는 값의 범위가 -2,147,483,648에서부터 2,147,483,647까지의 범위라면 너무 큰 것 아닐까 하는 생각이 듭니다. 보통 프로그램에서 사용하는 값은 기껏해야 1부터 100까지 정도일텐데 왜 이렇게 정수형의 표현 범위가 큰 걸까요? 사실 C 언어에서 가장 많이 사용하는 정수형인 int형이 4바이트를 차지하고 있기 때문에 C 언어에서는 이보다 작은 값의 범위를 갖는 정수형 표현인 short형을 제공하고 있습니다. 또한, int형보다 큰 범위인 long형도 제공하고 있습니다. short형인 경우는 2바이트며, long형인 경우는 8바이트가 됩니다.

int형과, short형? long형이 뭔지 알아둡시다!

 **자료형은 컴퓨터마다 다를까?**

정수형이 CPU마다 다르다고 했는데, 그럼 문자형이나 실수형도 컴퓨터에서 사용하는 CPU마다 다를까요? 이렇게 CPU마다 자료형이 다르면 프로그램의 호환성에는 문제가 없을까요? 결론부터 얘기하면, CPU가 다르다고 해서 모든 자료형이 달라지지는 않는답니다. 예를 들어 문자형인 char형은 1바이트인데 이 자료형은 16비트이든, 32비트이든, 64비트이든 CPU와 상관없이 언제나 1바이트죠.

여러분이 갖고 있는 핸드폰을 꺼내보세요. 핸드폰 번호가 몇 자리인가요? 예를 들어, 010-123-1234와 같이 010을 제외한 나머지 번호가 7자리인 사람도 있을 거고, 010-1234-1234와 같이 010을 제외한 나머지 번호가 8자리인 사람도 있겠죠.

제가 기억하기로는 한 10년 전만 해도 핸드폰 번호는 모두 011-123-1234와 같이 7자리였답니다. 그런데 어느 때부턴가 8자리 번호도 사용하게 되었죠.

왜 8자리 번호가 생겨났을까요? 그것은 바로 핸드폰을 가입하는 가입자가 많아지다 보니 7자리만으로는 한계가 있기 때문이죠. 그래서 한 자릿수를 더 만들어서 7자리 때보다 10배 정도는 더 많은 가입자를 관리하도록 한 것입니다. 정수형이 16비트, 32비트, 64비트가 달라지는 이유도 바로 이와 같은 이유입니다.

C에서 사용하는 정수형은 메모리의 주소를 가리키는 자료형으로 사용됩니다. 예를 들어, 16비트의 경우라면 0번지부터 65535번지까지 총 65,536개의 메모리 번지를 사용할 수 있습니다. 메모리 번지 하나당 1바이트라고 가정하면 총 65,536 바이트의 메모리 공간을 관리할 수 있게 되는 것이죠. 하지만, 65,536이라는 것은 기껏해야 64KB 정도의 메모리 공간입니다. 여러분들의 컴퓨터의 메모리가 64KB인가요? 이 정도 용량이라면 전자계산기에나 어울리는 용량이겠죠. 그래서 32비트 CPU의 경우 정수형은 0번지부터 4,294,967,296번지까지 관리가 가능합니다. 이 정도 공간이면 4GB 정도의 공간입니다. 물론 CPU에 따라 정수형의 자료형이 달라지는 이유는 이외에도 몇 가지가 더 있습니다. 이에 대해서는 이 책의 중간중간에서 설명하도록 하겠습니다.

04 변수와 자료형 사용 시 주의점

변수와 자료형 사용 시에 주의해야 할 3가지에 대해 알아봅니다.

전역변수와 지역변수는 명확하게 구분지어 사용하자

이제 변수와 자료형에 대해 정리를 해봅시다. 변수를 사용할 때 가장 큰 문제가 되는 부분이 전역변수와 지역변수를 명확하게 구분하지 않고 프로그래밍을 하는 것입니다.

이런 경우에는 소스 코드를 이해하기도 어려울뿐더러 나중에 문제가 발생했을 때도 수정하기가 여간 까다롭지 않습니다. 따라서 되도록 전역변수의 사용을 피하되 어쩔 수 없이 전역변수를 사용해야 하는 경우에는 정확하게 그 변수의 목적과 사용을 명시해두고 사용해야 합니다.

private, protected, public을 명확하게 구분지어 사용하자

`private, protected, public`은 C++이나 자바(java)와 같은 객체지향 프로그래밍 언어에서 사용하는 형식 지정자입니다. C 언어와 같이 구조적 프로그래밍 언어에만 익숙해져 있는 독자들이라면 이 객체지향 프로그래밍 언어의 형식 지정자에 대해 잘 모를 것입니다. 혹시 그런 사람들이 있다면 C++이나 자바에 대해 설명한 서적을 참고하세요.

이 형식 지정자는 그 쓰임새가 확연히 구분되며 어떤 형식 지정자를 사용하느냐에 따라서 해당 변수의 기능이 제한됩니다. 따라서 객체지향 프로그래밍 언어를 사용하여 프로그래밍을 하는 개발자라면 이 세 개의 형식 지정자에 대해 완벽하게 이해하고 있어야 합니다.

이 세 개의 형식 지정자를 얼마나 잘 사용하느냐에 따라서 그 사람이 객체지향 프로그래밍을 어느 정도 이해하고 있느냐를 판단할 수도 있습니다.

 **고수로 가는 길** 　프로그래밍 언어

- **객체지향 프로그래밍 언어**: Object-Oriented Programming의 약자로, 컴퓨터 프로그램을 명령어의 집합이나 목록으로 보는 것에서 벗어나 여러 개의 독립된 단위인 '객체'들의 모임으로 보는 것입니다. 이 객체들은 각각 메시지를 주고 받을 수 있으며, 데이터를 처리할 수 있습니다.

- **구조적 프로그래밍 언어**: 구조적 프로그램의 구조를 제공해주거나 구조적 프로그램들의 개발을 쉽게 할 수 있는 프로그래밍 언어를 말합니다.

되도록 다른 사람들이 이해할 수 있는 변수 이름을 사용하자

다른 사람들이 이해하기 좋은 변수 이름을 사용하는 것이 세 번째로 유의해야 할 항목입니다. 아마도 이와 같은 프로그래밍을 하기 위해서는 헝가리언 표기법이나 카멜 표기법을 따르는 것이 좋겠죠. 그러나 앞에서도 설명했듯이 헝가리언 표기법이든 카멜 표기법이든 다른 사람이 이해하기에 좋은 표기법이면 상관없습니다. 소스 코드의 질적인 수준이 헝가리언 표기법을 사용했느냐 안했느냐라기보다 얼마나 효율적으로 소스 코드가 동작하느냐, 원하는 결과를 얻을 수 있느냐에 달려 있으니까요. 마지막으로 변수와 자료형을 묶어서 생각할 때 주의할 점은 분명히 사용하는 경우가 다름에도 불구하고 같은 자료형을 사용하기 때문에 문제가 발생하는 경우가 있습니다. 되도록 다른 사람들이 이해할 수 있는 변수 이름을 사용합시다.

 같은 자료형을 사용하지만 다른 목적으로 사용하는 경우의 예제　　　파일명 : getdata_sensor.c

```c
#include <stdio.h>

unsigned char fSensor;
unsigned char cCode;
unsigned char GetSensor(unsigned char, int);
int main()
{
    int i;
    fSensor = 0x08;

    for (i = 0; i < 8; i++)
        GetSensor(fSensor, i);
    printf("cCode : %c", cCode);
```

```
        return 0;
}
unsigned char GetSensor(unsigned char num, int i)
{
    if (num >> i)
        cCode = i + 'A';
    else
        cCode = 0;
    return cCode;
}
```

위의 코드는 앞에서 말한대로 헝가리언 표기법을 따르고 있고 특별히 문제가 될 부분이 없어 보입니다. 비록 프로그램을 실행시키고 그 결과를 확인하는데는 문제가 없겠지만, 위와 같은 형태의 소스 코드 파일이 10개, 100개 혹은 1,000개 이상 섞여 있다면 나중엔 문제가 될 수 있겠죠.

그 이유는 헝가리언 표기법을 사용하여 정의한 fSensor와 cCode라는 변수의 자료형 때문입니다. 위의 코드를 보면 변수 이름은 헝가리언 표기법을 사용했지만 자료형은 둘다 unsigned char형입니다. unsigned char형은 1바이트 자료형으로 변수 fSensor나 변수 cCode 둘다 단지 1바이트의 공간을 사용하는 변수라는 의미가 되죠.

문제는 1바이트를 사용하는 이러한 변수가 문제가 아니라 14행과 같이 GetSensor() 함수와 같은 리턴값도 unsigned char형이 되면 나중에 이 GetSensor()라는 함수가 fSensor에 해당하는 값을 리턴하는지, 아니면 cCode에 대한 값을 리턴하는지 알 수가 없습니다.

위의 프로그램 코드에서야 몇 줄 안되기 때문에 쉽게 알 수 있지만, 나중에 수천 줄, 혹은 수만 줄의 프로그램 소스 코드 안에서 GetSensor()라는 함수에 대한 호출 부분을 만나면 쉽게 이해하기가 어렵죠.

특히나 같은 unsigned char라고 하더라도 fSensor의 경우는 16진수를 사용하는 값이며, cCode ASCII 코드값을 사용하기 때문에 사용하는 공간의 크기만 같을 뿐 실제로는 전혀 별개의 목적으로 사용됩니다. 따라서, 위와 같은 프로그램 코드는 typedef를 사용하여 아예 내부적으로 사용하는 자료형에 대한 정의를 해주는 것이 좋습니다.

같은 자료형을 사용하지만 다른 목적으로 사용하는 경우의 예제 파일명 : getdata_sensor2.c

```c
#include <stdio.h>

typedef unsigned char SENSOR;
typedef unsigned char CODE;
SENSOR fSensor;
CODE cCode;
CODE GetSensor(SENSOR, int);

int main()
{
    int i;
    fSensor = 0x08;

    for (i = 0; i < 8; i++)
        GetSensor(fSensor, i);
    printf("cCode : %c", cCode);

    return 0;
}

CODE GetSensor(SENSOR num, int i)
{
    if (num>>i)
        cCode = i + 'A';
    else
        cCode = 0;

    return cCode;
}
```

어떻습니까? 2행과 3행처럼 typedef를 사용하여 같은 unsigned char형이라도 서로 다르게 SENSOR와 CODE라는 새로운 자료형으로 선언해주면, 6행과 같이 GetSensor() 함수의 프로토타입만 보고도 'SENSOR에 대한 값을 매개변수로 받아서 CODE 값을 리턴하는 함수구나'라고 알 수 있겠죠. 헝가리언 표기법이든 카멜 표기법이든 함수 이름과 변수 이름을 보는 순간 그 함수나 변수의 기능과 목적을 충분히 이해할 수 있다면 됩니다. 오히려 변수와 함수의 이름보다는 위의 예제 코드와 같이 자료형에 대한 이름을 정확하게 명시하는 것이 소스 코드를 이해하는데 훨씬 도움이 됩니다.

이것만은 꼭 기억하세요! 현명하게 전역변수를 사용하는 방법

처음 프로그래밍을 접하게 되면 전역변수라는 개념을 배우게 됩니다. 전역변수의 특징은 프로그램이 실행되는 순간에 메모리에 변수를 위한 공간을 확보해서 그 공간을 사용하던 사용하지 않던 상관없이 존재하는 변수입니다. 또한 전역(global)이기 때문에 어떤 함수, 어떤 파일에서도 별다른 제약 없이 사용할 수 있습니다.

전역변수는 잘못 사용하면 프로그램 자체를 망가뜨리는 원인이 될 수 있는 기능입니다. 물론 때에 따라서 전역변수를 반드시 사용해야만 하는 경우도 있지만, 그런 경우는 극히 드물고 어쩔 수 없이 전역변수를 사용해야 한다면 세밀한 주의가 필요합니다.

전역변수를 되도록 피하라고 했는데 전역변수를 굳이 사용해야만 하는 경우는 특별히 주의해야 할 사항이 있을까요? 사실 프로그램을 하다 보면 피치 못해 전역변수를 사용할 수밖에 없는 상황이 있습니다. 이런 경우는 혼자서 개발할 때는 그다지 큰 문제로 작용하지는 않지만, 여러 사람이 공동으로 작업할 때는 문제가 될 수 있습니다.

> 전역변수의 개념과 특징, 현명한 사용법을 기억합시다!

이와 같이 전역변수를 사용해야만 하는 경우는 같이 작업하는 다른 프로그래머에게도 본인이 사용할 수밖에 없는 전역변수의 자료형과 변수 이름, 사용 목적 등을 리스트로 만들어서 참고하도록 해야 합니다.
전역변수를 사용한다는 것 자체가 다른 사람이 만든 모듈에서도 이 변수를 참조해야만 한다는 의미이므로, 다른 프로그래머들과 협의를 한 후에 사용해야 합니다.

알고리즘이 뭔가요?

C 언어이든 C++ 언어이든 어떤 프로그래밍 언어든지 처음 프로그래밍 언어를 배우고 나면 그 다음부터 어떤 책을 봐야 할지, 어떤 것들을 공부해야 할지 막막합니다. 일단 프로그래밍 언어에 대한 입문서를 끝내고 나면 여러분들은 초급 프로그래머를 벗어나고 중급 프로그래머의 길로 들어가기 위한 문 앞에 서 있는 것과 마찬가지 입니다. 중급 프로그래머가 되기 위해 반드시 필요한 알고리즘과 자료 구조가 왜 필요하며 그 역할이 무엇인지 이 장에서 알아보도록 하죠.

2장

05   알고리즘의 의미 알기
06   알고리즘의 3대 요소
07   자료 구조와 알고리즘 관계

05 알고리즘의 의미 알기

알고리즘의 개념을 자세히 알게 된다면, 앞으로의 학습이 좀더 쉽게 다가올 것입니다. 알고리즘의 실제적이고 컴퓨터적인 의미를 일러스트와 실제 소스 코드를 통해 이해해봅니다.

알고리즘의 유래

컴퓨터에 입문하는 순간부터 아마도 가장 많이 사용하는 영어 중의 하나는 알고리즘(Algorithm)이라는 단어일 것입니다. 사실 알고리즘을 처음 사용한 사람은 A.D 825년의 아부자파 모하메드 이븐 무사 알 콰리지미(Abu Ja'far Mohammed ibn Musa)라는 페르시아의 수학자였습니다. 현재의 알고리즘의 사전적 의미는 '어떤 종류의 문제를 풀기 위한 특별한 방법'을 말합니다.

그러나 컴퓨터에서 사용하는 알고리즘은 조금 다른 의미를 갖고 있습니다. '어떤 종류의 문제를 컴퓨터를 사용하여 해결하기 위한 좀 더 효율적인 방법'이 컴퓨터 분야에서 사용하는 알고리즘의 정의라고 볼 수 있습니다. 어떻게 하면 효율적인 프로그램이 되며 어떻게 하는 것이 효율적인 알고리즘을 만드는 방법이 될까요?

알고리즘의 실제적 의미

알고리즘은 문제를 해결하는 단계적 절차 혹은 그 방법을 의미합니다. 특히 컴퓨터에서 사용되는 알고리즘이라는 용어는 단순히 문제를 해결하는 것에 그치는 것이 아니라 '컴퓨터를 사용하여 해결할 수 있는 단계적 절차 혹은 그 방법'을 알고리즘이라고 정의하고 있습니다.

예를 들어, 학생들에게 학급 번호를 부여하는 방법에 대한 알고리즘을 생각해봅시다. 키 순서대로 번호를 매기거나 이름 순서대로 번호를 매기는 것만으로는 컴퓨터에서 사용하는 알고리즘이라고 할 수 없습니다. 앞에서 정의한대로 컴퓨터를 사용하여 해결하는 방법이 알고리즘의 정의이기 때문에 학생들에게 학급 번호를 부여하는 방법에 대한 알고리즘은 다음과 같은 컴퓨터의 코드로 구현되어야 알고리즘이라고 할 수 있습니다.

[그림 2-1] 알고리즘의 예

> 영문 ASCII 코드 한글 이름
> 학급 번호 영문 ASCIII 코드 % 반 전체 인원 수

이와 같이 알고리즘은 코드만 나열한다고 해서 알고리즘이 되는 것이 아니라 컴퓨터를 사용하여 어떤 연산이 들어가야 함을 명심하세요.

그 이유는 무엇일까요? 그렇죠. 바로 조건(Condition)이 정해지지 않았기 때문입니다. 예를 들어서 학급 구성원들의 번호를 매기는 이유가 주로 운동장에서 줄을 세우거나 하는 것처럼 키 순서대로 하는 것이 더 편리한 조건이라면 당연히 1번부터 50번까지 키 순서대로 번호를 부여하는 것이 더 효율적인 방법이 됩니다. 그러나 가나다라….의 형식처럼 이름으로 순서를 매기는 것이 더 편리한 경우가 많다면 당연히 이름으로 번호를 매기는 알고리즘이 더 효율적인 알고리즘이 되겠죠.

알고리즘의 좀 더 구체적인 의미

많은 알고리즘 책에서 여러 가지 정렬 알고리즘 중에 가장 좋은 알고리즘은 '퀵 정렬(Quick Sort)' 알고리즘이라고 얘기하지만 수년간 경험한 결과 반드시 그렇지는 않다는 것이죠. 알고리즘의 효율성을 비교하기 위해서는 그 알고리즘이 적용될 조건이 어떠한 조건이냐에 따라 달라집니다.

위에서 정의한 알고리즘을 다시 정의해봅시다.

알고리즘이란 '주어진 조건(Condition)에서 컴퓨터를 사용하여 효율적으로 문제를 해결하는 방법'을 의미합니다. 조건이 달라지면 효율적으로 문제를 해결하는 방법도 달라지기 마련입니다.

여러분들이 이 책의 마지막 페이지를 넘길 때까지 잊지 말아야 할 점은 책에서 소개하고 설명하는 여러 가지 알고리즘들이 반드시 여러분들의 실무 프로그래밍에 가장 효율적인 알고리즘이라고 볼 수는 없으며 오히려 여러분들 스스로가 실행될 알고리즘에 대한 사전 조건을 먼저 찾아야 한다는 것입니다.

오랜 시간 프로그래밍을 해온 고수 프로그래머들조차 흔히 착각하고 있는 것 중에 하나는 모든 프로그램 안에는 알고리즘이 반드시 존재해야 한다고 생각하는 것입니다. 그러나 그것은 극히 잘못된 생각입니다.

알고리즘의 정의대로 주어진 조건에 의해 좀더 효율적으로 문제를 해결할 수 있는 방법이 있다면 알고리즘이 필요하겠지만 그렇지 않다면 굳이 머리 싸매며 알고리즘을 생각할 필요는 없겠죠. 그렇다면 알고리즘이 필요한 경우와 필요하지 않은 경우는 어떤 상황인지 알아봅시다.

알고리즘이 없어도 프로그램들이 실행될 수 있다?

알고리즘이 없어도 프로그램이 실행될 수 있을까요? 결론부터 얘기하면 'Yes'입니다. 알고리즘의 필요성에 대해 알아보기 전에 간단한 영어 회화 한마디를 배워봅시다.

"Can you speak English?"

여러분이 길을 가는데 어떤 외국 사람이 여러분을 붙잡고 이와 같이 물어봤다고 상상해봅시다. 여러분은 어떻게 얘기하겠습니까?

"I'm sorry. I can't speak English very well. But if you need my help, I will be happy to help you." 반드시 이와 같이 얘기할 필요가 있을까요? 그냥 "No"라고 얘기하면 안되나요?

그렇죠. 상관없습니다. "No"라고 얘기하는 것이 좀 건방져 보일 수는 있겠지만 어차피 영어를 말할 수 있느냐는 질문에 '아니'라고 대답한다고 해서 절대 잘못된 답변이라고는 볼 수 없겠죠.

프로그램도 이와 마찬가지입니다. 단순히 화면에 문자를 출력하는 프로그램이라고 한다면 알고리즘이고 뭐고 상관없이 다음과 같이 소스 코드를 작성해서 실행시키면 잘 돌아갑니다.

한 줄을 화면에 출력하는 C 프로그램 예제
파일명 : print_one_line.c

```c
#include <stdio.h>

int main()
{
    printf("나, 돌아갈래");

    return 0;
}
```

세 줄을 화면에 출력하는 C 프로그램 예제
파일명 : print_three_line.c

```c
#include <stdio.h>

int main()
{
    printf("나의 좌우명은\n");
    printf("나 돌아갈래\n");
    printf("많이 성원해주세요~\n");
 }

    return 0;
}
```

한 줄이라서 알고리즘이 성립이 안된다구요? 그럼 다음 프로그램은 어떤가요?

이제는 어떻습니까? 제어문이 없기 때문에 알고리즘이 아니라구요? 좋습니다. 그럼 다음의 코드는 어떻습니까? 이 중에서 어떤 것이 더 효율적인 알고리즘이라고 말할 수는 없습니다.

다음 코드에는 알고리즘이 있나요? 만약 알고리즘이 있다면 어떤 알고리즘이 있나요? for문 알고리즘이란 것은 존재하지 않습니다.

반복문으로 여러 줄을 화면에 출력하는 C 프로그램 예제　　　파일명 : print_three_line2.c

```c
#include <stdio.h>

int main()
{
    int i;

    for(i = 0; i < 3; i++){
        printf("나의 좌우명은\n");
        printf("나 돌아갈래\n");
        printf("많이 성원해주세요~\n");
    }

    return 0;
}
```

알고리즘의 컴퓨터적인 정의

다시 알고리즘의 컴퓨터적인 정의를 봅시다. 알고리즘이란 '주어진 조건에서 컴퓨터를 사용하여 문제를 효율적으로 해결하는 방법'을 말합니다. 위의 프로그램에서 'for문 때문에 알고리즘이 있다'라고 말한다면 주어진 조건은 무엇인가요? for문으로 인해 세 개의 printf() 함수가 3번 반복하여 출력하는 것이죠. 따라서 주어진 조건은 다음과 같습니다. 위의 결과와 같이 출력하는 것이 조건이 되겠죠. 그렇다면 위의 for문이 있는 프로그램을 다음과 같이 수정했다면 알고리즘이 있는 건가요? 없는 건가요?

반복문 없이 여러 줄을 화면에 출력하는 C 프로그램 예제　　　파일명 : print_multilines.c

```c
#include <stdio.h>

int main()
{
    printf("나의 좌우명은\n");
    printf("나 돌아갈래\n");
    printf("많이 성원해주세요~\n");

    printf("나의 좌우명은\n");
    printf("나 돌아갈래\n");
    printf("많이 성원해주세요~\n");
```

```
    printf("나의 좌우명은\n");
    printf("나 돌아갈래\n");
    printf("많이 성원해주세요~\n");

    return 0;
}
```

결과는 for문을 사용하는 프로그램과 동일합니다. 프로그램의 내부적으로도 for문을 사용하여 소스 코드의 길이가 줄었다는 점을 빼고는 거의 비슷합니다. 그렇다면 도대체 알고리즘이 있는 프로그램은 알고리즘이 없는 것과 어떻게 다를까요? 다음 섹션에서 알고리즘에 필요한 3가지 요소에 대해 알아보겠습니다.

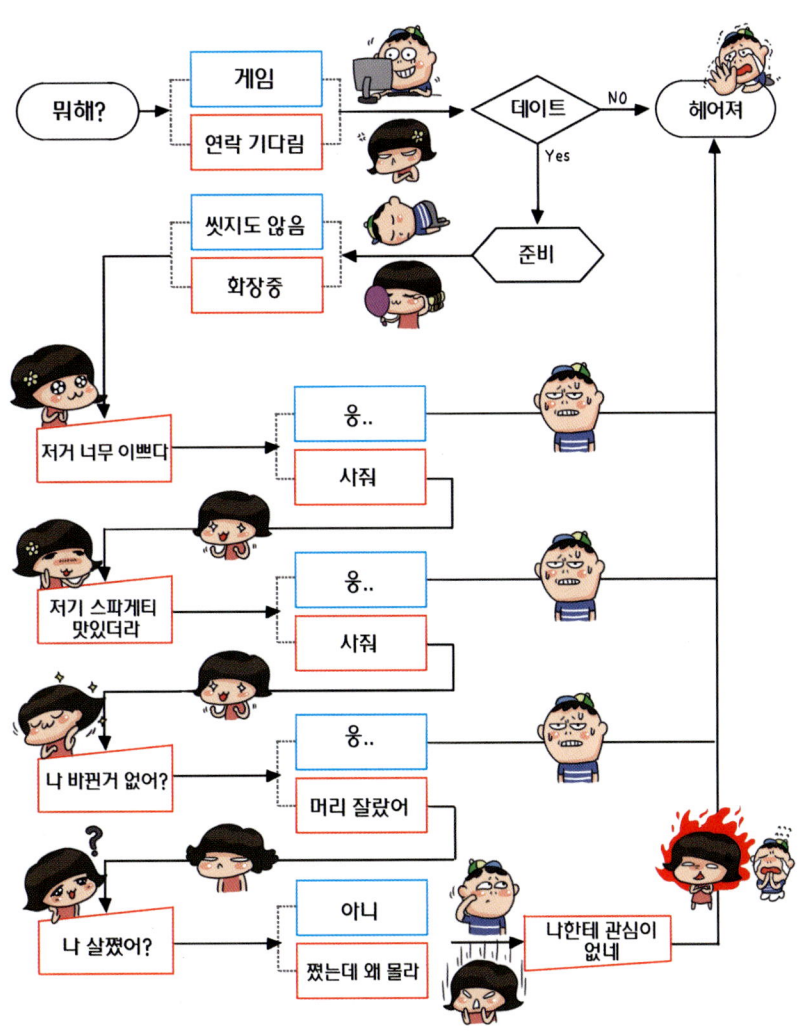

[그림 2-2] 남녀 간의 데이트 알고리즘

06 알고리즘의 3대 요소

알고리즘의 3대 요소인 시간의 효율성, 공간의 효율성, 코드의 효율성에 대해 실제 소스 코드와 함께 알아봅니다.

시간의 효율성

시간의 효율성은 모든 알고리즘에서 가장 중요하게 생각하는 요인(factor)입니다. 컴퓨터에서 실행되는 프로그램이 주어진 조건에서 문제를 해결하기 위해서 무한대의 시간을 사용할 수는 없습니다. 예를 들어 여러분들이 친구 2명과 고스톱을 한다고 가정해봅시다. 다른 두 친구는 1, 2분만에 자기 차례의 패를 내고 게임을 하는데 여러분은 너무 곰곰히 생각하다보니 10분, 20분씩 생각한다면 과연 그 게임이 제대로 진행 될까요? 아마 친구들이 다시는 여러분과 고스톱을 할 생각을 안하겠죠?

주어진 조건에서 문제를 해결하기 위해서 무한대에 가까운 시간을 사용할 수는 없습니다. 되도록이면 빠른 시간 내에 가장 효율적인 해결책을 찾는 것이 알고리즘입니다.

프로그램의 예를 사용하여 시간의 효율성에 대해 알아볼까요? data라는 배열 안에 정수값 1부터 1,000까지의 숫자가 차례대로 저장되어 있다고 가정해봅시다. 사용자로부터 입력받은 값을 찾아내는 알고리즘을 다음과 같이 만들었습니다. 단, 배열 data에는 이미 값들이 있는 것으로 가정합니다.

[그림 2-3] 시간의 효율성

단순한 검색 프로그램 코드

파일명 : simple_search.c

```c
#include <stdio.h>

int data[100];

int main()
{
    int i, input;
    printf("찾을 값을 입력하세요 =>");
    scanf("%d", &input);
    for (i = 0; i < 1000; i++) {
        if (input == data[i]) {
            printf("야호! 입력한 값을 찾았습니다.. ");
            break;
        }
    }

    return 0;
}
```

두 번째 프로그램은 좀 더 알고리즘스러운 검색 프로그램입니다. 마찬가지로 배열 data에는 이미 값들이 있는 것으로 가정합니다.

그나마 알고리즘스러운 검색 프로그램

파일명 : efficient_search.c

```c
#include <stdio.h>

int data[100];

int main()
{
    int i, input, min, max;
    printf("찾을 값을 입력하세요 =>");
    scanf("%d", &input);

    min = 0;
    max = 1000;
    i = max / 2;

    while (1)
    {
        if (input == data[i]) {
            printf("야호! 입력한 값을 찾았습니다. ");
            break;
        }
        else if (input < data[i])
```

```
                    max = max / 2;
            else
                    min = max / 2;

            i = max / 2;
        }

        return 0;
}
```

예를 들어 첫 번째의 단순한 프로그램의 경우는 데이터의 첫 번째부터 1,000번째까지 순차적으로 검색하는 방법입니다. 따라서 사용자가 원하는 데이터가 첫 번째에 있는 경우는 1번에 검색이 될 수도 있지만 만약 원하는 데이터가 맨 뒤에 있는 경우는 무려 1,000번의 검색이 필요합니다.

두 번째의 좀 더 최적화된 프로그램의 경우는 사용자가 입력한 값과 배열의 중간값을 비교해서 배열을 이등분하여 배열의 중간값보다 작으면 앞부분의 중간값과 비교하고, 배열의 중간값보다 크면 뒷부분의 중간값과 비교합니다. 이 프로그램의 경우 아무리 최악의 경우라고 하더라도 약 9번의 검색만으로 검색이 됩니다. 바로 이러한 시간적 효율성의 차이가 알고리즘의 효율성을 의미하게 만듭니다.

공간의 효율성

두 번째로 고려해야 할 요소는 공간의 효율성입니다. 공간의 효율성은 컴퓨터에서 사용하는 메모리와 관계가 있습니다. 아무리 메모리 가격이 저렴해졌다고 하더라도 무한대의 메모리를 사용할 수는 없습니다. 더군다나 현재의 운영체제에서는 하나의 물리적인 메모리를 여러 개의 프로그램에서 공유하여 사용하는 추세이기 때문에 메모리를 효율적으로 관리하고 사용하는 것이 중요합니다. 메모리를 효율적으로 사용하는 방법은 여러 가지 존재하지만 프로그래밍 부분으로 국한시켜서 설명하면 다음과 같습니다.

사용할 만큼의 배열만 확보하는 예제
파일명 : use_efficient_array.c

```
#include <stdio.h>

int main()
{
    int i;
    int data[1000];

    for(i = 0; i < 10; i++)
        data[i] = i;
```

```
    return 0;
}
```

위의 코드는 정수형 배열 data를 선언하고 배열 data 안에 0부터 9까지의 정수값을 저장하는 코드입니다. 이렇게 코드를 작성하는 분들은 없겠지만 위의 코드를 보면 실제 배열 data가 사용하는 것은 0부터 9까지 총 10개에 해당하는 공간뿐입니다. 그러나 배열의 공간은 정수형 1,000개 분량의 공간을 확보하게 됩니다. 결국 990개의 공간이 불필요한 공간이 되겠죠. 이와 같은 경우에는 굳이 정수형 배열 data를 1,000개나 잡을 필요가 없습니다.

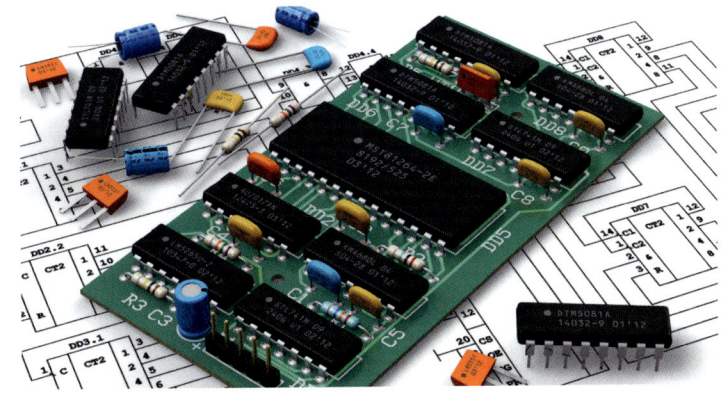

[그림 2-4] 메모리 공간의 효율성

코드의 효율성

마지막으로 알고리즘의 3대 요소 중에서 코드의 효율성에 대해 알아봅시다. 코드의 효율성은 개발자의 입장에서 보는 코드의 효율성과 컴퓨터의 입장에서 보는 코드의 효율성이 있습니다. 개발자의 입장에서 보는 코드의 효율성은 가독성(readability)이 좋은 코드를 의미합니다. 다시 말하면 개발을 하는 개발자가 시간이 지나서 다시 그 코드를 수정하더라도 쉽게 수정이 가능할 수 있어야 하며 다른 사람이 그 코드를 볼때도 되도록이면 쉽게 이해할 수 있어야 합니다.

프로그램의 소스 코드는 되도록이면 다른 사람들이 보고 이해하기 쉽도록 작성해야 합니다. 가능하면 주석을 사용해서 이해하기 어려운 코드에 대해서 설명하는 부분도 필요하고, 변수 이름이나 함수의 이름을 생성할 때도 A(), B()와 같이 모호한 알파벳의 나열이 아니라 다른 사람이 봤을 때도 쉽게 이해할 수 있도록 작성해야 합니다.

두 번째 컴퓨터의 입장에서 보면 컴파일러와 하드웨어에 좀더 최적화되어 있는 코드를 의미합니다. 개발자의 입장에서 효율적인 알고리즘을 만든다고 하더라도 컴퓨터의 입장에서는 그다지 좋은 코드가 아닐 수도 있습니다. 예를 들면 다음과 같은 코드가 되겠죠.

효율성을 고려하지 않고 만든 프로그램의 예제

```c
#include <stdio.h>
int main()
{
    int i;

    for(i = 0; i<10 ; i++)
    printf("%d X %d = %d",i , i , i*i);

    …. // 중간 생략
    return 0;
}
```

위의 코드는 제어변수 i를 0부터 9까지 반복하면서 i의 제곱을 화면에 출력하는 프로그램입니다. 얼핏 봐서는 별로 문제가 되지 않는 코드이지만 컴퓨터의 입장에서 보면 제어변수 i를 굳이 정수형으로 선언할 필요는 없습니다.

그 이유는 정수형은 4바이트의 공간을 차지하기 때문에 0부터 10까지만을 사용하는데는 크기가 큰 자료형입니다. 이런 경우에는 정수형보다는 문자형 char나 부호 없는 문자형 unsigned char형을 사용하는 것이 바람직합니다. char형이나 unsigned char형의 경우는 1바이트 공간만을 사용하기 때문에 정수형의 1/4 크기만을 갖습니다. 이처럼 개발자의 입장에서 보는 효율성과 컴퓨터의 입장에서 보는 효율성에는 큰 차이가 있습니다.

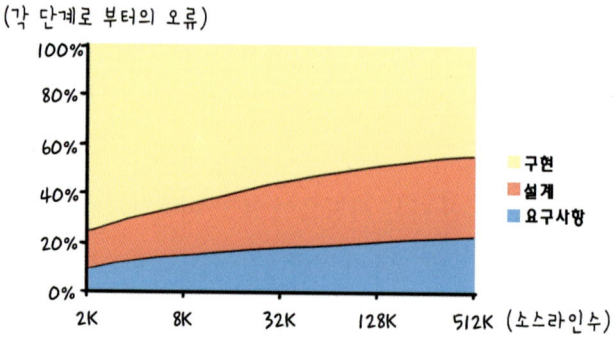

[그림 2-5] 소스 코드의 증가에 따른 효율성

 **프로그래밍을 할 때 무조건 컴퓨터 앞에 앉는 것은 금물이다**

요즘처럼 프로그래밍 분야가 각광을 받은 적이 없었습니다. 많은 사람들이 프로그래밍을 배우려고 하고 실제로 실무에서도 많은 개발자들이 프로그래밍을 하고 있지만 정작 프로그래밍을 배워서 프로그래머가 되는 것이 쉬운 일은 아닙니다. 특히, 학교에서 프로그래밍 숙제가 나오면 무조건 컴퓨터 앞에 앉아서 main() 함수부터 작성하는 것이 기본이었습니다. 회사에서 프로젝트를 할 때도 갓 들어온 신입사원들이나 소위 경력이 된다고 하는 프로그래머들조차 키보드 앞에서 무조건 코드를 입력하고 컴파일하고, 디버깅하는 습관을 갖고 있는 사람이 많습니다.

그러나, 이와 같은 습관은 절대 금물입니다. 학교의 숙제나 간단한 프로그램은 소스 코드 입력하고 디버깅하는 것만으로도 충분하겠지만 규모가 좀 크거나 여러 사람이 공동으로 작업하는 프로젝트의 경우에는 사전에 충분한 시간을 갖고 어떤 코드들을 모듈화할 것인지, 어떤 라이브러리를 사용할 것인지 그리고 가장 중요한 것이 바로 서로 다른 사람들끼리 공동으로 작업을 할 때 서로 간의 인터페이스(함수의 프로토타입을 어떻게 설계할지, 공동으로 사용되는 데이터를 전역변수로 할 지, 공유메모리나 메시지로 처리할 지에 대한 여부)를 미리 정하는 작업이 중요합니다.

고수로 가는 길 **여러 가지 프로그래밍 언어 중에서 무엇을 배워야 할까요?**

요즘 "'알파고'다 '인공지능'이다, '4차 산업혁명'이다"는 말이 연일 매스컴에 등장하고 있습니다. 불과 10여 년 전만 해도 일부 전공자들의 점유물이라고만 생각되던 프로그래밍이 이제는 중고등학교는 물론이고 초등학교에서도 방과후 수업으로 가르치고 있는 실정입니다.

그렇다면 프로그래밍을 배우고 싶은데, 프로그래밍 언어에도 여러 가지가 있어서 도무지 어떤 것을 배워야 할지 혼동이 됩니다. 처음 프로그래밍을 시작할 때는 어떤 프로그래밍 언어부터 배워야 좋을지, 그리고 프로그래밍을 스스로 마스터할 수 있는 것인지 궁금할 수밖에 없습니다.

현재 그 많은 프로그래밍 언어 중에 실제 자주 사용되는 언어는 4~5개 정도 밖에 안 됩니다. 그 언어들은 요즘 많이 사용하는 C, C++, 파이썬, 자바, 자바스크립트 정도입니다. 그렇다면 이 중에서 어떤 언어를 배워야 하는지, 또 이 언어를 모두 배워야 하는지 궁금할텐데, 결론부터 얘기하면 이 언어를 모두 배울 필요는 없습니다. 이 중에서 어떤 것을 먼저 배우면 좋을지 추천한다면 C 언어나 파이썬이 가장 적합한 언어입니다. 그 이유는 C 언어를 확실하게 알고 나면 다른 언어들에 대해서도 쉽게 접근할 수 있고, 아마도 빠른 시간 내에 다른 언어들을 익힐 수 있습니다.

더군다나 직업으로 프로그래밍을 할 계획이라면 C 언어는 필수죠. 많은 사람들이 프로그래밍 언어만 배우면 컴퓨터로 뭐든지 할 수 있을 것처럼 생각하지만 실상은 그렇지 않습니다. 언어는 단지 도구일 뿐이고 기타 자료구조, 알고리즘, 운영체제, 네트워크, 인공지능, 그래픽 등 각각의 세분화된 전문지식이 꼭 필요합니다.

따라서 다른 전공을 한 사람들, 수학이나 물리 혹은 기계와 같은 프로그래밍과 상관없는 전공을 한 사람들이 오히려 더 고수 프로그래머가 되는 경우가 많습니다. 그 이유는 프로그래밍 언어만 갖고는 실제 프로그래머가 되는데 크게 도움이 되지 않습니다. 언어는 언어일 뿐이니까요.

07 자료 구조와 알고리즘 관계

자료 구조에 대해 이해한 후에 알고리즘과 얼마나 밀접한 관계가 있는지 알아봅니다. 그림과 함께 연결 리스트, 스택과 큐에 대해 자세히 알아봅니다.

자료 구조란

가끔 필자에게 질문을 하는 독자들 중에서 "자료 구조(Data Structure)와 알고리즘(Algorithm) 중에 어떤 것을 먼저 공부해야 하나요?"라고 물어오는 독자들이 종종 있습니다. 여러분은 어떤 것을 먼저 공부해야 한다고 생각하나요? 저의 경우에는 두 개를 동시에 공부해야 한다고 생각하지만 굳이 순서를 정하자면 알고리즘보다는 자료 구조를 먼저 공부해야 한다는 생각이 듭니다. 프로그래밍 언어에서 제공하는 기본적인 자료 구조에 대해 알아봅시다.

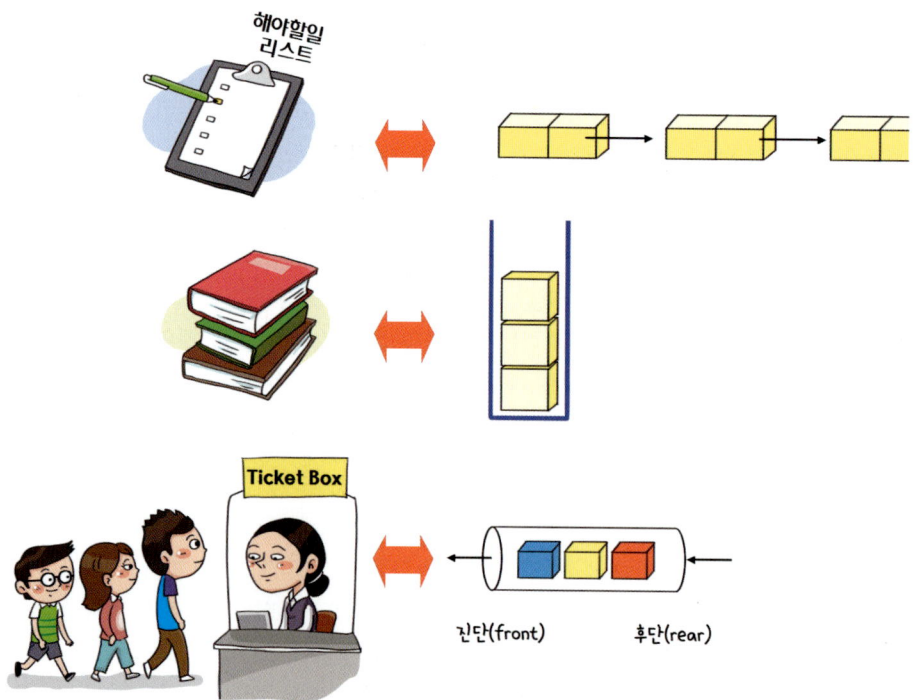

[그림 2-6] 일상생활과 자료 구조의 비교

📖 배열

C 언어뿐만 아니라 C++이나 다른 언어에서도 가장 많이 사용하는 자료 구조 중의 하나는 배열입니다. 배열이라고 해서 특별한 것이 아니라 메모리의 연속적인 공간에 불과합니다. 예를 들어서 정수형 데이터를 100개 사용하고 싶은 경우에 그것을 전부 변수로 선언한다면 그 또한 번거로운 작업이 아닐 수 없습니다. 이와 같이 데이터를 연속적으로 다루고 싶은 경우에 배열을 사용합니다. C 언어의 경우에는 정수형 데이터 100개를 배열로 선언한다면 다음과 같이 되겠죠.

```
int data[100];
```

여기서 data는 배열의 이름을 의미하고 int는 배열의 자료형을 의미하므로 배열 data는 정수형 데이터 100개를 사용한다는 의미가 됩니다. 배열의 장점은 연속적인 메모리 공간을 사용할 수 있고, 연속적으로 되어 있기 때문에 접근하거나 사용하는 방법이 간단합니다. 그러나 장점만 있는 것은 아닙니다. 배열의 단점으로는 배열의 크기는 항상 고정되어 있어야 한다는 것입니다. 예를 들어서 프로그램이 실행되는 순간에는 100개의 정수형 데이터만을 사용하지만 프로그램 실행 중간에 200개의 정수형 데이터가 필요하더라도 배열의 크기를 실행중에 변경할 수는 없습니다.

프로그램 실행 중에 딱 한 번만 200개의 정수형 데이터를 사용한다고 하더라도 그 배열의 크기는 100이 아닌 200으로 해주어야 합니다. 결국 주로 100개의 정수형 데이터를 사용함에도 불구하고 200개의 정수형으로 배열을 선언하게 되므로 메모리의 낭비를 가져올 수 있습니다.

📖 포인터

배열과 함께 자주 사용하는 자료 구조는 포인터입니다. 사실 포인터는 자료 구조라고 하기에는 좀 부족한 개념입니다. 포인터는 단순히 메모리의 주소를 가리키는 값에 불과하기 때문이죠. 하지만 포인터의 장점은 무궁무진합니다. 배열이 사용하기 전에 배열의 크기를 정해주어야 하는 단점이 있는 반면, 포인터를 사용하면 필요할 때만 메모리를 할당하여 사용하는 동적 메모리 할당이 가능합니다.

또한 데이터를 직접 전송하는 방식이 아니라 단순히 데이터의 주소만을 사용하는 간접 전달(Call by Reference) 방식도 포인터를 사용해야 가능합니다. 이와 같이 포인터의 장점은 C++ 언어에까지 고스란히 사용되고 있습니다. 그러나 포인터가 장점만 있는 것은 절대 아닙니다. 포인터의 단점은 주소를 사용하기 때문에 프로그램상의 오류로 인해 전혀 다른 주소에 접근할 수 있습니다.

만약 그 엉뚱한 주소가 응용프로그램이 아니라 운영체제나 시스템에서 사용하는 주소라면 한 번의 포인터 오류로 인해 시스템을 망가뜨릴 수도 있습니다. 이처럼 포인터가 강력한 도구이기는 하지만 실제 포인터를 사용하기 위해서는 많은 검증이 필요합니다.

📘 구조체와 공용체

구조체(struct)와 공용체(union)는 자료 구조라기보다는 C 언어에서 제공하는 자료형에 더 가깝습니다. 그러나 이 책을 비롯하여 실제 많은 프로그래밍에서 자료형과 공용체를 빈번하게 사용하고 있음에도 불구하고 실제 자료형과 공용체의 정확한 사용 방법과 개념에 대해 아는 사람은 그리 많지 않습니다. 여러분들이 이 책의 여러 가지 알고리즘에 대해서 쉽게 이해하고 응용하기 위해서는 반드시 구조체와 공용체에 대해서 알고 있어야 합니다. 다음은 프로그래밍에서 자주 사용하는 자료 구조입니다. 이에 대한 자세한 설명과 코드는 다음 장에서 다룰 것입니다. 일단 '여기서는 이런 자료 구조들이 있구나' 하는 정도로만 이해하세요.

기본적인 자료 구조

C 언어뿐만 아니라 프로그래밍 언어와는 무관하게 자료 구조와 알고리즘은 반드시 알아야 하는 개념입니다. 예를 들어 축구 선수든 야구 선수든 혹은 사격이나 양궁 선수들까지도 서로 다른 종목의 운동을 하지만 매일 빠짐없이 하는 운동이 바로 웨이트 트레이닝입니다. 이유는 웨이트 트레이닝을 통해서 신체의 각 부분에 있는 근육의 힘을 키워주고 자신이 하고 있는 운동을 좀더 잘할 수 있게 도와주기 때문입니다.

연결 리스트

이 책의 거의 대부분의 알고리즘에서 공통적으로 사용하는 자료 구조가 바로 연결 리스트입니다. 간혹 연결 리스트를 '링크드 리스트'라고 말하는 사람도 있는데 어설픈 영어보다는 여러분들은 그냥 연결 리스트라고 알고 있으면 됩니다. 연결 리스트는 여러 개의 데이터의 집합을 서로 연결시키는 형식입니다. 연결 리스트는 크게 데이터가 모여있는 그룹인 노드(Node)와 노드들을 연결시키는 링크(Link)로 구성되어 있습니다.

다음 그림은 data와 key를 구성원으로 갖는 노드와 링크에 대한 모습입니다.

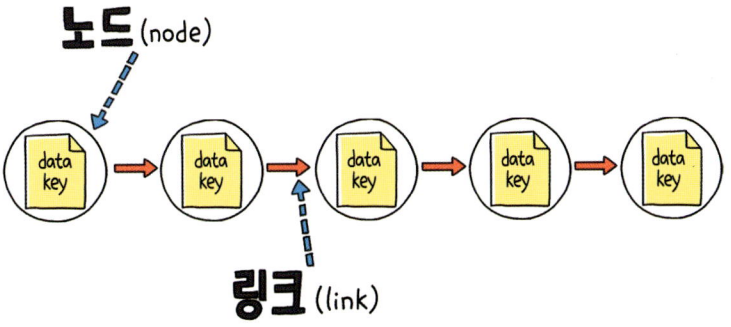

[그림 2-7] 연결 리스트의 구성

📖 스택과 큐

스택과 큐는 상당히 고전적인(?) 자료 구조에 속합니다. 그만큼 소스 코드로 구현하기도 간단할 뿐만 아니라 많은 알고리즘에서 간단하게 사용하고 있는 자료 구조이기도 합니다.

먼저 스택에 대해서 살펴보면 다음 그림과 같은 구조를 갖습니다. 스택의 기본 구성은 데이터를 저장할 공간과 제일 바닥을 가리키는 바틈(Bottom), 데이터의 제일 위를 가리키는 탑(Top)으로 구성되어 있습니다. 스택이 처음 생성되면 탑(Top)과 바틈(Bottom)이 같은 곳을 가리키게 됩니다. 위의 그림에서는 스택을 정수형 배열인 Stack[100]으로 선언하고 탑(Top)과 바틈(Bottom)도 배열 Stack의 인덱스로 사용하기 위해 정수형으로 선언하였습니다. 스택은 2가지의 함수(혹은 메소드)를 사용합니다. 스택 안으로 데이터를 저장하는 push() 함수와 스택에서 데이터를 꺼내오는 pop() 함수입니다. 이에 대한 자세한 내용은 다음 장을 참조하세요. 이외에도 기본적인 자료 구조에는 트리(Tree)와 해쉬(Hash) 등이 있습니다. 이 부분은 난이도가 조금 있는 부분이므로 이 책의 후반부에서 자세하게 다루도록 하겠습니다.

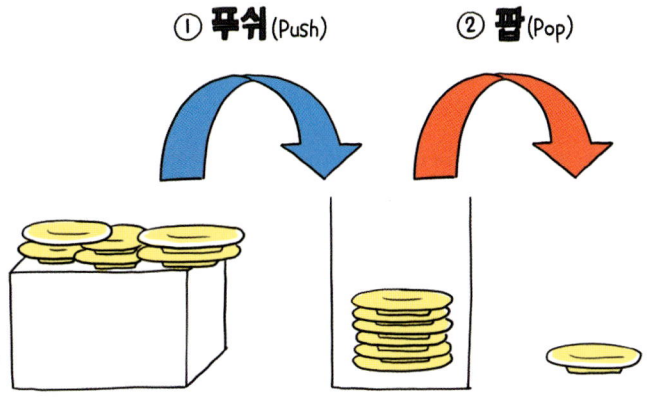

[그림 2-8] 스택

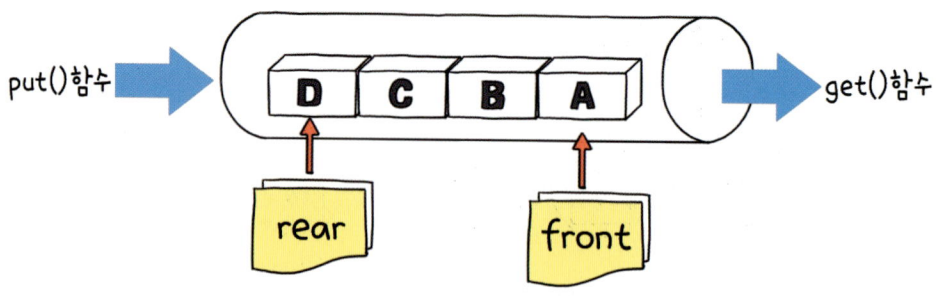

[그림 2-9] 큐의 put() 함수와 get() 함수

[그림 2-10] 큐

　다음 그림에서도 알 수 있듯이 가장 많은 비중을 차지하는 개발자는 개발 경력 1~2년차의 신참 개발자들입니다. 이 사람들은 학교를 갓 졸업한 개발자일 수도 있지만, 대부분의 경우 기존에 한두 번의 개발 경험이 있는 개발자들입니다. 또한 어느 정도는 프로그래밍 언어나 시스템에 익숙한 사람들이라고도 볼 수 있죠. 그러나 이 사람들이 부족한 부분은 현재 개발하려고 하는 시스템 혹은 제품의 구체적인 기능을 어떻게 개발해야 하는지에 대한 노하우가 부족한 사람들입니다. 두 번째는 3~5년차의 고참 개발자들이며, 이 사람들은 그동안 여러 프로젝트를 통해서 다양한 경험을 쌓은 사람들입니다. 실제로 어느 회사이든지 이

레벨의 개발자가 회사를 꾸려 나가는 핵심 인물들이 됩니다. 직급은 선임 연구원 혹은 대리나 책임 연구원이 이 사람들입니다.

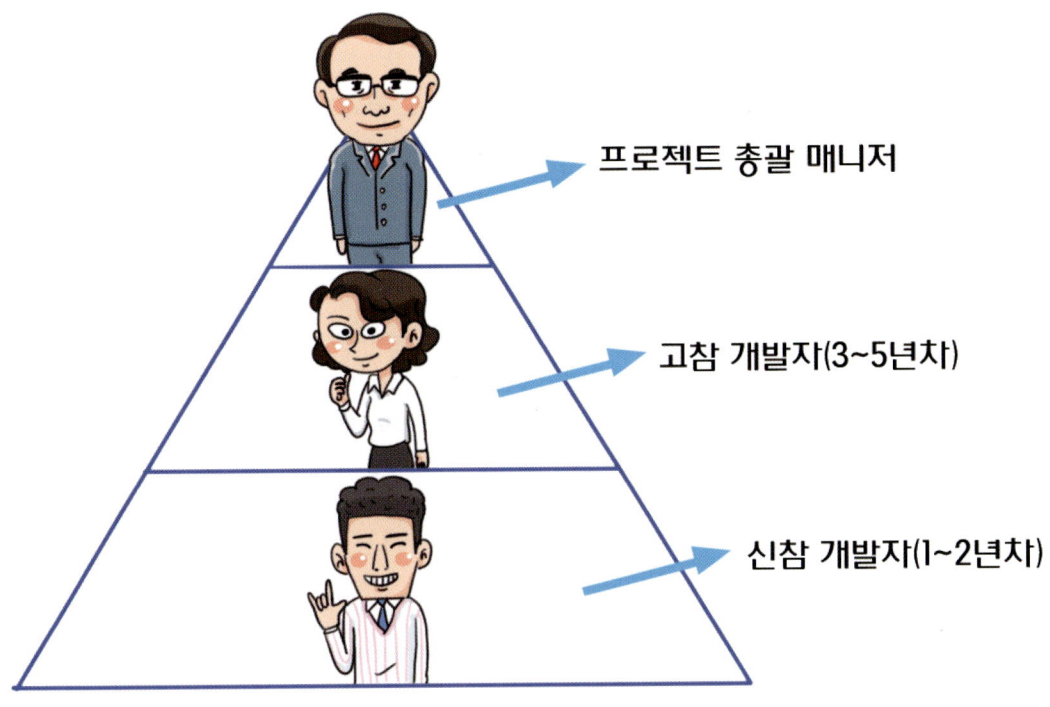

[그림 2-11] 피라미드와 비슷한 프로젝트의 개발자들

마지막으로 프로젝트를 총괄하는 사람들로 구성된 매니저들입니다. 프로젝트의 규모가 큰 경우는 예외겠지만 대부분의 프로젝트에서 이러한 매니저들은 3~5명 정도로 구성되어 있으며, 각각의 매니저들은 고참 개발자와 신참 개발자들을 관리하고 자신의 팀이 해야 할 일과 개발 기간, 개발 인원 등을 항상 체크하는 역할을 맡습니다.

아마 이 책을 보고 있는 독자들이나 일반적인 사람들의 생각으로 보면, 실제 개발에 참여하는 신참 개발자나 고참 개발자의 개발할 수 있는 레벨이 낮은 경우 프로젝트가 실패하지 않을까 하는 생각을 하게 될 것입니다. 그러나, 필자의 경험으로 비추어 보면 프로젝트가 실패한 경우의 대부분은 바로 프로젝트 매니저들로 인한 것들이었습니다. 하나의 프로젝트가 진행되면서 기술적인 장벽에 부딪히고 해결하는데 많은 시간이 소요되는 부분들이 분명히 나타납니다. 그러나 그러한 부분들은 비단 실패하는 프로젝트에서만 나타나는 것이 아니라 모든 프로젝트에서 동일하게 나타나는 요소입니다. 따라서 난이도가 있는 기능을 구현하기 위해서는 좀더 자세한 설계도(건축이나 기계 제품을 만드는 설계도와 개념은 비슷하지만 실제로는 다릅니다)를 만들고, 그 설계도에 따라 하나 하나 꼼꼼히 짚어가면서 개발을 하다 보면, 비록 개발 기간이 좀 길어질 수는 있지만 불가능한 것은 결코 아닙니다.

이와 같은 역할은 신참 개발자들이나 고참 개발자들만으로는 할 수 없는 부분입니다. 기술적인 장벽에 도달했을 때 발생한 문제점에 대해 검토하고 방향을 결정해야 할 역할은 바로 프로젝트 매니저가 해야 합니다. 따라서 실제 개발자들이 갖고 있는 기술적인 레벨이 조금 낮더라도 프로젝트를 충분히 성공적으로 만들 수 있습니다.

MEMO

찜질방 사물함, 배열

배열에 대해 자세히 알아보기 위해 찜질방의 사물함을 비유하여 설명합니다. 메모리의 개념과 구조, 메모리의 크기 단위에 대해 알아본 후 메모리와 주소와의 관계, 메모리 할당 방법 등을 일러스트와 함께 쉽게 이해해봅니다.

3장

- 08   메모리의 물리적인 개념
- 09   메모리의 크기 단위
- 10   메모리와 주소와의 관계
- 11   모든 변수는 메모리에 할당된다
- 12   컴퓨터에서 출력되는 주소는 상대주소이다
- 13   십진수가 아니라 이진수를 사용하는 이유

08 메모리의 물리적인 개념

메모리라는 말은 많이 들어봐서 잘 알고 있을 것입니다. 하드웨어적인 메모리만 봐서는 메모리의 구조를 예측할 수가 없습니다. 메모리의 구조와 저장방법에 대해 자세히 알아봅니다.

메모리란

요즘은 컴퓨터와 그 주변 장치가 하도 빨리 변해서 주변에서 친구가 컴퓨터를 새로 구입하면 사양을 물어보는 것이 관례처럼 되어 있습니다. 메모리에 대해 물어보는 것은 항상 "램이 몇 기가니?"라는 질문입니다. 여기서 말하는 메모리가 이 장에서 다룰 물리적인 메모리에 해당됩니다.

사실 일반적으로 컴퓨터에서 사용하는 메모리라고 하면 다음 그림과 같이 생겼습니다.

[그림 3-1] PC용 메모리

아마 컴퓨터의 케이스를 열어본 사람이라면 위의 메모리를 한 번쯤은 봤을 것입니다. 사실 메모리는 0과 1만을 저장하는 반도체에 불과합니다. 그렇다면 도대체 메모리가 어떻게 0과 1을 저장하는지 의아해 하지 않을 수가 없습니다. 위의 그림을 봐도 도무지 0과 1을 어떻게 구분해서 저장하는지 도통 알 수가 없습니다.

메모리의 구조

사실 다음 그림만 보면 이게 뭐야 하는 독자들도 있겠지만, 개념적으로 보면 위의 그림과 같이 메모리는 상당히 간단합니다. 위의 그림은 하나의 메모리 안에 두 개의 공간(하나의 육면체가 하나의 공간에 해당한다)으로 되어 있고, 하나의 공간에는 0이나 1 둘 중의 한 값만 저장됩니다. 그렇다면 위의 메모리가 저장할 수 있는 영역은 어느 정도일까요?

아마 대부분의 독자들은 알겠지만, 위의 메모리 구조는 0부터 3까지의 수를 저장할 수 있습니다. 바로 이 점이 메모리가 갖고 있는 마술 아닌 마술과 같은 기능입니다. (사실은 마술이 아니라 단순한 이진법의 개념에 불과합니다.)

[그림 3-2] 두 개의 값을 저장할 수 있는 메모리

위의 메모리는 다음과 같이 0부터 3까지의 숫자를 저장할 수 있습니다.

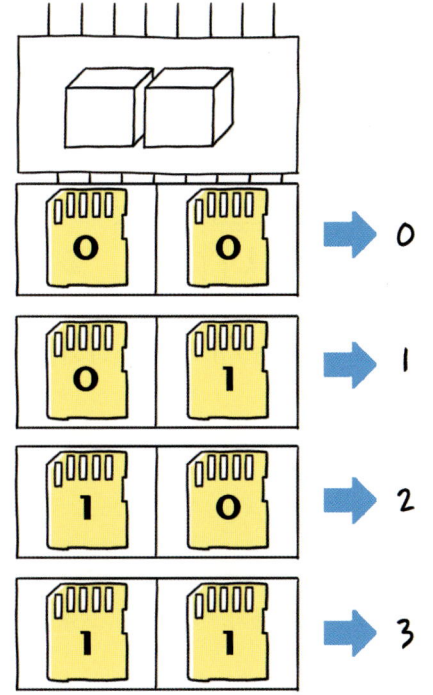

[그림 3-3] 0부터 3까지의 표현이 가능한 메모리

이처럼 메모리는 두 개의 메모리 블록을 이용하여 값을 표현하며, 표현 단위는 이진수입니다. 혹시 메모리에 0과 1이 아닌 0.5나 0.1234와 같은 값을 저장할 수 있다고 주장할 수 있는 사람이 있다면, 그 사람은 바로 돈방석에 앉게 되리라 믿어 의심치 않습니다.

다시 본론으로 돌아가서, 그렇다면 0부터 7까지 8개의 숫자들을 저장하기 위해서는 몇 개의 메모리 블록(공간)이 필요할까요? 당연히 이진수 형태로 만들어야 하니까 3개의 블록이 필요합니다.

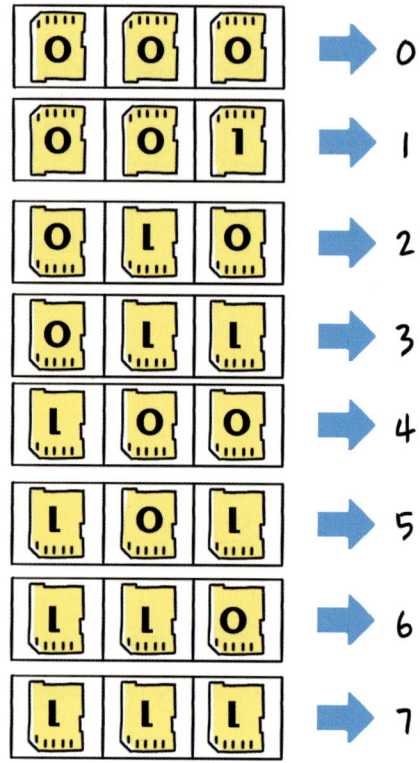

[그림 3-4] 0부터 7까지의 표현이 가능한 메모리

이렇게 3개의 메모리 블록을 사용하면 0부터 7까지 8개의 숫자들을 저장할 수 있습니다. 그렇다면 하나의 메모리 블록에 어떻게 0과 1이 저장될까요? 메모리는 일반적으로 5V(볼트)라는 전기를 사용합니다. 여러분들이 항상 사용하는 220V와 비슷한 개념이긴 하지만, 보통 전원으로 사용하는 220V의 경우는 교류이며 메모리에서 사용하는 전기는 직류에 해당됩니다. 교류와 직류는 중,고등학교때 머리가 터지도록 배우니까 설명을 생략하기로 하겠습니다.

이제 메모리에 어떤 값을 저장한다고 가정해봅시다. 메모리에 값이 저장될 때는 메모리 블록에 5V의 전기가 공급되면 '1'의 개념이 되고 전기가 공급되지 않으면 '0'의 개념이 된다고 생각하면 됩니다. 더도 아니고,

덜도 아니고 전기가 공급되면 1 아니면 0, 바로 이런 개념이 현재 우리가 사용하는 컴퓨터의 메모리에 값을 저장하는 동작방식입니다.

이것만은 꼭 기억하세요! 컴퓨터에서 사용하는 주소라는 개념

프로그래밍을 할 때 메모리를 사용하게 되면 메모리의 주소를 사용하여 접근합니다. 이러한 규칙은 인간 세계의 주소라는 개념과 비슷하죠. '서울시 ○○구 △△동 ●●번지'라는 개념과 같이 메모리도 각각의 주소를 나누어서 사용하게 됩니다. C 언어에서는 메모리의 주소를 포인터를 사용하여 처리할 수 있습니다. 그렇다면 모든 데이터가 메모리에 저장되어 있다고 했는데 모든 데이터를 사용할 때도 주소로 사용될까요? 그렇습니다. 여러분들이 만든 프로그램에서 사용하는 모든 변수, 함수 등은 주소로 접근합니다.
예를 들어 다음과 같은 코드가 있다고 합시다.

```
int num;
num = 15;
```

위와 같은 코드를 보면 변수 num 안에 15라는 값을 대입하는 코드입니다. 인간이 보기에는 위의 코드에서는 전혀 주소를 사용하지 않은 것처럼 보이지만 컴퓨터는 위의 코드를 주소로 바꾸어서 사용합니다.

```
mv 0x4727ac, $15
```

모든 변수는 주소를 사용하여 연산을 합니다.!

위의 코드는 어셈블리어지만 num = 15;라는 코드가 실제 컴파일된 후의 모습입니다(그러나 위의 코드는 필자가 임의로 만든 코드이므로 실제 컴파일 후의 모습은 다를 수 있습니다). 컴퓨터 입장에서는 num이라는 변수는 전혀 사용하지 않고 오직 변수 num에 대한 주소인 0x4727ac라는 주소값을 사용합니다. 따라서 여러분들이 사용하는 모든 변수는 주소를 사용하여 연산을 하게 됩니다. 간혹 초보 프로그래머들 중에서 메모리 공간에 변수 num이라는 이름을 가진 구역이 생기고, 그 안에 15라는 값을 집어 넣는다고 오해하는 사람들도 있는데 그렇지 않다는 점, 명심하세요

09 메모리의 크기 단위

메모리의 크기를 알아보기 위해 압축 형태로 표현되는 비트, 바이트, 기가바이트, 테라바이트 등의 단위에 대해 자세히 알아봅니다.

메모리의 크기 단위 알아보기

3개의 메모리 블록을 사용할 때 5에 해당하는 101을 전기적인 형태로 표현하면 다음 그림과 같습니다.

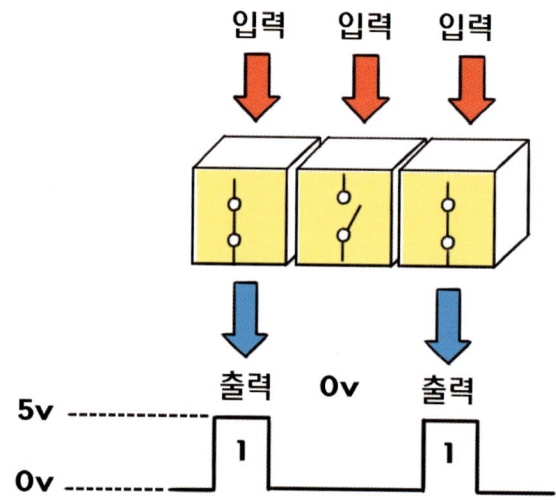

[그림 3-5] 숫자 5가 메모리에 101의 형태로 전기적으로 저장되는 모습

바로 위와 같은 형태가 수백 개, 수천 개, 수만 개가 모여서 '램이 몇 메가다 혹은 몇 기가다'라는 표현을 사용할 수 있게 된 것입니다. 숫자에도 십, 백, 천, 만과 같은 용어가 있듯이 메모리의 크기에도 나름대로 이와 비슷한 개념의 용어를 사용하고 있습니다. 그 이유는 0과 1로 구성된 메모리 블록이 수십 만개 혹은 수백만 개가 모여 있을 때 표현 방식이 까다롭기 때문입니다. 예를 들어, 여러분이 10억짜리 복권에 당첨되었다고 했을 때 쉽게 '10억 원'이라고 말하면 되는 것을 '1000000000'이라고 표현한다면 짜증부터 나는 것과 마찬가지입니다.

비트와 바이트

메모리의 개념에도 이와 비슷한 줄임말 형태의 단위들이 존재하며, 그 중에서 0과 1의 값을 저장할 수 있는 하나의 메모리 블록을 비트(bit)라고 말합니다. 이 비트라는 용어는 아마 익숙할 것이라 생각됩니다. 이 비트가 8개 모인 것을 바이트(byte)라고 하며, 1바이트는 8비트가 됩니다.

1바이트가 1,024개 모인 것을 킬로바이트(Kbyte)라고 하고, 이것을 비트로 표현하면 8 × 1,024 = 8,192비트가 됩니다. 1킬로바이트가 1,024개 모인 것을 1메가바이트(Mbyte)라고 합니다. 따라서 우리가 보통 말하는 128메가바이트라는 것은 128 × 1,024 × 1,024 × 8 = 1,073,741,834비트가 되므로 '이만큼의 메모리 블록이 모여 있습니다'라는 의미입니다. "네 컴퓨터는 램 용량이 얼마나 되니?"라고 물어볼 때 "응, 128메가야."라고 얘기하면 될 것을 "응, 1,073,741,834 비트야."라고 말하면 때려 주고 싶을 것입니다.

이 외에도 기가바이트(Gbyte)와 테라바이트(Tbyte)가 있습니다. 이 두 가지 단위는 워낙 단위가 크기때문에 메모리보다는 하드디스크와 같은 대용량 디스크의 단위로 주로 사용됩니다. 1기가바이트는 1,024메가바이트를 말하며, 1테라바이트는 1,024기가바이트를 의미합니다.

이제 여러분들이 직접 1기가바이트와 1테라바이트가 몇 개의 메모리 블록으로 구성되어 있는지는 계산해봅시다.

접두어	기호	한자 표기	10진법 표기
데카(deca)	Da(소문자)	십(十)	10
헥토(hecto)	H(소문자)	백(白)	100
킬로(kilo)	K(소문자)	천(千)	1,000
메가(mega)	M	백만(百萬)	1,000,000
기가(giga)	G	십억(十億)	1,000,000,000
테라(tera)	T	조(兆)	1.000,000,000,000
페타(peta)	P	천조(千兆)	1,000,000,000,000,000
엑사(exa)	E	백경(百京)	1,000,000,000,000,000,000
제타(zetta)	Z	십해(十 垓)	1,000,000,000,000,000,000,000
요타(yotta)	Y	자(秄)	1,000,000,000,000,000,000,000,000

[표 3-1] 메모리 크기에 대한 단위

이것만은 꼭 기억하세요!   사용하는 메모리와 필요한 주소 공간

보통 컴퓨터에서 사용하는 128메가바이트에 해당하는 메모리를 사용하기 위해서는 몇 바이트의 주소 공간이 필요할까? 계산해봅시다.

128메가바이트는 128 × 1,024 × 1,024 = 134,217,728바이트가 됩니다. 134,217,728은 이진수로 환산하면 2^{27}이 됩니다. 그러므로 27비트만 있으면 128메가바이트의 공간을 전부 사용할 수 있다는 것이죠. 1바이트 공간이 8비트이므로 27비트는 3바이트인 24비트보단 크고, 4바이트인 32비트보단 작습니다. 따라서 27비트의 공간을 저장하기 위해선 4바이트인 32비트의 공간이 필요합니다. 결국 128메가바이트의 메모리 공간을 사용하기 위해서 4바이트의 주소 공간만 있으면 가능합니다.

메모리에 필요한 주소 공간을 계산하는 방법은 꼭 알아둡시다!

 고수로 가는 길   실패하는 프로젝트란?

대기업의 제품 개발 연구소나 벤처기업의 실험실 같은 연구소나 규모와 개발 인력의 수의 차이는 있을 수 있지만 프로그래밍을 하는 단계는 거의 비슷합니다. 적게는 서너 명에서 많게는 수십 명, 수백 명의 개발자들이 하나의 프로젝트에 매달려 있습니다. 이와 같은 경우에 어떤 프로젝트는 성공의 축배를 드는데, 많은 인력과 자금을 투입하고도 실패하는 이유는 무엇일까요?

프로젝트가 시작되면 대부분의 경우 약 3단계의 개발자들이 하나의 팀을 구성합니다. 이러한 구성은 마치 피라미드와 유사하죠.

10 메모리와 주소와의 관계

메모리를 이해했다면 메모리의 값을 얻어오기 위해서는 메모리 주소라는 개념을 알아두어야 합니다. 사물함과 메모리 주소를 비교해보면 쉽게 이해할 수 있습니다.

메모리 주소란

메모리의 값을 얻어오기 위해서는 주소(Address)라는 개념을 사용해야 합니다. 여기서 메모리 주소는 무엇일까요?

예를 들어 1,024개의 사물함이 있는 찜질방이 있다고 가정해봅시다. 여러분이 이 찜질방의 59번 사물함을 사용하고 있다고 가정한다면 여러분의 사물함을 어떻게 찾아갈까요? 무조건 1번부터 찜질방 사물함을 열어보고 열리지 않으면 다시 2번으로 가서 찜질방 사물함을 열고, 또 아니면 3번으로 가서 사물함을 열어보고…. 이렇게 해서 59번 사물함까지 찾아가는 사람들이 있을까요?

요즘 세상에 하도 희한한 사람들이 많아서 이런 방식으로 자기 사물함을 찾아가는 사람들도 있을 수 있지만, 다른 사람과 어울려 사회생활을 하는데 지장이 없다고 판단되는 평범한 사람들이라면 바로 59번 사물함을 찾게 됩니다.

[그림 3-6] 찜질방 사물함

유치원생들도 다 아는 이 얘기를 하는 이유는, 메모리도 이와 같이 값을 저장하거나 읽어오기 위해서는 직접 그 메모리 부분을 찾아가기 때문입니다. 바로 59번 사물함에서 59에 해당하는 부분이 사물함 번호이자 메모리 주소가 됩니다.

[그림 3-7] 사물함 번호

사물함 번호를 메모리 블록으로 표현하기

계산하기 편하게 하기 위해 사물함의 한 층에는 총 8개의 블록이 있다고 가정합시다. 우리가 59번을 가기 위해서 사물함에는 몇 개의 번호가 필요할까요?

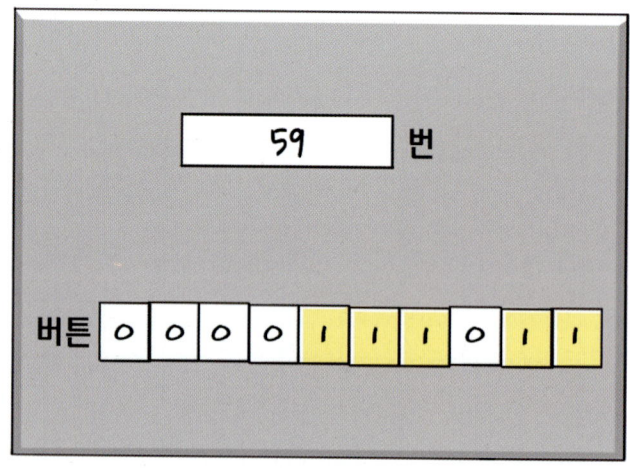

[그림 3-8] 1,024개의 사물함을 모두 표현할 수 있는 버튼

조금 전에 배운 내용을 기억한다면 1번부터 1,024번까지 있으므로 총 1,024개의 사물함 번호가 매겨진 버튼이 필요하다는 것은 금방 기억해 낼 수 있을 것입니다.

조금 더 나아가서, 사물함 번호를 메모리 블록으로 표현하려면 몇 개의 메모리 블록이 필요할까요? 즉, 다시 말하면 '사물함 1,024개를 표현하기 위해서 몇 개의 버튼이 필요한가'하는 의미입니다. 정답은 '모두 10개의 메모리 블록이 필요하다'입니다. 다시 말하면 10버튼(10개의 메모리 블록)만 사용하면 1번부터 1,024번까지 원하는 사물함으로 직접 갈 수 있다는 뜻이 됩니다.

다음 그림을 보면 쉽게 이해할 수 있습니다.

$$0 \times 2^9 + 0 \times 2^8 + 0 \times 2^7 + 0 \times 2^6 + 1 \times 2^5 + 1 \times 2^4 + 1 \times 2^3 + 0 \times 2^2 + 1 \times 2^1 + 1 \times 2^0 = 59$$

당연히 맨 마지막 사물함인 1,024번을 가려면 1111111111, 즉 모든 값을 1로 하면 됩니다. 따라서 1,024바이트, 즉 1Kbyte의 크기를 갖는 메모리를 사용하기 위해서는 주소에 해당하는 10비트만 있으면 사용 가능합니다. 그런데 컴퓨터에서는 바이트, 즉 8비트 단위로 데이터를 처리하기 때문에 10비트가 아닌 16비트, 즉 2바이트가 필요합니다.

이것만은 꼭 기억하세요! 메가(mega)라는 용어의 의미

"램이 128메가다"라는 말을 종종 사용하는데 하나의 메모리 블록과 메가(Mega)라는 용어는 어떤 관계가 있을까? 보통 128M나 256M 혹은 10G라는 말을 많이 합니다. 이런 메모리들도 사실 1과 0으로 된 메모리 블록을 수백만 개, 혹은 수천만 개 모인 집합에 불과합니다. 0과 1의 값을 저장할 수 있는 하나의 메모리 블록을 비트(bit)라고 말합니다.

이 비트가 8개 모인 것을 바이트(byte)라고 하죠. 따라서 1바이트는 8비트가 됩니다.
1바이트가 1,024개 모인 것을 킬로바이트(Kbyte)라고 하죠. 비트로 표현하면 8 × 1,024비트가 됩니다.
1킬로바이트가 1,024개 모인 것을 1메가바이트(Mbyte)라고 합니다.
따라서 우리가 보통 말하는 128메가라는 것은 128 × 1,024 × 1,024 × 8 = 1,073,741,834비트가 되므로 이만큼의 메모리 블록이 모여 있다는 의미가 됩니다.

1메가바이트는 1킬로바이트가 1,024개 모인 것입니다.

그 다음으로는 기가바이트(Gbyte)와 테라바이트(Tbyte)가 있습니다. 1기가바이트는 1,024메가바이트를 말하며, 1테라바이트는 1,024기가바이트를 말합니다. 1기가바이트와 1테라바이트가 몇 개의 메모리 블록으로 구성되어 있는지는 계산해보면 알겠죠?

11 모든 변수는 메모리에 할당된다

포인터로 메모리 공간에 접근하는 방법을 알아봅니다.

메모리 할당

초보자가 프로그래밍을 하다 보면 착각하기 쉬운 것 중의 하나는 프로그램 코드에서 사용한 변수들이 메모리와는 상관없이 사용된다는 것을 잊고 있다는 점입니다. 예를 들어 int num;이라고 선언하면 이 변수 num을 프로그래머는 알파벳 문자 num으로 생각하지만 실제 컴퓨터에서는 'num'이라는 이름을 갖는 정수형 크기인 4바이트 공간으로 인식한다는 점이죠. 물론 컴퓨터에서도 'num'이라는 이름을 알고 있고 num이라는 변수는 두 개 이상 중복되어 사용할 수는 없습니다.

그러나 num = 15;와 같이 변수 num에 어떤 값을 대입하는 과정을 보면 변수 num에 할당된 4바이트 메모리 공간 안에 15라는 값을 복사하는 과정으로 처리됩니다. 바로 이와 같이 모든 데이터가 메모리에 할당된다는 점이 C 프로그래밍 언어에서 포인터를 사용할 수 있는 근본 취지가 됩니다. 따라서 여러분들이 손쉽게 사용하는 변수 하나 하나가 각각의 메모리 공간을 갖고 있으며 그 메모리 공간은 포인터를 사용해서 접근할 수 있다는 점을 꼭 기억하세요.

컴퓨터를 공부해본 사람들은 누구나 할 것 없이 이진법에 대한 내용을 배우게 됩니다. 이진법을 배울 수밖에 없는 이유는 컴퓨터 자체가 0과 1 두 가지 값만을 사용하므로 문자이든, 숫자이든, 부동소수점이든 상관없이 오직 0과 1로 나타내기 때문이죠.

컴퓨터에서 0과 1을 사용하여 숫자를 표현하는 방법은 간단합니다. 다음은 3개의 비트를 사용해서 0부터 7까지의 십진수를 표시한 예입니다.

이진수		10진수
000	→	0
001	→	1
010	→	2
011	→	3
100	→	4
101	→	5
110	→	6
111	→	7

 **캐시 메모리란?**

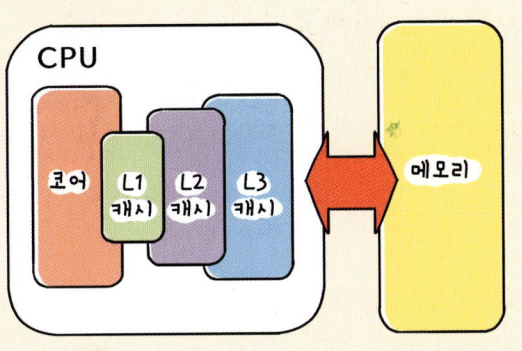

캐시 메모리는 CPU에서 사용하는 일종의 버퍼와 같은 메모리입니다. 보통 캐시 메모리는 2개로 나뉘어서 L1 캐시, L2 캐시라고 말합니다. L1 캐시의 경우는 CPU의 코어(core) 안에 아예 내장되어 있지만 L2 캐시는 CPU의 밖에 있죠. 보통 L1 캐시의 크기는 128KB 정도이고, L2 캐시는 CPU마다 조금씩 다릅니다.

그렇다면 캐시라는 것이 왜 필요할까요? 일종의 '데이터 대기실'이라고 보면 될 것 같네요. 요즘 3GHz라고 말을 하는 CPU들은 내부적으로 데이터의 연산 속도가 3GHz라는 의미이므로, 왠만한 용량의 데이터는 순식간에 처리하는 것처럼 느껴집니다. 그러나 실제로는 그렇지 않죠. 하드디스크에서 수백 Mbyte의 파일을 복사하는 경우만해도 순식간에 복사가 되지는 않습니다. 그 이유는 CPU 내부적으로는 속도가 무척 빠르지만 외부 장치들(하드디스크, 메모리, 네트워크 등의 외부장치)의 속도는 CPU에 비해 상대적으로 무척 느립니다. 따라서 CPU 입장에서는 노는 시간이 많아지는 거죠.

이런 상황에서 CPU의 노는 시간을 줄이고 좀 더 빠르게 데이터를 처리하기 위해서 캐시 메모리를 사용합니다. 캐시 메모리의 여러 가지 사용방법 중에서 한 가지는 미리 데이터를 읽어와서 캐시 메모리에 저장해두는 거죠. 다시 말하면 CPU가 외부 장치들과 직접 연결해서 데이터를 처리하기에는 CPU의 노는 시간이 많기 때문에 CPU가 데이터를 처리할 때, 캐시 메모리에 다음 처리할 데이터를 미리 가져다 놓으면 CPU가 다음 데이터를 처리할 때는 외부 장치에서 읽어오는 것이 아니라 캐시 메모리에 있는 데이터를 처리하게 되는 것입니다.

따라서 캐시 메모리의 관건은 속도가 빨라야 한다는 점입니다. 비록 CPU의 속도를 따라갈 정도는 아니지만 일반적인 외부 장치들(메모리에 비해서도)보다는 훨씬 빨라야 하겠죠. 그런데 캐시 메모리의 속도가 빠른만큼 가격이 많이 비싸다는 단점이 있습니다. 캐시 메모리가 많으면 많을수록 CPU의 가격은 올라갑니다.

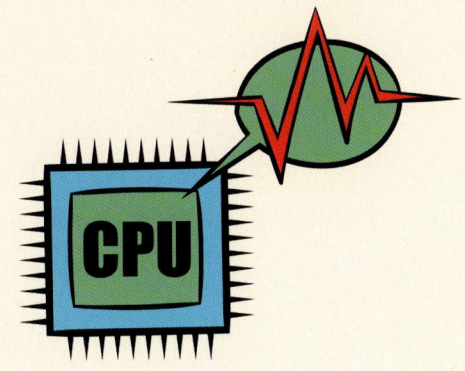

12 컴퓨터에서 출력되는 주소는 상대주소이다

포인터의 주소와 변수의 주소값 코드를 출력하는 방법을 알아봅니다.

포인터의 주소와 변수 주소값의 코드 출력

프로그램을 하다보면 종종 포인터의 주소나 변수의 주소값을 다음과 같이 출력하는 코드를 사용하게 됩니다.

```
printf("Addr of data : %#x",data);
```

위의 결과가 다음과 같이 출력되었다고 가정해봅시다.

```
Addr of data : 0x4724ac
```

위의 변수 data의 주소값인 0x4724ac는 실제 메모리의 물리적인 주소를 말하는 것일까요? 아마도 대부분의 초보자는 이 주소가 실제 메모리의 물리적인 주소라고 생각하고 있을 것입니다. 그러나 운영체제가 없는 임베디드 프로그램과 같이 특수하게 절대주소를 사용하는 분야가 아니라 우리들이 사용하는 PC와 같은 컴퓨터에서 출력되는 이런 주소는 절대주소가 아닙니다.

예를 들어 필자의 주소가 '서울시 광진구 자양3동 123-45번지'라고 합시다. 이 주소는 절대주소일까요? 얼핏 보면 절대주소일 수도 있지만 좀더 엄밀히 말하면 상대주소입니다. 절대주소라면 아마도 [위도: 123°45′67″, 경도: 123°45′67″]과 같이 말해야 절대주소겠죠. 마찬가지로 컴퓨터에서 출력하는 위의 주소도 절대주소가 아니라 상대주소입니다. 메모리의 주소라고 해서 실제 물리적인 메모리의 주소도 절대주소가 아니라 상대주소입니다. 메모리의 주소라고 해서 실제 물리적인 메모리의 주소라고 생각하면 안 된다는 사실을 기억해두세요.

그렇다면 모든 데이터가 메모리에 저장되어 있다고 했는데 모든 데이터를 사용할 때도 주소로 사용될까요? 그렇습니다. 여러분들이 만든 프로그램에서 사용하는 모든 변수, 함수 등은 주소로 접근합니다. 예를 들어 다음과 같은 코드가 있다고 합시다.

```
int num;
num = 15;
```

위와 같은 코드를 보면 변수 num 안에 15라는 값을 대입하는 코드입니다. 인간이 보기에는 위의 코드에서는 전혀 주소를 사용하지 않은 것처럼 보이지만 컴퓨터는 위의 코드를 주소로 바꾸어서 사용합니다.

```
mv 0x4727ac, $15
```

위의 코드는 어셈블리어지만 num = 15;라는 코드가 실제 컴파일된 후의 모습입니다. (그러나 위의 코드는 필자가 임의로 만든 코드이므로 실제 컴파일 후의 모습은 다를 수 있습니다.) 컴퓨터 입장에서는 num이라는 변수는 전혀 사용하지 않고 오직 변수 num에 대한 주소인 0x4727ac라는 주소값을 사용합니다. 따라서 여러분들이 사용하는 모든 변수는 주소를 사용하여 연산을 하게 됩니다.

간혹 초보자 중에서 메모리 공간에 변수 num이라는 이름을 가진 구역이 생기고, 그 안에 15라는 값을 집어 넣는다고 오해하는 사람들도 있는데 그렇지 않다는 점, 명심하세요.

이것만은 꼭 기억하세요! 문자열을 다루는 세 가지 방법

C 언어에서는 세 가지 방법을 사용하여 문자열 데이터를 저장합니다. 그 중 두 가지 방법은 배열을 사용하는 것이고, 마지막 하나는 문자형 포인터를 사용하는 방법입니다. 각각은 다음과 같죠.

```
char buf[5] = {'a','b','c','d','e'};
char buf[5] = "abcde";
char *ptr = "abcde";
```

사실 이 중에서 필자를 비롯한 대부분의 프로그래머가 사용하는 방법은 세 번째의 문자형 포인터를 사용하는 방법입니다. 또한, 문자열을 사용할 때는 문자열의 끝에 '\0'표시를 해주어야 합니다. char *ptr = "abcde"와 같이 문자형 포인터를 사용하는 경우라면 자동으로 문자열의 끝에 '\0' 기호가 추가되지만 그렇지 않다면 항상 프로그래머가 추가해줘야 하겠죠. 더군다나 문자열을 복사하기 위해 malloc()으로 새로운 문자열을 메모리 할당하려면 문자열의 크기에 1을 더해서 '\0'문자도 복사하도록 해주어야 합니다. 보통은 다음과 같이 사용합니다.

```
dstptr = (char *)malloc(strlen(srcptr) + 1);
```

13 십진수가 아니라 이진수를 사용하는 이유

이진수로 메모리를 계산하는 방법을 알아봅니다.

메모리 계산 방법

메모리를 계산하는 것도 거리를 계산하는 방법과 비슷한 것 같은데요. 보통 1,000m를 1km라고 하잖아요. 그런데 왜 메모리는 1,024바이트가 1킬로바이트가 되는 거죠? 그냥 1,000바이트가 1킬로바이트라고 하면 계산하기가 쉽지 않을까요?

좋은 질문입니다. 사람에게는 1, 10, 100, 1,000과 같이 십진수로 표시하는 것이 훨씬 보기에 편합니다. 하지만 기계는 좀 다르죠. 앞에서 설명한대로 기계는 0과 1의 이진수 단위로 명령을 처리합니다. 우리가 100이라는 십진수 값을 저장할 때도 메모리에는 1100100이라는 이진수 값으로 저장되는 것이죠.

따라서 메모리의 단위도 기계의 이진수 특성대로 만들어진 것입니다. 앞에서 설명한 내용을 조금만 다시 복습해 보면 1,024는 2의 10승이 됩니다. 지승의 개념에 대해선 이미 알고 있으리라 생각되기 때문에 생략하기로 하고, 다시 말하면 2 × 2 × 2 ×...× 2와 같이 2를 10번 곱하면 1,024가 된다는 의미가 되는 거죠. 그래서 1킬로바이트는 1,000바이트가 아니라 1,024바이트가 됩니다. 그렇다면 우리가 보통 컴퓨터에서 사용하는 128Mbyte에 해당하는 메모리를 사용하기 위해서는 몇 바이트의 주소 공간이 필요할까요?

128Mbyte는 128 × 1,024 × 1,024 = 134,217,728바이트가 됩니다.

134,217,728은 이진수로 환산하면 2^{27}이 됩니다. 그러므로 27비트만 있으면 128Mbyte의 공간을 전부 사용할 수 있다는 것이죠. 1바이트 공간이 8비트이므로 27비트는 3바이트인 24비트보다 크고, 4바이트인 32비트보다 작습니다. 따라서 27비트의 공간을 저장하기 위해선 4바이트인 32비트의 공간이 필요합니다.

결국 128Mbyte의 메모리 공간을 사용하기 위해서 4바이트의 주소 공간만 있으면 가능합니다.

메모리 단위	명칭	설명
1 bit	비트	컴퓨터 메모리의 최소단위 0 또는 1로 표현(2진수)
1 nibble	니블	4개의 비트가 모여 1니블이 된다. (4비트, 0101)
1 byte	바이트	8개의 bit가 모여 1바이트가 된다. (8비트, 0101 1010)
1 WORD	워드	컴퓨터 연산처리의 기본 단위(32비트 컴퓨터는 4바이트가 된다)
1 KB	킬로바이트	1,024개의 바이트가 모여서 1 Kilobyte가 된다
1 MB	메가바이트	1,024개의 킬로바이트가 모여서 1 Megabyte가 된다.
1 GB	기가바이트	1,024개의 메가바이트가 모여서 1 Gigabyte가 된다.
1 TB	테라바인트	1,024개의 기가바이트가 모여서 1 Terabyte가 된다.
1 PB	페타바이트	1,024개의 테라바이트가 모여서 1 Perabyte가 된다.
1 EZ	엑사바이트	1,024개의 페타바이트가 모여서 1 Exabyte가 된다.
1 ZB	제타바이트	1,024개의 엑사바이트가 모여서 1 Zettabyte가 된다.
1 YB	요타바이트	1,024개의 제타바이트가 모여서 1 Yotttabyte가 된다.

[표 3-2] 메모리 단위

사물함 열쇠, 포인터

프로그래밍 언어, 그중에서 C나 C++ 언어를 처음 접하는 사람들이 종종 헷갈리는 부분이 바로 이 장에서 다룰 배열과 포인터입니다. 지금 이 책을 읽는 독자들은 어떤가요? 배열과 포인터가 같은 개념인가요? 아니면 다른 개념인가요? 자, 배열과 포인터의 같은 점은 무엇이고, 차이점은 무엇인지 또 배열과 포인터를 함께 사용할 때 발생되는 문제점 등은 무엇인지 살펴보도록 하죠.

4장

14 배열과 포인터는 다르다?
15 배열과 포인터를 사용할 때 발생하는 문제
16 포인터로 함수의 매개변수 사용 시 문제점
17 문자열을 다루는 세 가지 방법
18 포인터를 사용한 문자열 처리

14 배열과 포인터는 다르다?

배열과 포인터의 개념에 대해 알아보고 배열과 포인터의 관계와 차이점을 배워봅니다.

배열과 포인터의 개념

조선 정조 말년에 경기도 지방에 '만석꾼'이라고 불리는 최대감이라는 사람이 살고 있었습니다. 아마도 요즘 이천 지방이 최대감이 살던 동네가 아니었을까 하는 생각이 들지만, 신빙성 없는 얘기이므로 최대감이 어디에 살던 지금부터 하려는 얘기와는 상관없습니다.

최대감의 집에는 100명의 종들이 더불어 살고 있었습니다. 그 중에서 힘 좋고, 체격 좋은 삼돌이는 최대감 집의 궂은 일을 도맡다 시피 했습니다. 삼돌이가 1년 동안 죽을 똥 살 똥 농사일과 집안일을 하면 가을 추수가 끝낼 때쯤 최대감은 삼돌이에게 쌀 10섬을 주곤 했습니다.

그러던 어느 날 경기도에 신흥 재력가로 떠오르는 유대감 집 머슴인 마당쇠가 삼돌이에게 묘한 제안을 하나 합니다. 삼돌이가 농사일도 잘 하고, 혼자서 장정 서너 명 몫을 하니 유대감 집 일을 틈틈이 봐주면 일년에 쌀 20섬을 주겠다는 제안이었습니다.

그 때부터 삼돌이는 고민을 하기 시작합니다. 최대감 집을 나와서 유대감 집으로 가게 되면 그동안 최대감과 쌓아온 정이 있는데 쉽게 떠날 수가 없는 거죠. 하지만 자신에게 딸린 처자식(이 당시엔 자식도 많이 낳아서 아들, 딸이 10명이었습니다)과 연로하신 부모님을 생각하면 유대감의 제안을 딱 잘라 거절할 수도 없는 형편이었습니다. 2박 3일을 곰곰이 생각하던 삼돌이는 최대감에게 엄청난 선언을 하고야 맙니다.

"대감님, 저는 이제부터 프리(free)로 뜁니다."

이 말인 즉슨 이제부터는 한 집에 소속되어 있지 않고 돈을 주면 어느 집에서건 일을 하겠다는 얘기입니다. 냉철한 삼돌이입니다. 평생 농사만 짓고 살아서 세상 물정에 어두운 줄 알았는데 이제 보니 보통내기가 아닌거죠. 프리를 선언하고 최대감과 유대감 일을 다 하게 된 삼돌이! 장하다 삼돌이!

배열과 포인터의 관계

이 이야기를 배열과 포인터의 관계와 비교해볼 수 있습니다. 배열은 배열이 선언되는 순간 메모리가 정해지고 연속적으로 메모리를 사용할 수 있습니다. 배열을 선언한 함수 내에서는 배열의 이름과 인덱스만 사용하면 상당히 간편하게 사용할 수 있습니다. 마치 최대감 집 소속이었던 삼돌이를 최대감이 농사일 뿐만 아니라 온갖 집안 일에 다 부려먹는 것과 마찬가지죠. 최대감은 그저 "삼돌아~ 거기 삼돌이 없느냐?" 이렇게 호출만 하면 됩니다. 그러나 유대감 입장에서는 최대감 집 소속인 삼돌이의 도움을 좀 받고 싶어도 마당쇠를 보내서 은근슬쩍 접촉해야 하는 어려움이 있습니다. 더군다나 삼돌이가 유대감 집 일을 몰래 하는 알바(아르바이트)를 한다고 하더라도, 최대감 집 일이 바쁘면 제대로 할 수가 없습니다.

유대감은 삼돌이에게 일을 시킬 때는 최대감 집 눈치를 봐야 하기 때문이죠. 바로 이 점이 배열의 단점입니다. 배열을 사용하면 선언한 함수 내에서는 쉽게 사용할 수 있지만 밖의 함수에서는 사용하기가 어렵습니다. 물론 배열을 전역변수로 사용하면 되지만, 전역변수는 여러 가지 측면에서 위험하기 때문에 고려하지 않겠습니다. 반대로 포인터는 프리를 선언한 삼돌이와 같습니다. 사실 최대감 입장에서는 프리를 선언한 삼돌이를 그전처럼 맘대로 부려먹을 수는 없습니다. 아무래도 껄끄럽기 때문입니다. 하지만 유대감 입장에서는 삼돌이가 최대감 집에 소속되어 있을 때보단 훨씬 일을 시키기가 편합니다. 바로 이 점이 포인터의 장점입니다. 어느 메모리를 사용한다고 했을 때 포인터로 처리를 하면 다른 함수들에서도 쉽게 사용할 수 있습니다. 물론 물리적인 주소를 직접 접근하는 방식이므로 위험성은 있지만 배열처럼 까다롭지는 않죠. 다음 [그림 4-1]을 봅시다.

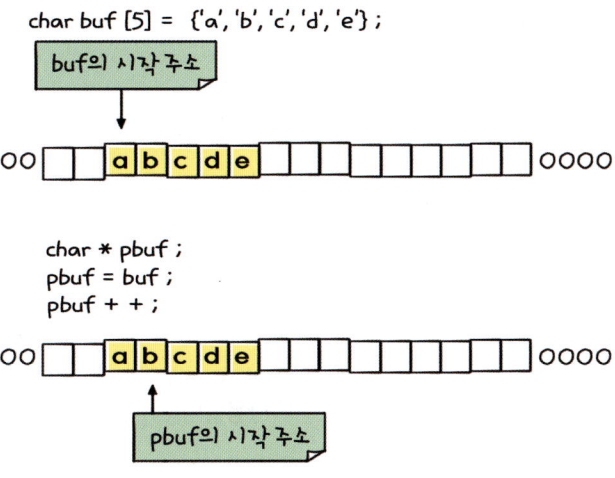

[그림 4-1] 배열과 포인터의 시작 주소의 차이점

위 그림을 보면 배열 buf의 시작 주소는 한 번 설정되면 변경되지 않습니다. 따라서 배열의 항목값을 읽어오기 위해서는 반드시 인덱스를 이용해야 합니다. 그러나 포인터 pbuf는 처음에는 배열 buf의 시작 주소와 같았지만, 위 그림과 같이 pbuf++와 같은 연산을 실행한 후에는 pbuf의 시작 주소가 바뀝니다. 배열과 포인터의 차이점을 간단한 표로 정리하면 다음과 같습니다.

	배열	포인터
선언	배열을 선언하는 경우에는 사용할 배열의 크기를 미리 지정해줘야 합니다.	포인터를 선언하는 경우, 포인터는 항상 4바이트(32비트)나 8바이트(64비트)인 주소 크기만을 사용합니다.
초기화	초기화하기가 쉽습니다.	포인터를 초기화하기 위해서는 미리 메모리를 할당받아야 합니다.
데이터의 사용	배열의 인덱스를 사용하여 바로 필요한 항목의 데이터를 읽거나 쓸 수 있습니다.	포인터 변수의 연산을 통해 데이터를 읽고 써야 합니다.
메모리의 사용	배열이 선언될 때 필요한 메모리가 할당되기 때문에 중간에 메모리의 크기를 변경할 수 없습니다.	주로 malloc() 함수를 사용하여 메모리를 할당받고 사용하기 때문에 필요한 만큼의 메모리를 사용할 수 있습니다.

[표 4-1] 배열과 포인터의 차이점

이것만은 꼭 기억하세요! 문자열을 다루는 세 가지 방법

C 언어에서는 세 가지 방법을 사용하여 문자열 데이터를 저장합니다. 그 중 두 가지 방법은 배열을 사용하는 것이고, 마지막 하나는 문자형 포인터를 사용하는 방법입니다. 각각은 다음과 같죠.

```
char buf[5] = {'a', 'b', 'c', 'd', 'e'};
char buf[5] = "abcde";
char *ptr = "abcde";
```

사실 이 중에서 필자를 비롯한 대부분의 프로그래머가 사용하는 방법은 세 번째의 문자형 포인터를 사용하는 방법입니다. 또한, 문자열을 사용할 때는 문자열의 끝에 '\0' 표시를 해주어야 합니다.

char *ptr = "abcde"와 같이 문자형 포인터를 사용하는 경우라면 자동으로 문자열의 끝에 '\0' 기호가 추가되지만 그렇지 않다면 항상 프로그래머가 추가해줘야 하겠죠. 더군다나 문자열을 복사하기 위해 malloc()으로 새로운 문자열을 메모리 할당하려면 문자열의 크기에 1을 더해서 '\0' 문자도 복사하도록 해주어야 합니다. 보통은 다음과 같이 사용합니다.

```
dstptr = (char *)malloc(strlen(srcptr) + 1);
```

15 배열과 포인터를 사용할 때 발생하는 문제

배열과 포인터 사용 시 발생하는 문제의 해결 방법을 알아봅니다.

문제 해결 방법 알아보기

C 언어에서 제공하는 포인터는 메모리 주소를 직접 사용할 수 있다는 점 때문에 많은 프로그래머들이 자주 사용하는 기능입니다. 그러나 메모리의 주소를 직접 사용한다는 것은 장점이면서 동시에 잘못 사용하는 경우 엄청난 재앙을 가져다 줄 수 있는 부분이기도 합니다. 포인터를 사용할 때 초보 프로그래머들이 쉽게 저지를 수 있는 문제에 대해 알아보고 그런 문제를 해결하는 나름대로의 해결책도 함께 알아봅시다.

[그림 4-2] 포인터를 잘못 사용 컴퓨터에 문제가 발생할 수 있다.

먼저 C 프로그램에서 문자열을 저장하는 방법에 대해 알아보죠. 문자열을 저장하는 방법은 다양하지만 사실 배열과 포인터를 사용한다는 점에서는 동일합니다. 다음 세 가지 정도의 방법이 있는데 문자열을 저장한다는 의미에서는 동일하지만, 실제 저장되는 방법에는 큰 차이가 있습니다.

📘 문자형 배열에 하나의 데이터씩 저장하는 방법

문자형 배열을 선언하고 배열의 초기화 방법을 이용하여 데이터를 하나씩 저장하는 방법입니다. 거의 사용하지는 않습니다.

```
char array[5] = 'a','b','c','d','e';
```

이 방법은 배열을 사용하기 때문에 간편하기는 하지만 문자열의 각 문자들을 일일이 코드 안에 넣어주어야 하므로 특별한 경우를 제외하고는 거의 사용하지 않습니다.

📘 문자형 배열에 한꺼번에 데이터를 저장하는 방법

위의 첫 번째 방법은 문자 하나하나를 저장하는 방법이라 문자열이라는 생각이 들지 않는 반면에 두 번째 방법은 문자형 배열을 사용하는 것은 동일하지만, 다음과 같이 문자열 데이터를 사용합니다.

```
char buf[5] = "abcde";
```

사실 문자열을 다룰 때 배열을 사용하면 가장 많이 사용하는 방법이기도 하죠.

📘 문자형 포인터를 사용하여 데이터를 저장하는 방법

문자형 포인터를 사용하여 데이터를 저장하는 것은 가장 많이 사용되는 문자열 저장 방법입니다.

```
char *ptr = "abcde";
```

필자의 경우는 이 방법을 가장 선호하지만 이 세 가지 방법은 문자열을 저장한다는 점에서는 같아 보여도 내부적으로는 엄청난 차이점이 있습니다. 다음은 위의 세 가지 방법을 사용하여 같은 문자열을 저장한 후에 printf() 함수의 문자열 출력 옵션인 '%s'를 사용하여 출력한 결과입니다. 세 개의 출력 결과를 보고 배열과 포인터의 차이점이 무엇인지 살펴봅시다.

배열과 포인터를 사용한 문자열 처리　　　　　　　　　　파일명 : process_str.c

```c
#include <stdio.h>
#include <string.h>

int main()
{
    char array[5] = {'a', 'b', 'c', 'd', 'e'};
    char buf[10] = "abcde";
    char *ptr = "abcde";

    printf("array : %d , array : %s", strlen(array), array);
    printf("buf : %d , buf : %s", strlen(buf), buf);
    printf("ptr : %d , ptr : %s", strlen(ptr), ptr);

    return 0;
}
```

위의 프로그램의 실행 결과는 다음과 같습니다.

실행 결과
array : 5, array : abcdebuf : 5, buf : abcdeptr : 5, ptr : abcde

실제 출력된 결과를 보면 세 개가 전부 다릅니다. 여러분들이 원하는 데이터가 이 중에 어떤 것인가요?

그렇죠. 바로 출력 결과처럼 원하는 데이터인 'abcde'만 출력되기를 바랄 것입니다. 왜 이렇게 서로 다른 결과가 나타났을까요? 그 이유는 바로 다음 그림을 보면 알 수 있습니다.

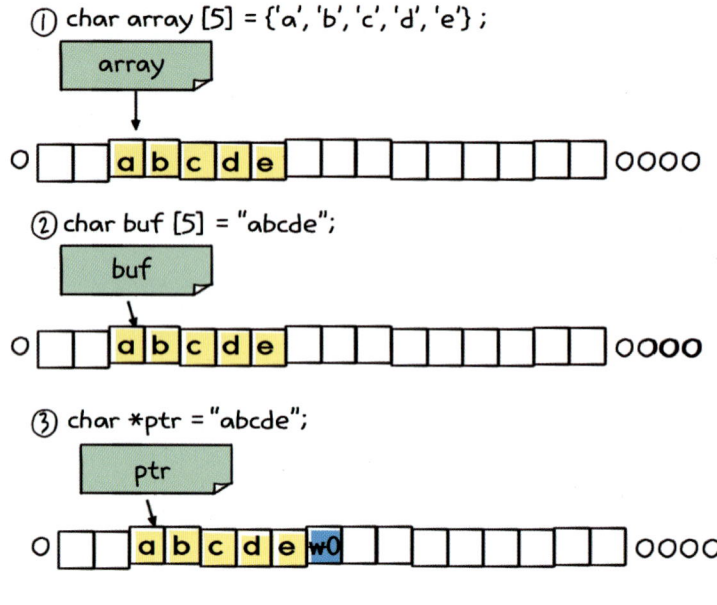

[그림 4-3] 배열과 포인터를 사용한 문자열의 차이

위의 그림을 보면 세 번째 부분만 문자열의 뒤에 '\0'이라는 문자열의 끝을 나타내는 코드가 들어있습니다. 결과가 다르게 나온 이유는 바로 이 문자 때문입니다. 문자형 포인터를 저장하고 문자열을 대입하면 C 컴파일러에서는 자동적으로 데이터의 가장 끝에 문자열의 끝을 의미하는 '\0' 코드를 입력하게 됩니다. 그러나 문자형 배열의 경우에는 배열의 크기를 프로그래머가 직접 결정한 후에 데이터를 저장하기 때문에 컴파일러에서는 자동적으로 '\0' 문자를 저장해주지 않습니다. 따라서 여러분들이 문자형 포인터가 아닌 문자형 배열을 사용하여 문자열 데이터를 처리하고 싶은 경우에는 위의 코드(75쪽, 배열과 포인터를 사용한 문자열 처리)를 다음과 같이 수정해야 합니다.

다음의 프로그램은 배열 array와 배열 buf의 크기를 하나 더 크게 만든 다음에 문자열의 가장 끝에 문자열의 끝을 의미하는 ' ' 데이터를 입력하였습니다. 물론 char *ptr에 저장되는 경우는 이전의 프로그램의 코드와 차이가 없습니다. 다음 프로그램을 실행시켜 보면 원하는 결과가 제대로 출력될까요? 위의 모니터 안의 내용은 수정된 프로그램의 출력 결과입니다. 어떻습니까? 이제서야 비로소 원하는 결과를 얻을 수 있겠죠?

수정된 배열과 포인터를 사용한 문자열 처리 예제   파일명 : modified_process_str.c

```c
#include <stdio.h>
#include <string.h>

int main()
{
    char array[6] = { 'a', 'b', 'c', 'd', 'e', ' ' };
    char buf[6] = "abcde";
    char *ptr = "abcde";

    printf("array : %d , array : %s", strlen(array), array);
    printf("buf : %d , buf : %s", strlen(buf), buf);

    return 0;
}
```

실행 결과

array : 6 , array : abcde buf : 5 , buf : abcde

이것만은 꼭 기억하세요!

문자열을 사용할 때 주의점 (1)

문자열을 사용할 때는 문자열의 끝에 '\0' 표시를 해주어야 합니다. char *ptr = "abcde"와 같이 문자형 포인터를 사용하는 경우라면 자동으로 문자열의 끝에 '\0' 기호가 추가되지만 그렇지 않다면 항상 프로그래머가 추가해줘야 하겠죠. 더군다나 문자열을 복사하기 위해 malloc()으로 새로운 문자열을 메모리 할당하려면 문자열의 크기에 1을 더해서 '\0' 문자도 복사하도록 해주어야 합니다. 보통은 다음과 같이 사용합니다.

```c
dstptr = (char *)malloc(strlen(srcptr) + 1);
```

문자열을 사용할 때 주의점 (2)

문자열 상수는 문자열을 하나의 상수로 간주하여 처리하는 방법이고, 문자는 말 그대로 문자 하나를 상수로 간주하여 처리하는 방법입니다. C 언어에서 문자열 상수를 사용할 때는 다음과 같이 큰 따옴표를 사용합니다.

```c
char *ptr = "안녕하세요";
```

그에 비해, 문자 상수는 다음과 같이 작은 따옴표를 사용합니다.

```c
char A = 'a';
```

금방 구분이 되는데 문자열 상수나 문자 상수처럼 용어만으로는 혼동하기 쉽습니다.

'\0' 문자처리 방법을 알아둡시다.

16 포인터로 함수의 매개변수 사용 시 문제점

배열과 포인터를 사용할 때 주의할 점들에 대해 자세히 살펴봅니다.

포인터 사용 시 실수하기 쉬운 기능

간혹 여러 독자들 중에 "난 이제 포인터에 대해선 빠삭해!"라고 생각할지 모르겠지만, 포인터만큼 프로그래머가 실수하기 쉬운 기능도 없습니다. 이번에 살펴볼 프로그램은 초보 프로그래머들이 포인터를 사용할 때 쉽게 범할 수 있는 오류 중의 하나입니다. 강력한 포인터를 사용할 때 어떤 문제점이 발생할 수 있는지 살펴봅시다. 먼저 다음의 프로그램의 코드를 보죠.

오류가 있는 포인터의 사용 예제

파일명 : error_using_pointer.c

```c
#include <stdio.h>
#include <string.h>
#include <malloc.h>

void StringCopy(char*, char*);

int main()
{
    char *ptr1 = "abcde";
    char *ptr2;

    printf("StringCopy( )함수 호출 전\n");
    printf("ptr1 : %s\n", ptr1);
    StringCopy(ptr2, ptr1);
    printf("StringCopy( )함수 호출 후\n");
    printf("ptr1 : %s\n", ptr1);
    printf("ptr2 : %s\n", ptr2);

    return 0;
}
```

```
void StringCopy(char *dst, char *src)
{
    while(*src)
        *dst++ = *src++;
}
```

위의 프로그램은 "abcde"가 저장되어 있는 문자형 포인터 ptr을 다른 문자형 포인터에 저장하는 것입니다. 하지만 위의 프로그램을 실행시켜 보면 정상적으로 실행되지 않고 다음과 같은 오류 메시지만 나타납니다.

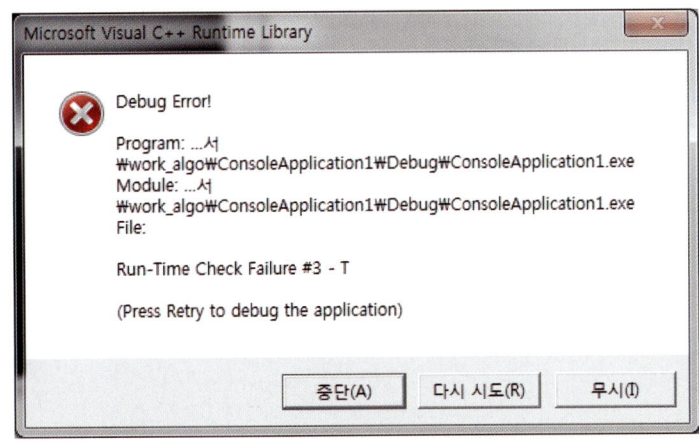

[그림 4-4] 포인터를 잘못 사용한 경우의 오류 메시지

위의 오류가 발생하게 된 가장 큰 이유는 8행의 포인터 변수 ptr2의 선언 부분 때문입니다. 얼핏 보기에는 특별한 문제는 없어 보입니다. 사실은 선언한 것이 잘못된 것은 아닙니다. 이 포인터 ptr2는 단순히 어떤 주소를 가리키는 용도로만 사용되는 것이 아니라 문자열 데이터가 복사될 위치를 의미하는 포인터 변수입니다. 따라서, 이와 같이 char *ptr2;라고 포인터를 선언해주면 시스템에서는 이 포인터 변수 ptr2에 문자열 데이터가 저장될 곳이라고 인식하지 못하게 됩니다.

이러한 경우에는 문자열 데이터 등과 같이 연속된 데이터들을 가리키는 포인터로 사용하기 위해서는 사용할 영역을 미리 잡아주어야 합니다. 그때 사용하는 기능이 바로 메모리를 할당하는 함수인 malloc()입니다. malloc()에 대해서는 조금 후에 좀 더 자세하게 다루어 보기로 하죠. 8행을 다음과 같이 수정해서 실행해봅시다.

```
char *ptr2 = (char *)malloc(strlen(ptr1));
```

이와 같이 변경한 후에 실행시켜 보면 오류 화면은 나타나지 않고 다음과 같은 결과 화면이 나타납니다.

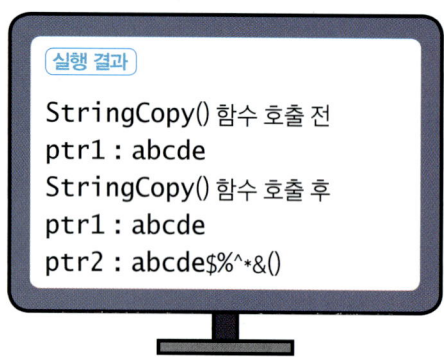

어라? 분명히 ptr1과 같은 크기를 strlen() 함수를 사용하여 구해서 그 크기 그대로 malloc() 함수를 사용했는데 어째서 ptr2에는 뒤에 쓰레기 값이 들어가게 됐을까요? 그 이유는 좀 전에도 설명했듯이 문자열의 끝을 의미하는 '데이터가 빠져 있기 때문'입니다. 따라서 8행에서 malloc()으로 원하는 메모리를 할당받을 때도 '문자까지 고려'해서 다음과 같이 해주어야 합니다.

```
char *ptr2 = (char *)malloc(strlen(ptr1) + 1);
```

그리고 나서 18행과 19행의 while문이 끝나고 나서 다음의 코드를 넣어주어야 합니다.

```
*dst = '';
```

이와 같이 해주면 원하는 결과를 얻을 수 있습니다. 다음은 정상적으로 문자열을 복사하는 프로그램입니다.

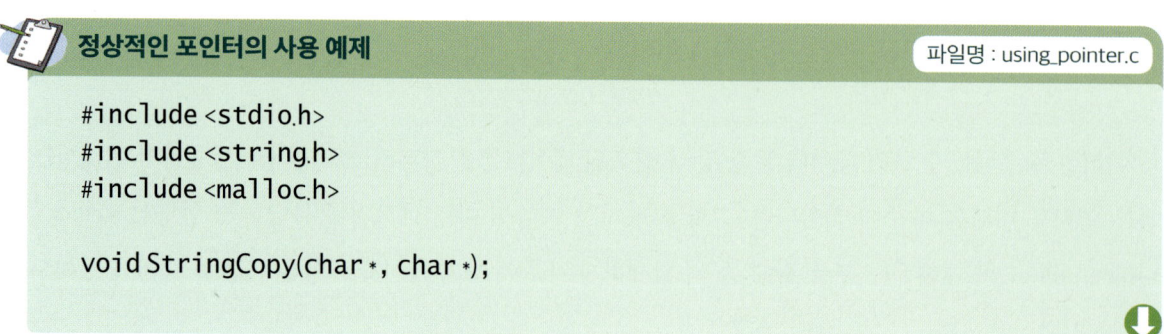

```c
int main()
{
    char *ptr1 = "abcde";
    char *ptr2 = (char *)malloc(strlen(ptr1) + 1);;

    printf("StringCopy() 함수 호출 전\n");
    printf("ptr1 : %s\n", ptr1);

    StringCopy(ptr2, ptr1);

        printf("StringCopy() 함수 호출 후\n");
        printf("ptr1 : %s\n", ptr1);
        printf("ptr2 : %s\n", ptr2);

        return 0;
}
void StringCopy(char *dst, char *src)
{
    while (*src)
        *dst++ = *src++;
}
```

실행 결과

```
StringCopy() 함수 호출 전
ptr1 : abcde
StringCopy() 함수 호출 전
ptr1 : abcde
ptr2 : abcde
```

이 외에도 배열과 포인터를 사용할 때의 주의점들이 몇 가지 더 있습니다. 다음 장에서 그런 오류들에 대해 좀더 자세히 살펴보도록 하죠.

17 문자열을 다루는 세 가지 방법

문자열 데이터를 저장하고 처리하는 방법을 알아봅니다.

문자열 데이터 저장 방법

C 언어에서는 세 가지 방법을 사용하여 문자열 데이터를 저장합니다. 그 중 두 가지 방법은 배열을 사용하는 것이고, 마지막 하나는 문자형 포인터를 사용하는 방법입니다.

각각은 다음과 같죠.

```
char buf[5] = 'a','b','c','d','e';
char buf[5] = "abcde";
char *ptr = "abcde";
```

사실 이 중에서 필자를 비롯한 대부분의 프로그래머가 사용하는 방법은 세 번째의 문자형 포인터를 사용하는 것입니다. 또한, 문자열을 사용할 때는 문자열의 끝에 ' ' 표시를 해주어야 합니다.

char *ptr = "abcde"와 같이 문자형 포인터를 사용하는 경우라면 자동으로 문자열의 끝에 ' ' 기호가 추가되지만 그렇지 않다면 항상 프로그래머가 추가해줘야 하겠죠. 더군다나 문자열을 복사하기 위해 malloc()으로 새로운 문자열을 메모리에 할당하려면 문자열의 크기에 1을 더해서 ' ' 문자도 복사하도록 해주어야 합니다.

보통은 다음과 같이 사용합니다.

```
dstptr = (char *)malloc(strlen(srcptr) + 1);
```

sizeof() 함수와 strlen() 함수의 역할

간혹 초보 프로그래머들 중에서 sizeof() 함수와 strlen() 함수에 사용법을 헷갈려 하는 사람들이 있습니다. sizeof() 함수는 주로 현재의 자료형의 크기를 구하기 위해 사용하고, strlen() 함수는 문자열의 크기를 구하기 위해 사용합니다. 따라서 이 두 함수의 역할이 완전히 다르기 때문에 헷갈리면 절대 안됩니다. 다음의 코드를 입력하고 실행해서 어떤 결과가 나오는지 확인해보세요.

sizeof()를 사용한 예제 파일명 : using_sizeof.c

```c
#include <stdio.h>
#include <string.h>

int main()
{
    char *ptr1 = "abcdef";
    char *ptr2 = NULL;

    printf("ptr1의 sizeof() 결과 : %d\n",sizeof(ptr1));
    printf("ptr1의 strlen() 결과 : %d\n",strlen(ptr1));
}
```

sizeof() 함수를 사용할 때 또 한 가지 범하기 쉬운 실수는 구조체 포인터의 경우입니다. 위의 코드를 입력하고 실행해보세요. 실행 결과는 다음과 같습니다.

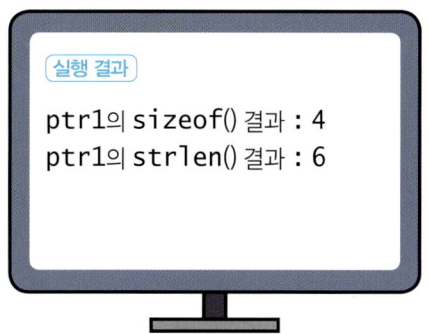

실행 결과
ptr1의 sizeof() 결과 : 4
ptr1의 strlen() 결과 : 6

sizeof() 함수는 문자형 포인터의 자료형의 크기이므로 포인터의 크기인 4바이트를 출력하게 되지만, strlen() 함수는 문자형 포인터가 가리키는 문자열의 크기를 의미하므로 6바이트가 출력됩니다. 단, 본문에서도 말했듯이 실제 데이터는 5바이트이지만 문자열의 마지막에 ' ' 문자가 추가되어서 총 6바이트가 되는거죠.

sizeof() 함수를 사용할 때 또 한 가지 범하기 쉬운 실수는 구조체 포인터의 경우입니다.
다음의 코드를 입력하고 실행해보세요.

구조체 포인터의 실수 예제

파일명 : struct_ptr_error.c

```c
#include <stdio.h>
#include <string.h>

typedef struct _Node {
    char *Name;
    int Grade;
    struct _Node *Next;
} NODE;

int main()
{
    NODE *ptr;

    printf("ptr의 sizeof() 결과 : %d\n", sizeof(ptr));
    printf("ptr의 sizeof() 결과 : %d\n", sizeof(*ptr));
    printf("NODE의 sizeof() 결과 : %d\n", sizeof(NODE));
}
```

위의 결과는 어떻게 나올까요? 마지막의 3개의 printf()문을 잘 보면 sizeof(ptr), sizeof(*ptr), sizeof(NODE)로 서로 다릅니다. 결과는 다음과 같습니다.

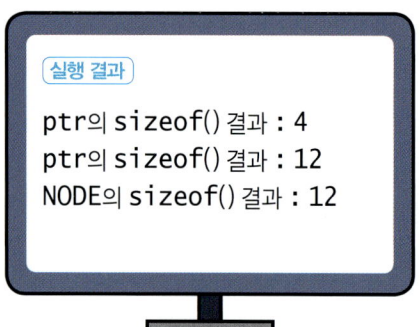

실행 결과
ptr의 sizeof() 결과 : 4
ptr의 sizeof() 결과 : 12
NODE의 sizeof() 결과 : 12

위의 결과를 보면 sizeof(ptr)는 역시 구조체든 문자든 상관없이 포인터의 크기인 4바이트를 리턴하게 되며, 실제 구조체의 크기를 구하려면 sizeof(*ptr)이거나 sizeof(NODE)라는 것을 알 수 있습니다. 그 중에서 특히 sizeof(*ptr)를 사용해야 함에도 불구하고, sizeof(ptr)를 사용하는 사람들이 종종 있습니다. 꼭 기억해두세요!

18 포인터를 사용한 문자열 처리

문자열이란 무엇인지 알아보고 포인터를 사용하여 문자열을 편집하는 다양한 기능을 만들어 봅시다. 두 개의 문자열을 합치는 AddString이라는 함수를 사용한 예제를 살펴봅니다.

문자열

문자열이란 두 개 이상의 문자들이 연속되어 있는 것을 의미하는데, C++이나 C#과 같은 근래에 등장한 프로그래밍 언어들은 프로그램 내부에서 문자열에 대한 처리를 위해 별도의 자료형이 존재합니다.

C 언어는 문자열에 대한 자료형이 따로 존재하지 않지만, 대신 포인터를 사용하면 문자열에 대한 처리를 할 수 있습니다. C 언어에서는 포인터를 사용하여 다음과 같이 문자열을 정의합니다. 물론 배열을 사용해도 문자열을 정의할 수 있지만 이 장에서는 포인터의 오묘한 기능에 대해서 중점적으로 다루는 부분이므로 배열에 대한 부분은 생략하기로 하겠습니다. 또한 아무래도 문자열을 다룰 때는 배열보다는 포인터를 사용하는 것이 더 쉽고 강력하기 때문입니다.

```
char *ptr = "I am Jeniffer";
```

이처럼 단순히 문자열을 저장하는 것뿐만 아니라, 포인터를 이용하면 문자열을 다루는 다양한 기능을 만들어낼 수 있습니다.

❶ 두 개의 문자열을 하나로 합치기
❷ 문자열 중에서 임의의 문자가 몇 개 존재하는지를 알아내기
❸ 문자열 안에서 공백과 같은 특수문자를 전부 제거하기
❹ 두 개의 문자열을 비교하여 같은 문자열인지 아닌지를 체크하기

여기에서는 포인터를 사용하여 문자열을 편집하는 다양한 기능을 만들어 봅시다.

두 개의 문자열을 합치는 AddString이라는 함수를 만들어 봅시다. 이 함수는 다음과 같은 프로토타입을 갖게 됩니다.

```
char *AddString(char *src1, char *src2);
```

src1과 src2는 문자형 포인터이며 AddString() 함수의 리턴값 역시 문자형 포인터입니다. char *라는 문자형 포인터 형식은 변수를 선언할 때 뿐만 아니라 위의 AddString() 함수에서와 같이 리턴값의 형식으로도 사용할 수 있습니다. 결국은 AddString()의 리턴값이 문자형 포인터가 된다는 의미입니다. 따라서 AddString()을 호출하는 부분에서도 다음과 같이 문자형 포인터로 선언된 포인터 변수로 리턴값을 받아야 합니다.

```
char *ptr;
ptr = AddString(....);
```

다음의 프로그램은 두 개의 문자열을 매개변수로 받아서 서로 합친 후에 문자열 포인터로 리턴하는 프로그램입니다. 일반적으로 자주 사용하는 문자열 처리 프로그램 중의 하나죠.

정상적인 포인터의 사용 예제
파일명 : concat_string.c

```c
#include <stdio.h>
#include <malloc.h>

char *AddString(char *, char *);

void main()
{
    char data_1[80] = "I am Jeniffer";
    char data_2[80] = "Who are you?";
    char *ret;

    printf("AddString()함수를 호출하기 전");
    printf("data_1의 문자열 : %s", data_1);
    printf("data_2의 문자열 : %s", data_2);

    ret = AddString(data_1, data_2);
```

```
        printf("()함수를 호출한 후");
        printf("data_1의 문자열 : %s",data_1);
        printf("data_2의 문자열 : %s",data_2);
        printf("ret의 문자열 : %s",ret);
}

char *AddString(char *src1, char *src2)
{
    char *ret, *ptr;
    ptr = (char *)malloc(sizeof(src1) + sizeof(src2));
    ret = ptr;
    while(*src1)
        *ptr++ = *src1++;
    while(*src2)
        *ptr++ = *src2++;

    *ptr = '';
    return ret;
}
```

함수 살펴보기

main() 함수 내의 코드들은 그다지 어렵지 않은 부분입니다. 다만 한 가지 알고 넘어가야 할 부분은 printf() 함수를 사용하여 문자열을 출력할 때는 %s를 사용한다는 점입니다.

포인터 변수는 일반 변수와 마찬가지로 프로그램 내에서 정의하여 변수처럼 사용할 수도 있고, 위와 프로토타입에서 볼 수 있듯이 일반 변수와 똑같이 함수의 매개변수나 반환(리턴) 타입으로 사용할 수도 있습니다. 또한, 문자열을 char data_1[80] = "I am Jeniffer";와 같이 80개로 잡은 이유는 콘솔 화면에서 사용자가 줄바꿈을 하지 않고 최대로 입력할 수 있는 글자의 수가 80개이기 때문입니다. 여러분들은 굳이 80개로 설정하지 않고 글자의 수에 맞게 설정하거나 아니면 20~30으로 설정해도 상관없습니다.

위의 프로그램에서 main() 함수를 살펴보기 전에 AddString() 함수부터 살펴봅시다. AddString() 함수는 매개변수로 두 개의 문자형 포인터 src1과 src2를 사용하며 반환(리턴)값으로 문자형 포인터를 반환합니다. AddString()이 실행되면 21행에서 malloc() 함수를 사용하여 매개변수 src1과 src2의 크기 만큼의 메모리를 할당받게 됩니다. 여기서는 malloc() 함수의 기능이 메모리를 할당한다는 정도만 알고 있고, 다음 그림을 주의 깊게 봅시다.

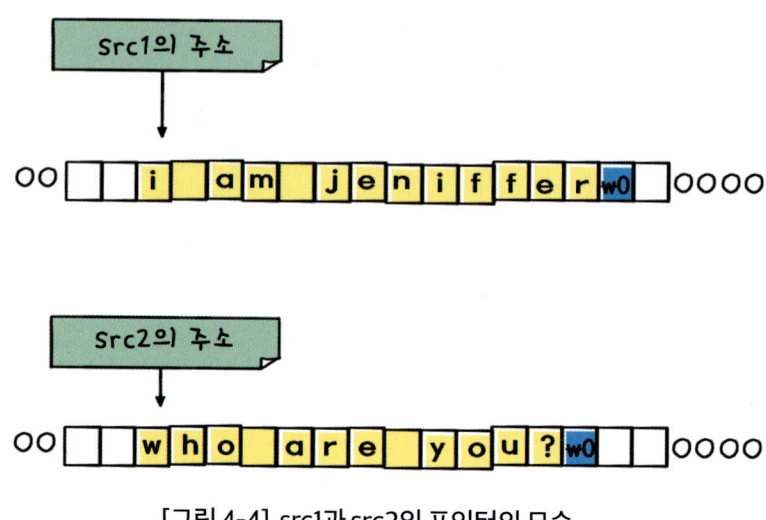

[그림 4-4] src1과 src2의 포인터의 모습

일단 AddString() 함수가 실행되면 매개변수인 **src1**과 **src2**는 위의 그림과 같이 데이터를 저장합니다. 21행이 실행되면 malloc() 함수를 사용하여 src1의 크기와 src2의 크기를 조사하여 두 개의 크기를 더한 값으로 메모리를 할당받게 됩니다. 그것이 바로 **ptr**이 가리키는 주소가 됩니다. 22행은 **ptr**이 가리키는 곳을 가리키게 하므로 결국은 **ptr**과 **ret**는 같은 주소를 가리키게 됩니다. 그리고 나서, 23행에서 매개변수 **src1**의 데이터가 존재한다면 24행에서 **ptr**에 **src1**의 값을 복사합니다. 복사한 후에는 포인터의 증가연산 자를 통해 현재 가리키는 위치를 증가시키게 됩니다. 단, **ptr**과 같은 위치를 갖고 있는 포인터 **ret**는 변하지 않고 항상 처음 위치를 가리키게 되죠.

25행과 26행도 위의 23행과 24행의 코드와 마찬가지로 매개변수로 받은 **src2**의 데이터를 읽어서 **ptr**로 복사합니다. 7행의 **ptr** 위치에 ''를 입력하는 이유는 이전 장에서도 설명했듯이 문자열의 끝임을 나타내기 위해서입니다. 이 문자가 없으면 문자열의 끝을 인식할 수 없기 때문에 문자열의 뒤에 쓰레기 값들이 붙게 됩니다.

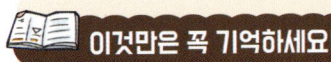 **이것만은 꼭 기억하세요!** 문자열을 사용할 때 주의점(3)

malloc() 함수를 사용할 때는 sizeof() 함수와 strlen() 함수를 구별해서 사용하자

간혹 초보 프로그래머들 중에서 sizeof() 함수와 strlen() 함수를 헷갈리는 사람들이 있습니다. sizeof() 함수는 주로 현재의 자료형의 크기를 구하기 위해 사용하고, strlen() 함수는 문자열의 크기를 구하기 위해 사용합입니다. 따라서 이 두 함수의 역할이 완전히 다르기 때문에 헷갈리면 절대 안됩니다.

다음의 코드를 입력하고 실행해서 어떤 결과가 나오는지 확인해보세요.

```c
#include <stdio.h>
#include <string.h>

void main()
{
    char *ptr1 = "abcdef";
    char *ptr2 = NULL;

    printf("ptr1의 sizeof() 결과 : %d\n", sizeof(ptr1));
    printf("ptr1의 strlen() 결과 : %d\n", strlen(ptr1));
}
```

sizeof와 strlen의 차이점을 알아두자!

문자형 포인터의 sizeof(ptr1)의 결과와 문자형 포인터의 strlen(ptr1)의 결과는 다음과 같이 서로 다릅니다.

실행 결과
```
ptr1의 sizeof() 결과 : 4
ptr1의 strlen() 결과 : 6
```

sizeof() 함수는 문자형 포인터의 자료형의 크기이므로 포인터의 크기인 4바이트를 출력하게 되지만, strlen() 함수는 문자형 포인터가 가리키는 문자열의 크기를 의미하므로 6바이트가 출력됩니다. 단, 본문에서도 말했듯이 실제 데이터는 5바이트이지만 문자열의 마지막에 '\0'문자가 추가되어서 총 6바이트가 되는거죠.

줄줄이 소시지, 연결 리스트

5장

연결 리스트는 대부분의 알고리즘에서 사용하는 자료 구조입니다. 데이터를 구조체로 묶어서 포인터로 연결하는 연결 리스트의 장점은 특히 C 프로그래밍 언어에서 그 빛을 발합니다. 연결 리스트가 도대체 무엇인지 알아봅시다.

19 × 연결 리스트란
20 × 연결 리스트의 삽입 알고리즘
21 × 연결 리스트의 삭제 알고리즘

19 연결 리스트란

연결 리스트를 알아보기 위해 관련 용어를 그림과 함께 쉽게 이해한 후 연결 리스트의 장단점에 대해 알아봅니다.

노드와 링크 용어 알아보기

연결 리스트(Linked List)에 대한 자료 구조와 알고리즘을 살펴보기 전에 먼저 간단한 용어부터 알아봅시다. 연결 리스트에는 기본적으로 노드(Node)와 링크(Link)라는 용어를 사용합니다.

다음 그림은 철길 위를 달리는 기차입니다. 총 5개의 객차가 연결되어 있죠. 여기서 객차 하나 하나를 하나의 노드(Node)라는 의미로 생각하면 되고 객차와 객차를 연결해주는 쇠사슬을 링크(Link)로 이해하면 연결 리스트의 노드와 링크의 관계를 이해하기 쉽습니다. 그러나 기차를 생각해보면 객차만 연결되었다고 해서 기차가 움직이지는 않습니다. 뭔가 연결된 객차들을 끌어주는 기관차가 있어야죠. 다음 그림을 볼까요?

[그림 5-1] 헤드와 테일이 붙은 기차 그림

위의 그림과 같이 연결 리스트의 처음을 가리키는 노드와 끝을 가리키는 노드가 있고 실제 데이터가 저장되는 노드는 그 사이에 있습니다.

연결 리스트는 이전에 봤던 기차의 그림과 비슷합니다. 그러나 자세히 보면 차이점이 있는데, 링크에 화살표로 되어 있는 방향이 있음을 알 수 있습니다. 위의 그림에서 헤드(Head)와 엔드(End)는 데이터를 저장하지는 못하고 단지 다음을 가리키는 링크만이 존재하는 노드입니다. (좀더 정확하게 얘기하면 헤드(Head) 노드와 엔드(End) 노드에 데이터를 저장할 수 없는 것이 아니라 이 두 개의 노드에는 묵시적으로 데이터를 저장하지 않는다는 표현이 더 맞습니다.) 기관차에 해당하는 헤드(Head) 노드는 노드 A를 가리키고, 노드 A는 노드 B를 가리킵니다. 이와 같이 연결된 다음 노드들을 계속 가리키며 마지막 노드인 노드 E는 엔드(End) 노드를, 엔드(End) 노드는 자기 자신을 가리킵니다.

이와 같이 자신의 노드에서 다음의 노드만을 가리킬 수 있는 형태가 전형적인 연결 리스트의 형태입니다. 연결 리스트에서 사용하는 알고리즘을 살펴보기 전에 연결 리스트가 왜 사람들에게 자주 언급되는지에 대해 먼저 알아야 합니다.

연결 리스트는 자료를 저장하는 하나의 자료 구조에 불과합니다. 기본적인 개념은 배열과 거의 동일합니다. 하나 이상의 데이터를 저장하는 개념은 동일하죠.

연결 리스트의 장단점

왜 배열을 사용하지 않고 연결 리스트를 사용할까요? 연결 리스트의 장점은 곧 배열의 단점이 됩니다. 이 책을 읽고 있는 독자들이라면 배열(Array)에 대해서 모두 알고 있을 것입니다. 배열은 동일한 자료형을 갖는 데이터의 집합입니다. 그 특성은 연속적이라는 데 있죠. 배열의 특징은 배열을 생성할 때 한 번에 총 메모리를 확보하여 사용할 수 있도록 하기 때문에 프로그램이 실행되는 중간에 배열의 크기를 바꾸거나 할 수가 없습니다. 따라서 배열의 단점은 배열 안에 저장되어 있는 값들을 정렬할 때도 일일이 메모리에 저장되어 있는 값을 바꾸어주어야 합니다. 연결 리스트는 이와 같은 배열의 단점을 해결해줍니다.

다음의 그림을 보면 배열과 연결 리스트의 차이점을 분명하게 알 수 있을 것입니다.

배열의 개념적인 구조

연결 리스트의 개념적인 구조

[그림 5-2] 배열과 연결 리스트의 차이점

위의 그림과 같이 배열은 연속된 메모리를 사용하지만 연결 리스트는 반드시 연속적이라고는 볼 수 없습니다. 오히려 연결 리스트는 연속적이지 않는 데이터들을 링크로 서로 연결하는 개념이라고 볼 수 있습니다. 그러면 연결 리스트에서 자주 사용하는 노드의 삽입 알고리즘(Insert Algorithm)과 노드의 삭제 알고리즘(Delete Algorithm)에 대해 알아보도록 합시다.

 **고수로 가는 길**　전문가의 프로그래밍 노하우(1)

#define문을 사용하여 소스 코드에서 사용하는 상수들을 미리 정의한다
　C 언어에서 사용하는 #define문은 사무실에 놓여 있는 꽃병이나 화분처럼 그저 보는데 만족하라고 있는 기능이 아닙니다. 고수들의 소스 코드를 보면 여러 가지 #define문을 사용하여 굳이 소스 코드에 대한 주석을 보지 않고서도 소스 코드만으로도 이 소스 코드의 기능이 무엇인지 알 수 있을 정도입니다.
대부분의 초보 프로그래머들이 귀찮거나 번거롭다고 해서 #define문의 사용을 주저하는 경우가 많은데 #define문을 사용하지 않고 0과 1로 도배되다시피 한 소스 코드는 한두달 지나면 그 소스 코드를 만든 당사자도 쉽게 이해 못할만큼 어려운 코드가 됩니다.

전문가의 프로그래밍 노하우 (2)
포인터는 선언하자마자 초기화한다
　포인터는 C 언어에서 최고로 강력한 필살기임에는 누구도 부인할 수 없지만, 강력한 만큼 잘 사용하지 않으면 육체건강으로나 정신건강에 해로운 일이 발생할 수 있습니다. 일단 포인터를 사용한다면 반드시 초기화하는 습관을 갖는 것이 좋습니다.

전문가의 프로그래밍 노하우 (3)
논리적인 버그가 발생할 수 있는 부분에 대해 검사하는 코드를 넣어둔다

　종종 초보 프로그래머들이 오해하는 것은 컴파일러가 만능이라고 생각한다는 점입니다. 컴파일러에서 특별한 에러나 경고 표시가 없으면 그 프로그램은 전혀 문제가 없을 것이라고 생각한다는 거죠. 그러나 세상 만사가 다 그렇듯이 프로그램 역시 그 프로그램을 개발한 프로그래머의 의도대로만 실행되지는 않습니다. 간혹 뒤통수를 치는 경우가 생기죠.

　대부분의 프로그래밍의 고수들은 이런 말도 안되는 경우를 많이 경험한 사람들이라고 볼 수 있습니다. 따라서 이 전문가들의 소스 코드에는 혹시라도 문제가 발생할 수 있는 부분에 대해 철저하게 검사하도록 되어 있습니다. 그런 코드들이 너무 많으면 안되겠지만 만에 하나 발생할 수 있는 버그를 사전에 막을 수 있다면 여러분들도 그런 습관을 갖는 것이 좋겠죠.

전문가의 프로그래밍 노하우 (4)
메모리의 할당과 해제를 할 때는 별도의 함수를 사용하자

　C 언어가 메모리에 관하여 너그러운 프로그래밍 언어이기 때문에 프로그램 내에서 메모리를 사용할 때도 malloc() 함수와 free() 함수만 사용해주면 특별한 문제가 없는 것이 당연합니다. 그러나, malloc() 함수와 free() 함수만 사용하기에는 C 언어의 지나친 너그러움이 오히려 장애가 될 수도 있지요.

　대부분의 프로그래밍 고수들은 malloc() 함수와 free() 함수를 직접 호출하여 사용하지 않고 별도의 메모리 할당과 해제를 위한 함수를 만들어서 사용합니다. 이런 류의 함수를 래퍼함수(wrapper function)라고 하는데 래퍼함수를 사용하게 되면 메모리를 사용할 때 발생하는 버그를 상당 부분 미연에 방지할 수 있습니다.
　이 책의 본문에서 다룬 malloc() 함수와 free() 함수에 대한 래퍼함수들을 잘 보고, 여러분들의 래퍼 함수로 만들도록 익혀두세요.

20 연결 리스트의 삽입 알고리즘

연결 리스트에서 노드의 연결방법에 대해 알아보고 배열을 이용한 노드 삽입 알고리즘의 예제를 자세히 살펴보면서 삽입 알고리즘을 자세히 학습합니다.

연결 리스트에서 노드의 연결

배열과는 달리 연결 리스트는 각각의 노드가 링크로 연결되어 있습니다. 따라서 연결 리스트의 중간에 어떤 값을 노드에 연결시키는 것도 간단합니다. 다음의 그림을 봅시다.

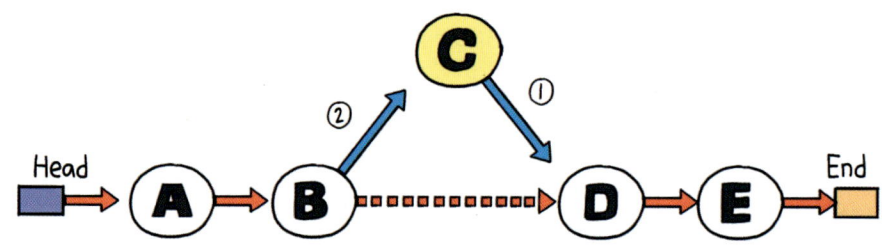

[그림 5-3] 연결 리스트에서 노드의 삽입

예를 들어 위의 그림과 같이 A, B, D, E 총 4개의 노드가 있다고 가정해봅시다. B 노드와 D 노드 사이에 C 노드를 삽입하기 위해서는 새로 삽입되는 C 노드가 D 노드를 가리키도록 하고(①번), 그 후에 원래는 D 노드를 가리키고 있던 B 노드가 C 노드를 가리키도록 해야 합니다(②번).

위의 그림에서 보듯이 링크의 순서를 바꾸면 절대 안됩니다. ①과 ②의 순서를 바꾸면 연결 리스트의 전체 연결이 끊어져 버리는 황당한 일이 발생합니다. 연결 리스트에서 새로운 노드를 삽입할 때 위의 그림에서 ①과 ②의 순서를 바꾸면 전체 연결 리스트가 끊어지는 결과가 나타납니다. 실제로 그와 같은 결과가 나타나는지 그림을 보면서 설명하죠. ②를 먼저 실행하면 노드 B는 노드 C를 가리킵니다. 이에 대한 결과는 다음과 같은 그림이 되겠죠.

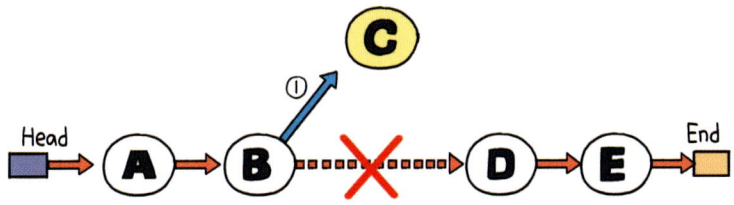

[그림 5-4] 연결 리스트에서 노드의 삽입

위의 그림과 같이 되면 노드 B는 노드 C를 가리키게 되지만 문제는 노드 D를 가리키는 링크가 없어져 버립니다. 결국 노드 D까지 갈 방법이 없는거죠. 이러한 문제를 방지하기 위해서 노드 C로 먼저 노드 D를 가리키도록 하는거죠. 그러나 연결 리스트가 아니라 배열이라면 B 데이터와 D 데이터 사이에 C 데이터를 삽입하기 위해서는 위의 그림과 같이 D와 E가 한 칸씩 뒤로 이동해야 합니다.

배열을 이용한 노드 삽입 프로그램

위의 그림과 같이 배열을 사용한 데이터 삽입을 C 프로그래밍 언어의 코드로 작성하면 다음과 같습니다. 다음의 코드에서 11행부터 14행까지는 새로운 데이터 C를 넣을 위치를 찾는 코드이며 18행부터 22행까지는 데이터 C 이후의 데이터들을 한칸씩 이동하는 코드입니다. 예를 들어 1,000개의 데이터가 있고 새로운 데이터가 2번째의 위치에 삽입된다고 하면, 무려 999번의 데이터 이동이 필요합니다.

배열을 이용한 노드 삽입 알고리즘의 예제
파일명 : insert_node_using_array.c

```c
#include <stdio.h>

char my_data[5] = {'A', 'B', 'D', 'E'};
char c;

void main()
{
    int i, search_data, insert_data;
    c = 'C';

    for (i = 0; i < 5; i++)
        printf("%2c", my_data[i]);
    printf("\n");

    for (i = 0; i < 5; i++){
        if (my_data[i] > c)
            break;
    }
```

```
        search_data = my_data[i];
        my_data[i] = c;
        i++;

        for (; i < 5; i++){
            insert_data = my_data[i];
            my_data[i] = search_data;
            search_data = insert_data;
        }

        for (i = 0; i < 5; i++)
            printf("%2c", my_data[i]);
}
```

실행 결과

A B D E
A B C D E

그렇다면 이러한 배열의 삽입 알고리즘의 문제점을 해결하는 연결 리스트의 삽입 알고리즘에 대해 알아봅시다. 먼저 코드를 볼까요?

연결 리스트를 이용한 노드 삽입 알고리즘의 예제
파일명 : insert_node_using_linkedlist.c

```c
#include <stdio.h>
#include <stdlib.h>

typedef struct _node{
    char data;
    struct _node *link;
} node;

node *p_head, *p_end, *temp;
node *p_node_1, *p_node_2, *p_node_3, *p_node_4;

void Init_LinkedList(void);
void InsertNODE(node *);
int main()
{
    node *p_node;
    int i = 0;
    Init_LinkedList();

    /* 연결 리스트의 노드에 저장한 데이터의 출력 */
    p_node = p_head -> link;
    for (i = 0; i < 4; i++){
        printf("%2c", p_node -> data);
        p_node = p_node -> link;
```

```c
    }

    /* 새로운 노드의 생성 */
    printf("\n");
    p_node = (node *)malloc(sizeof(node));
    p_node -> data = 'C';

    /* 새로 생성한 노드의 삽입 */
    InsertNODE(p_node);

    /* 연결 리스트의 노드에 저장한 데이터의 출력 */
    p_node = p_head -> link;
    for (i = 0; i < 5; i++) {
        printf("%2c", p_node -> data);
        p_node = p_node -> link;
    }

    return 0;
}

void Init_LinkedList(void)
{
    node *p_node;
    p_head = (node *)malloc(sizeof(node));
    p_end = (node *)malloc(sizeof(node));
    p_node_1 = (node *)malloc(sizeof(node));
    p_node_1 -> data = 'A';
    p_head -> link = p_node_1;
    p_node_1 -> link = p_end;
    p_end -> link = p_end;
    p_node = p_node_1;
    p_node_2 = (node *)malloc(sizeof(node));
    p_node_2 -> data = 'B';
    p_node -> link = p_node_2;
    p_node_2 -> link = p_end;
    p_node = p_node_2;
    p_node_3 = (node *)malloc(sizeof(node));
    p_node_3 -> data = 'D';
    p_node -> link = p_node_3;
    p_node_3 -> link = p_end;
    p_node = p_node_3;
    p_node_4 = (node *)malloc(sizeof(node));
```

```
        p_node_4 -> data = 'E';
        p_node -> link = p_node_4;
        p_node_4 -> link = p_end;
        p_node = p_node_4;
}

void InsertNODE(node *p_node)
{
    node *c_node;

    for (c_node = p_head; c_node != p_end; c_node = c_node -> link) {
        if (c_node -> link -> data > p_node -> data)
            break;
    }
    p_node -> link = c_node -> link;
    c_node -> link = p_node;
}
```

실행 결과
ABDE
ABCDE

노드를 삽입하는 InsertNODE( ) 함수는 매개변수로 node의 포인터형을 받습니다. 다음으로 node의 포인터형의 변수인 c_node를 선언합니다. 이 c_node 변수는 연결 리스트의 처음부터 각 노드들의 data 값과 매개변수로 받은 node 포인터 p_node의 data 값을 비교합니다.

InsertNODE( ) 함수 내의 for문은 제어 변수로 c_node를 사용하며 p_head 노드로 초기화 됩니다. 이 for문은 c_node가 p_end 노드와 같지 않을 때까지 계속 다음 노드로 이동하며 수행됩니다. InsertNODE( ) 함수 내의 for문을 처음 시작할 때의 그림은 다음과 같습니다.

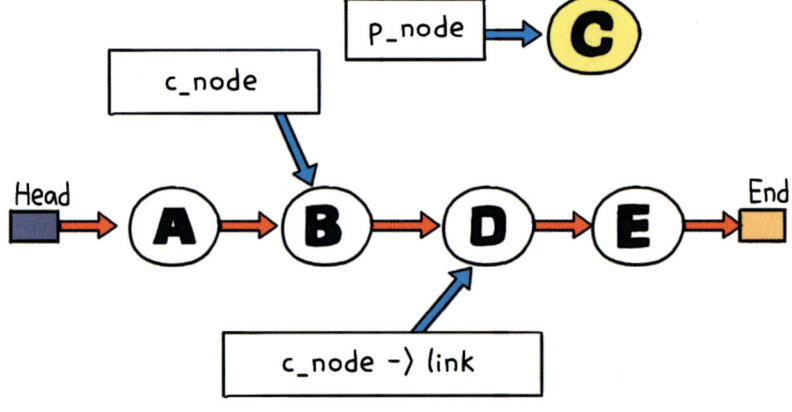

[그림 5-5] 새로운 노드 C를 기존의 연결 리스트에 때의 모습

위의 그림을 머릿속에 잘 새겨두면서 InsertNODE( ) 함수 내의 if문은 c_node가 가리키는 노드의 data와 현재 매개변수로 받은 p_node가 가리키는 노드의 data를 비교합니다. 그런데 InsertNODE( ) 함수 내의 if문이 다음과 같이 되어 있습니다.

```
if (c_node -> link -> data > p_node -> data )
```

위 코드의 의미는 현재 c_node 가 가리키는 노드에서 다시 가리키는 노드의 data 는 p_node가 가리키는 노드의 data 보다 커야 한다는 것입니다.

'왜 이렇게 if문이 복잡하냐구요? 그냥 if (c_node -> data > p_node -> data)만 하면 되지 않을까요?'라고 궁금해 할 것입니다. 우리가 지금 다루는 연결 리스트는 단일 연결 리스트입니다. 연결 리스트라고 해서 단일 연결 리스트만 있는 것은 아닙니다. 단일 연결 리스트는 개념이나 프로그래밍 언어로 구현하기에 간단하다는 장점이 있지만 그 반면에 연결 리스트가 한 방향으로만 되어 있기 때문에 연결 리스트를 사용할 때 주의해야 합니다.

연결 리스트 사용 시 주의할 점

바로 이러한 주의할 점이 위의 예제에서 c_node -> data를 사용하지 않고 c_node -> link -> data를 사용하는 이유입니다. 예를 들어 c_node -> data가 link -> data보다 큰 경우는 다음 그림과 같게 됩니다.

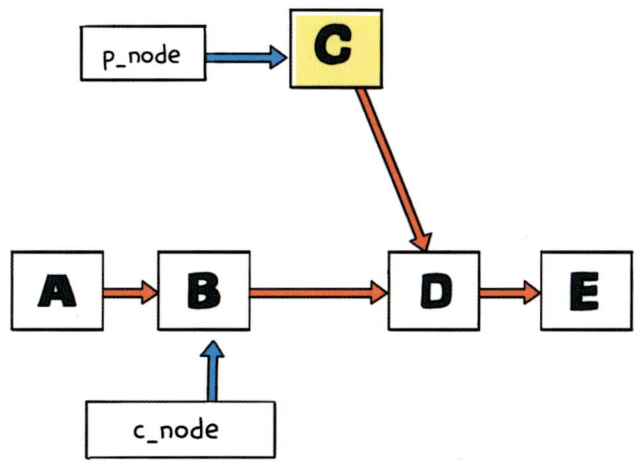

[그림 5-6] c_node -> data가 lint -> data보다 큰 경우

위의 그림과 같이 c_node가 노드 D를 가리키면 if (c_node -> data > p_node -> data) 조건식이 TRUE가 됩니다. 그런데 문제는 if문이 TRUE가 되어서 노드 C를 노드 B와 노드 D 사이에 삽입해야 하는데 현재 c_node가 가리키는 노드가 노드 D이기 때문에 노드 D 앞에 노드 C를 삽입할 수가 없는거죠. 바로 이 때문에 c_node -> data 대신에 c_node -> link -> data를 사용하는 것입니다.

c_node -> link -> data를 사용하면 다음 그림과 같이 노드 B와 노드 D에 대한 정보를 모두 알수 있기 때문에 노드 C를 삽입할 수 있습니다. 이제 c_node -> data를 사용하는 것보다 c_node -> link -> data를 사용해야 노드를 삽입할 수 있습니다. 위의 그림에서는 c_node가 가리키는 노드는 A 노드이며 A 노드의 data 값은 'A'입니다. 또한 c_node가 가리키는 노드의 link 노드는 B 노드이며 B 노드의 Data 값은 'B'입니다.

현재 매개변수인 ptr이 가리키는 노드의 Data 값이 'C'이므로 62행의 if문의 값을 FALSE가 되어서 for문을 다시 실행하게 됩니다. 따라서 for문의 제어 연산문에 해당하는 c_node = c_node -> link를 실행하고 나면 이 c_node는 A 노드가 아닌 B 노드를 가리키게 되는거죠. 결국 for문을 두 번째로 실행할 때에 62행의 if문이 TRUE가 됩니다. if문이 TRUE이기 때문에 63행의 break문에 의해서 for문은 종료됩니다. 바로 지금부터가 진짜 노드를 삽입하는 부분입니다. 위의 for문의 새로운 노드를 삽입하기 위해 삽입할위치를 찾는 부분이었고 위의 그림이 새로운 노드 C가 삽입할 위치를 찾아낸 결과를 보여주고 있습니다. 삽입할 위치를 찾고 나서는 다음과 같은 코드를 실행하여 연결 리스트에 매개변수로 받은 노드 C를 삽입해줍니다.

이제 p_node -> link에 현재 c-node의 link 값을 저장합니다. 현재 c_node는 노드 B를 가리키고 있고, p_node -> link는 노드 D를 가리키고 있으므로 p_node -> link는 결국 노드 D를가리키게 되는 거죠.

이에 대한 그림은 다음과 같습니다.

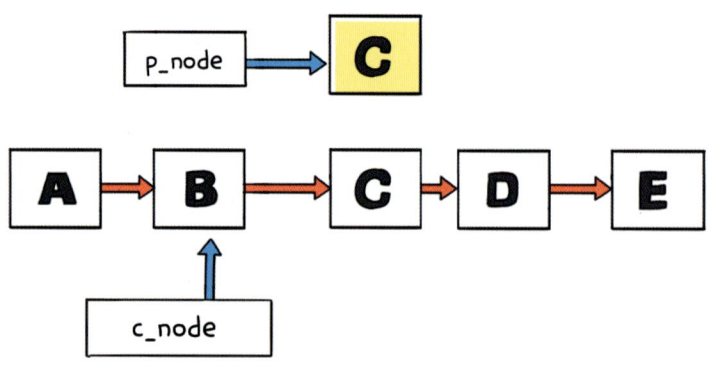

[그림 5-7] ptr -> link에 c_node의 link 값 저장

그 다음 66행의 코드는 c_node 포인터가 가리키는 노드 B의 link에 p_node를 대입하라는 의미입니다. 현재 c_node가 가리키는 노드 B의 link는 무엇을 가리키고 있습니까? 그렇죠. 노드 D를 가리키고 있습니다. 노드 D를 가리키고 있는 그 곳에 p_node를 대입하면 노드 D를 가리키는 정보는 없어지고 새로운 노드인 노드 C를 가리키도록 하는 것입니다. 결국 기존의 링크가 삭제되고 새로운 노드 C를 가리키는 링크가 생성되는 거죠.

결국은 새로운 노드 C가 전체 연결 리스트에 삽입된 결과가 되는 것을 알 수 있습니다. 벌써 잊어버렸는지는 모르겠지만 배열에서 삽입할 위치를 결정하고 그 위치 이후의 데이터를 모두 이동시키는 코드와 비교해서 어떻습니까? 다시 한번 점검해볼까요?

배열의 경우는 노드의 수가 많으면 많을수록 이동하는 데이터가 증가되며 따라서 for문의 반복 횟수도 계속 증가합니다. 최악의 경우에는 전체 데이터의 수가 N이라면 N-1개의 데이터를 이동하는 경우도 생길 수 있습니다. 그러나 연결 리스트의 경우는 노드의 개수와는 상관없이 언제나 딱 2행의 코드만이 실행됩니다. 연결 리스트에서 노드 하나를 삽입하는 과정은 다음의 순서를 따릅니다.

❶ 새로운 노드를 생성합니다.

```
node *p_node = (NODE *)malloc(sizeof(node));
```

❷ 새로운 노드가 삽입될 위치를 검색합니다.

```
for(c_node = p_node; c_node != end ; c_node = c_node -> link){
    if(c_node -> link-> data >p_node -> data )
    break;
}
```

❸ 새로운 노드의 link를 새로운 노드가 삽입될 다음 노드로 연결합니다.

```
p_node -> link = c_node -> link;
```

❹ 새로운 노드가 삽입될 위치의 이전 노드의 Next가 새로운 노드를 가리키도록 합니다.

```
c_node -> link = p-node;
```

21 연결 리스트의 삭제 알고리즘

예제와 그림을 통해 연결 리스트의 삭제 알고리즘에 대해 알아봅니다.

삭제 알고리즘 함수

연결 리스트의 삽입 알고리즘을 보고 지쳤나요? 어디선가 '헉헉' 거리는 소리가 들리는 것 같습니다. 하지만 벌써 지치거나 포기하면 안되죠. 지금부터가 시작인걸요. 연결 리스트의 삽입 알고리즘 후에 봐야 할 알고리즘은 삭제 알고리즘입니다. 이미 여러분들이 삽입 알고리즘에 대해 알았기 때문에 삭제 알고리즘은 그다지 어렵지 않습니다. 삽입 알고리즘의 변형이라고 보면 됩니다. 먼저 위의 삽입 알고리즘에서 삭제 알고리즘 함수 Delete_NODE()를 추가해 봅시다.

연결 리스트의 삭제 알고리즘의 예제
파일명 : delete_node.c

```c
#include <stdio.h>
#include <stdlib.h>

typedef struct _node {
    char data;
    struct _node *link;
} node;

node *p_head, *p_end, *temp;
node *p_node_1, *p_node_2, *p_node_3, *p_node_4;

void Init_linkedList(void);
void InsertNODE(node *);
void DisplayNODE(void);
void DeleteNODE(node *);

int main()
{
```

```c
    node *p_node;
    int i = 0;
    Init_linkedList();
    DisplayNODE();

    /* 새로운 노드의 생성 */
    p_node = (node *)malloc(sizeof(node));
    p_node->data = 'C';

    /* 새로 생성한 노드의 삽입 */
    InsertNODE(p_node);
    DisplayNODE();

    /* 노드의 삭제 */
    DeleteNODE(p_node);
    DisplayNODE();

    return 0;
}

/* 연결 리스트의 노드에 저장한 데이터의 출력*/
void DisplayNODE()
{
    node *p_node;
    p_node = p_head->link;

    while(p_node != p_end) {
        printf("%2c", p_node->data);
        p_node = p_node->link;
    }
    printf("\n");
}

void Init_linkedList(void)
{
    node *p_node;
    p_head = (node *)malloc(sizeof(node));
    p_end = (node *)malloc(sizeof(node));
    p_node_1 = (node *)malloc(sizeof(node));
    p_node_1->data = 'A';
    p_head->link = p_node_1;
    p_node_1->link = p_end;
```

```c
        p_end->link = p_end;
        p_node = p_node_1;
        p_node_2 = (node*)malloc(sizeof(node));
        p_node_2->data = 'B';
        p_node->link = p_node_2;
        p_node_2->link = p_end;
        p_node = p_node_2;
        p_node_3 = (node*)malloc(sizeof(node));
        p_node_3->data = 'D';
        p_node->link = p_node_3;
        p_node_3->link = p_end;
        p_node = p_node_3;
        p_node_4 = (node*)malloc(sizeof(node));
        p_node_4->data = 'E';
        p_node->link = p_node_4;
        p_node_4->link = p_end;
        p_node = p_node_4;
}

void InsertNODE(node *p_node)
{
    node *c_node;

    for (c_node = p_head; c_node != p_end; c_node = c_node->link) {
        if (c_node->link->data > p_node->data)
        break;
    }
    p_node->link = c_node->link;
    c_node->link = p_node;
}

void DeleteNODE(node *p_node)
{
    node *c_node;
    node *del_node;

    char del_data = p_node->data;
    c_node = p_head;

    while (c_node != p_end) {
        if (c_node->link->data == del_data) {
            del_node = c_node->link;
```

```
            break;
        }
        else
            c_node = c_node->link;
    }
    c_node->link = c_node->link->link;
    free(del_node);
}
```

삭제 알고리즘도 삽입 알고리즘과 같이 크게 두 개의 부분으로 나눌 수 있습니다. 먼저 삭제할 노드를 검색하는 부분과 그 노드를 실제로 삭제하는 부분입니다. 먼저 삭제할 노드를 검색하는 부분의 코드에서 del_node( ) 함수 내의 다음과 같은 코드 부분입니다.

```
c_node = p_head;
while (c_node != p_end) {
    if (c_node->link->data == del_data) {
        del_node = c_node->link;
        break;
    }
    else
        c_node = c_node->link;
}
```

위의 코드는 삽입 알고리즘에서 삽입할 위치를 찾는 코드와 거의 동일합니다. 단지 차이가 있는 부분은 while문 안에 있는 if문입니다. 이 if문은 현재 c_node가 가리키는 노드의 다음 노드가 삭제할 p_node가 가리키는 노드의 Data와 같은지를 비교합니다. 만약 삭제할 노드라면 del_node 포인터가 c_node 노드의 link 노드를 가리키도록 하고, while문을 빠져나옵니다. 이에 대한 내용을 그림으로 살펴볼까요?

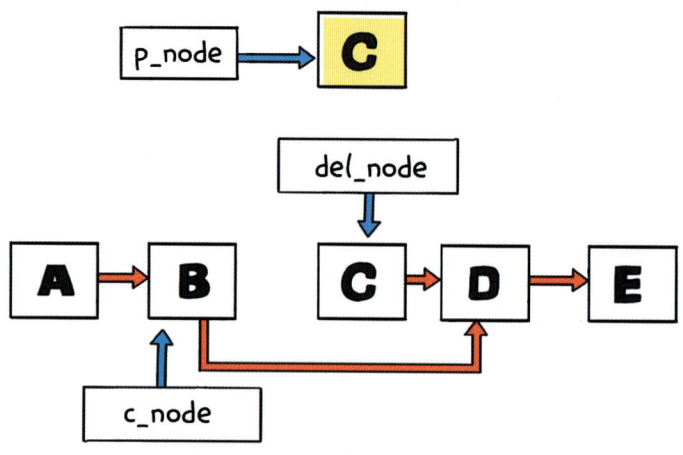

[그림 5-8] 삭제할 노드 검색

위의 그림과 같이 c_node가 노드 B를 가리키면 if문에서 c_node -> link -> Data는 'C'가 되기 때문에 p_node가 가리키는 'C'와 같으므로 if문의 조건은 TRUE가 됩니다. 따라서 if문 내의 break문에 의해 for<while>문이 종료됩니다. 그 다음은 삭제할 노드를 검색한 후 그 노드를 실제로 삭제하는 부분입니다.

```
c_node -> link = c_node -> link -> link;
free(del_node);
```

위의 코드는 c_node -> link에 c_node -> link -> link를 대입하라는 의미가 됩니다. 이 코드가 실행되면 연결 리스트의 구조는 다음과 같이 바뀝니다.

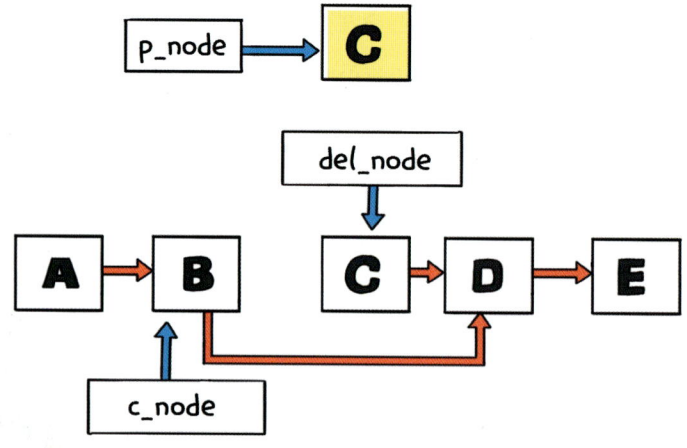

[그림 5-9] 노드의 삭제

위의 그림과 같이 연결 리스트에서 노드 C를 삭제한 후에 노드 B는 노드 C가 아니라 노드 D를 가리킵니다. 따라서 연결 리스트는 A -> B -> D -> E가 됩니다. 위의 삭제 코드에서 free( ) 함수의 역할은 무엇일까요?

　삽입 알고리즘에서 하나의 노드를 생성할 때 malloc( ) 함수를 사용했습니다. malloc( )의 기능은 동적으로 메모리를 할당하는 역할을 하게 되죠. 마찬가지로 삭제 알고리즘에서도 하나의 노드가 삭제되면 그 노드가 차지하고 있는 메모리, 즉 공간을 삭제해주어야 합니다. free( ) 함수는 malloc( ) 함수와 함께 한 쌍으로 사용되는 메모리를 해제합니다. 주의해야 할 점은 malloc( ) 함수를 사용하면 반드시 이와 같이 free( ) 함수를 사용해서 실제 메모리를 삭제해주어야 한다는 점입니다. 만약 free( ) 함수를 사용하지 않으면 연결 리스트는 A -> B -> D -> E로 구성되겠지만 노드 C가 계속 존재하기 때문에 불필요한 공간을 차지하고 있게 되기 때문입니다.연결 리스트에서 노드 하나를 삭제하는 과정은 다음의 순서를 따릅니다.

❶ 이전 노드를 가리킬 포인터와 삭제할 노드를 가리킬 포인터를 선언합니다.

```
node *c_node;
node *del_node;
```

❷ 삭제할 노드를 검색합니다.

```
while(c_node != p_end){
    if(c_node->link->data == del_data){
        del_node = c_node->link;
        break;
    }
    else
        c_node = c_node->link;
}
```

❸ 이전 노드가 삭제할 노드를 건너 뛰고 다음 노드를 가리키도록 링크를 새로 설정합니다.

```
c_node -> link = c_node -> link -> link;
```

❹ free( ) 함수를 사용하여 삭제할 노드를 실제 메모리에서 삭제합니다.

```
free(del_node);
```

 **고수로 가는 길** **C언어에서 포인터 없이 배열만 사용하여 프로그래밍할 수 없을까?**

일반적으로는 배열만으로도 프로그래밍이 가능합니다. 그러나, 어느 수준에 도달하게 되면 배열만으로 프로그래밍을 하기엔 무척 번거롭다는 것을 느끼게 됩니다. 그것은 25m 정도 되는 수영장에서만 매일 수영을 하다가 어느 정도 자신감이 붙으면 바다나 강에서도 수영을 해보고 싶은 마음이랑 비슷한 것 같습니다.

포인터는 어렵고 배열은 쉽다고 생각하는 이유는 아직 포인터의 개념에 대해서 정확하게 이해를 하지 못했기 때문이라고 생각됩니다. 일단 포인터의 개념에 대해 확실하게 이해한 후에 전문가들의 포인터를 사용한 코드를 보면서 조금씩 포인터의 사용방법에 대해 익히고 나면 어느덧 스스로 포인터를 쉽게 사용하고 있다는 것을 알게 될 겁니다.

 **고수로 가는 길** **프로그래머가 되고 싶은 이들에게**

Q 대학에서 컴퓨터를 전공하고 싶은 학생입니다. 학교를 졸업하고 프로그래머로 일하고 싶은데 어떤 분야가 유망한지 알고 싶습니다.

A 프로그래머를 직업으로 하고 싶으시다구요? 이것이 정답이다라고 말하기가 사실 무척 어렵습니다. 특히나 연봉과 관련된 질문은 회사마다 또 개인마다 천차만별이어서 말하기가 더욱 어렵죠.

제가 생각하기에는 현재 유망한 분야는 네트워크 분야와 인공지능과 관련된 프로그래밍 분야가 아닐까 생각이 듭니다. 그 이유는 이 분야들이 특별한 장점이 있다기보다 수요에 비해 공급이 그만큼 적어서이기 때문이겠죠. 많은 학생들이 웹 프로그래밍이나 모바일 프로그래밍을 공부해서 그 분야로 직장을 구하려고 하는데, 사실 그 분야는 워낙 수요가 많다 보니 경쟁도 심합니다. 그렇다고 해서 모든 웹이나 앱 프로그래머들이 그렇다는 얘기는 절대 아닙니다. 중요한 것은 인공지능 분야건 웹 프로그래밍 분야건 상관없이 다른 사람보다 조금이라도 더 나은 뭔가가 있느냐가 제일 중요한 것 같아요.

다른 사람들이 일반적으로 갖고 있지 않은 경험, 예를 들면 리눅스 시스템 프로그래밍에 대한 경험이나 머신 러닝과 같은 분야는 쉽게 배우기도 어려울 뿐더러 그만큼 제대로 하는 사람도 드물죠. 또 요즘에는 게임 프로그래밍이 각광받고 있지요. 그러나 게임만큼 컴퓨터의 다방면에 걸친 노하우가 필요한 분야도 없습니다. 그만큼 배울 것도 많고, 알아야 할 것도 많다는 얘기죠. 어떤 프로그래밍 분야든 기본기를 탄탄히 다지는 것이 중요합니다.

22 이중 연결 리스트와 원형 연결 리스트

이중 연결 리스트와 원형 연결 리스트의 개념을 예제를 통해 알아봅니다.

이중 연결 리스트란

연결 리스트는 배열과 달리 프로그램의 실행 중에도 동적으로 새로운 노드를 삽입하거나 삭제하기가 간편하며, 물리적인 메모리를 연속적으로 사용하지 않고 링크를 사용하기 때문에 관리하기가 훨씬 쉽다는 장점이 있습니다. 그러나 지금까지 배운 연결 리스트는 링크가 하나만 존재하는 단일 연결 리스트여서 무조건 한 방향으로만 링크를 따라 가야 하기 때문에 다소 불편한 점이 있었습니다. 이것은 자동차를 위한 고속도로가 상행선과 하행선으로 되어 있지 않고 오직 하행선이나 오직 상행선 하나로만 되어 있는 경우와 비슷합니다. 아무리 고속도로가 잘 만들어져 있다고 하더라도 상/하행선 없이 한쪽 방향으로만 자동차들이 움직이도록 되어 있다면 상당히 불편한 고속도로임에 분명합니다.

연결 리스트도 배열을 사용할 때의 문제점들을 많은 부분 해결하고 있는 구조이지만 단일 연결 리스트는 위의 고속도로처럼 한 방향으로만 진행되기 때문에 문제가 됩니다. 그렇다면 이러한 문제를 해결하기 위한 이중 연결 리스트의 구조는 어떻게 생겼을까요? 다음의 그림을 봅시다.

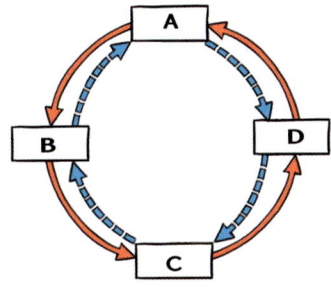

[그림 5-10] 이중 연결 리스트와 원형 연결 리스트

그렇다면 이중 연결 리스트와 원형 연결 리스트의 경우에 노드를 선언하는 프로그램의 코드가 어떻게

바뀌는지 살펴보도록 합시다. 실제로는 링크가 하나 더 추가되었다는 점을 제외하고는 그다지 바뀐 부분이 단일 연결 리스트와 완전히 동일하고 Prev라는 이름의 링크가 하나 더 추가되었다는 점만 차이가 있을 뿐입니다.

```
typedef struct _node {
    char data;
    struct _node *next;
    struct _node *prev;
} node;
```

원형 연결 리스트는 위의 그림에서 보듯이 각 노드의 끝이 서로 맞물려 있는 형태로 되어 있습니다. 그렇다면 이제 이중 연결 리스트의 삽입과 삭제 부분에 대한 코드를 살펴볼까요?

이중 연결 리스트는 링크가 하나 더 추가됐기 때문에 삽입과 삭제 알고리즘도 단일 연결 리스트와는 다릅니다. 다음 그림은 이중 연결 리스트에서 새로운 노드를 추가할 때의 순서입니다.

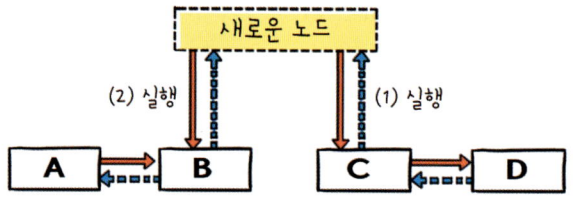

[그림 5-11] 이중 연결 리스트에서 새로운 노드의 삽입

그렇다면 이중 연결 리스트에서 새로운 노드를 추가할 때는 삽입의 순서는 단일 연결 리스트의 삽입과 동일합니다. 먼저 이중 연결 리스트의 삽입 알고리즘부터 봅시다.

일단 다음 코드에서 삽입 알고리즘부터 살펴보도록 하죠. 이중 연결 리스트에서 새로운 노드의 삽입과 삭제에 대한 전체 프로그램 코드는 다음과 같습니다.

이중 연결 리스트의 노드의 삽입과 삭제 알고리즘 예제

파일명 : algo_db_linkedlist.c

```c
#include <stdio.h>
#include <stdlib.h>

typedef struct _node{
    char data;
    struct _node *next;
    struct _node *prev;
} node;

node *p_head, *p_end, *temp;
node *p_node_1, *p_node_2, *p_node_3, *p_node_4;

void Init_LinkedList(void);
void InsertNODE(node *);
void DeleteNODE(node *);
void DisplayNODE(void);

int main()
{
    node *p_node;
    int i = 0;

    Init_LinkedList();
    DisplayNODE();
    p_node = (node *)malloc(sizeof(node));
    p_node -> data = 'C';

    /* 노드의 삽입 */
    InsertNODE(p_node);
    DisplayNODE();

    /* 노드의 삭제 */
    DeleteNODE(p_node);
    DisplayNODE();

    return 0;
}

void Init_LinkedList(void)
{
```

```c
        node *p_node;
        p_head = (node *)malloc(sizeof(node));
        p_end = (node *)malloc(sizeof(node));
        p_node_1 = (node *)malloc(sizeof(node));
        p_node_1 -> data = 'A';
        p_head -> next = p_node_1;
        p_node_1 -> next = p_end;
        p_node_1 -> prev = p_head;
        p_end -> next = p_end;
        p_node = p_node_1;
        p_node_2 = (node *)malloc(sizeof(node));
        p_node_2 -> data = 'B';
        p_node -> next = p_node_2;
        p_node_2 -> next = p_end;
        p_node_2 -> prev = p_node;
        p_node = p_node_2;
        p_node_3 = (node *)malloc(sizeof(node));
        p_node_3 -> data = 'D';
        p_node -> next = p_node_3;
        p_node_3 -> next = p_end;
        p_node_3 -> prev = p_node;
        p_node = p_node_3;
        p_node_4 = (node *)malloc(sizeof(node));
        p_node_4 -> data = 'E';
        p_node -> next = p_node_4;
        p_node_4 -> next = p_end;
        p_node_4 -> prev = p_node;
        p_node = p_node_4;
}

void InsertNODE(node *p_node)
{
    node *c_node;
    for (c_node = p_head; c_node != p_end; c_node = c_node -> next) {
        if (c_node -> data < p_node -> data && c_node -> next -> data > p_node -> data)
            break;
    }
    p_node -> next = c_node -> next;
    c_node -> next -> prev = p_node;
    c_node -> next = p_node;
    p_node -> prev = c_node;
}
```

```
void DeleteNODE(node *p_node)
{
    node *c_node;
    node *del_node;

    for (c_node = p_head; c_node != p_end; c_node = c_node -> next)
    {
        if (c_node -> next -> data == p_node -> data)
        {
            del_node = c_node->next;
            break;
        }
    }
    c_node -> next = c_node -> next -> next;
    c_node -> next -> next -> prev = c_node;

    free(del_node);
}
/* 연결 리스트의 노드에 저장한 데이터의 출력*/
void DisplayNODE()
{
    node *p_node;
    p_node = p_head->next;

    while (p_node != p_end) {
        printf("%2c", p_node->data);
        p_node = p_node->next;
    }

    printf("\n");
}
```

실행 결과

A B D E
A B C D E
A B D E

이전의 단일 연결 리스트의 삽입 알고리즘과 거의 비슷하며 다른 부분은 Insert NODE( ) 함수 내에서 세 개의 라인뿐입니다.

> **노드 삽입 알고리즘의 예제**
>
> ```
> void InsertNODE(node *p_node)
> {
>     node *c_node;
>     for (c_node = p_head; c_node != p_end; c_node = c_node -> next) {
>         if (c_node -> data < p_node -> data && c_node -> next -> data > p_node -> data)
>             break;
>     }
>     p_node -> next = c_node -> next;
>     c_node -> next -> prev = p_node;
>     c_node -> next = p_node;
>     p_node -> prev = c_node;
> }
> ```

InertNODE() 함수 내의 for문을 통해 삽입할 위치의 노드를 검색하면 다음의 그림과 같은 상태가 됩니다.

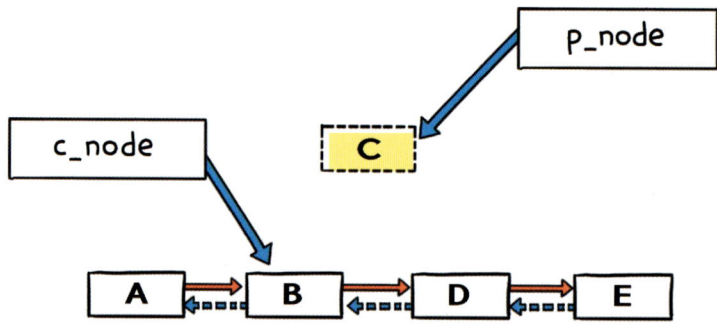

[그림 5-12] 새로운 노드 'C'를 삽입할 위치 검색

위의 그림과 같이 일단 삽입될 위치를 찾고 나면 변수 c_node는 노드 B를 가리키고 있게 됩니다. 현재 이 프로그램에서 새로 삽입하려고 하는 노드 C는 노드 B보다 뒤에 와야 하는 노드입니다. 다음과 같이 새로운 노드를 삽입하는 코드가 실행되면 위의 그림이 어떻게 바뀌게 될까요?

```
c_node -> next -> prev= p_node;
c_node -> next = p_node;
p_node -> prev= c_node;
```

다음 그림을 봅시다.

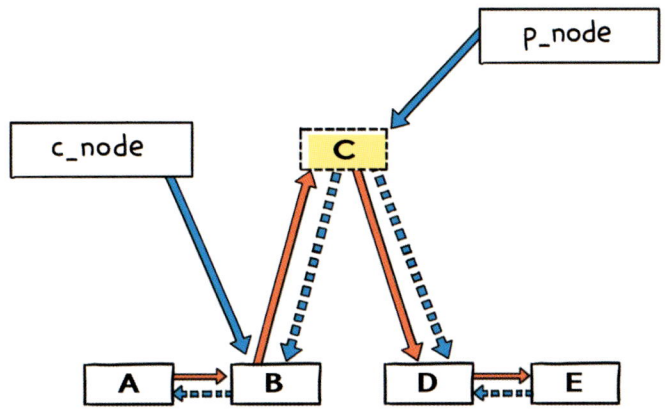

[그림 5-13] 새로운 노드 'C'를 삽입한 후의 결과

위의 그림을 보면 새로 추가될 노드 C의 next가 노드 D를 가리키도록 합니다. 노드 D는 c_node -> next가 가리키고 있으므로 p_node의 next에 c_node -> next를 대입하면 위의 그림과 같이 노드 C는 노드 D를 가리킵니다. 그리고 나서 노드 B를 가리키고 있던 노드 D의 prev를 새로 추가되는 노드 C를 가리키도록 하고 있습니다. 그렇게 되면 원래의 노드 B를 가리키던 링크는 삭제되고 노드 C를 가리키게 됩니다.

이제 노드 B가 새로 추가되는 노드 C를 가리키도록 해주어야 합니다. 노드 B와 새로 삽입되는 노드 C의 연결도 이전과 동일합니다. 현재 c_node가 가리키는 노드 B의 next에 새로운 노드 C를 가리키고 있는 포인터 p_node을 대입합니다. 그리고 나서 p_node -> prev에 c_node를 대입하면 이중 연결 리스트에서의 삽입 과정이 완성됩니다.

어떻습니까? 이중 연결 리스트라 하더라도 기본적인 알고리즘은 단일 연결 리스트의 경우와 다르지 않으며 단순히 prev 링크에 대해서만 한, 두 가지 고려를 해주면 됩니다. 삽입 알고리즘과 마찬가지로 삭제 알고리즘도 단일 연결 리스트 알고리즘의 경우와 비슷합니다.

노드의 삭제 알고리즘의 예제

```
void DeleteNODE(node *p_node)
{
    node *c_node;
    node *del_node;
    for (c_node = p_head; c_node != p_end; c_node = c_node -> next)
    {
        if (c_node -> next -> data == p_node -> data)
        {
            del_node = c_node->next;
            break;
        }
    }
    c_node -> next = c_node -> next -> next;
    c_node -> next -> next -> prev = c_node;
    free(del_node);
}
```

삽입 알고리즘과 마찬가지로 DeleteNODE( ) 함수 내의 for문은 삭제할 노드를 검색하는 부분입니다. 검색이 완료되면 삭제할 노드는 del_node가 가리킵니다. 삭제할 노드의 prev와 next 경로를 맞춰준 후에 해당 노드를 삭제합니다. 위의 삭제 알고리즘을 보면 삽입 알고리즘보다 훨씬 간단하죠?

이것으로 이중연결 리스트에 대한 개념과 삽입/삭제 알고리즘에 대한 모든 내용을 배웠습니다.

원형 연결 리스트는 단일 연결 리스트와 이중 연결 리스트의 개념과 기능을 모두 이해했다면 별로 차이점이 없습니다. 원형 연결 리스트는 p_head 노드와 p_end 노드가 없이 마지막 노드가 처음 노드를 가리킨다는 것만 다를 뿐입니다.

 **고수로 가는 길**　　**전문가의 프로그래밍 노하우(5)**

포인터가 가리키는 값을 증가시킬 때는 꼭! 괄호를 사용한다.

간혹 전문가들도 포인터가 가리키는 값을 증가시키는 코드를 다음과 같이 만들곤 합니다.

```
*p_num++;
```

그러나 이 코드를 실행해보면 포인터가 가리키는 데이터의 값이 1씩 증가하는 것이 아니라 포인터 자체의 주소값이 1씩 증가하는 것을 알 수 있습니다. 사실 이런 버그는 쉽게 발견하기도 어렵지만 프로그래머가 예상하지 못한 곳으로 포인터가 이동하기 때문에 나중엔 심각한 문제가 될 수 있습니다.

따라서 여러분들은 포인터가 가리키는 값을 증가시키기 위해서는 다음과 같이 반드시 괄호를 사용해야 합니다.

```
(*p_num)++;
```

이렇게 괄호를 사용하는 것 하나만으로도 최소한 포인터를 잘못 사용해서 발생하는 문제를 상당부분 줄일 수 있습니다.

회전 초밥집의 접시, 스택

이전 장에서 배운 연결 리스트가 알고리즘에서 가장 많이 사용되는 자료 구조라면 이 장에서 다룰 스택과 다음 장에서 배우게 될 큐는 연결 리스트 못지않게 중요한 자료 구조입니다. 이 두 가지 개념에 대한 응용 분야도 넓어서 운영체제부터 시작해서 응용 프로그램까지 폭넓게 사용되고 있습니다. 이 장에서는 스택의 개념과 사용 방법에 대해 구체적으로 살펴보도록 하지요.

6장

- 23 무조건 쌓아라
- 24 스택의 구현
- 25 스택의 응용
- 26 괄호 계산이 되는 계산기

23 무조건 쌓아라

스택과 큐의 개념을 접시 쌓기 그림을 예로 보면서 비교하여 배워봅시다.

스택의 개념

　스택과 큐는 컴퓨터에서 프로그램을 만들기 시작할 때부터 사용된 가장 고전적인 알고리즘 중의 하나입니다. 그 중에서 스택은 여러분들이 사용해온 거의 모든 응용 프로그램에서 사용되고 있는 가장 기본적인 알고리즘입니다. 스택의 기본 개념을 프로그래밍적인 시각에서 보면 '입력과 출력을 한 방향으로 제한한 알고리즘'이라고 볼 수 있습니다.

　이미 여러분들이 알고 있는 배열은 배열의 인덱스를 사용하여 배열의 어느곳이든 액세스가 가능합니다. 또한 이전 장에서 배운 연결 리스트의 경우는 링크를 통해서 노드를 검색하고 또 새로운 노드를 연결 리스트의 중간에 삽입하거나 기존의 노드를 삭제하는 것도 가능했습니다. 하지만 이러한 방법에 많은 장점이 있는 반면에 그만큼의 단점도 존재합니다.

　일단 넣고 빼는 작업 자체가 좀 복잡해지죠. 이전 장의 연결 리스트를 잘 생각해보면 새로운 노드를 삽입하기 위해서는 기존의 연결 리스트에서 새로운 노드가 삽입될 위치를 검색해야 하고, 또 삽입 과정도 링크를 연결시켜야 하므로 그다지 간단하지만은 않았죠. 이에 비해서 스택(Stack)의 자료 구조는 간단합니다. 스택이란 바닥부터 데이터를 차곡 차곡 쌓는 개념입니다. 이해가 잘 안간다구요? 필자는 강의할 때 스택을 한눈에 이해 못하는 학생들에게 스택을 초밥집 접시 알고리즘이라고 비유합니다.

　예를 들어, 다음의 그림처럼 여러분들이 설겆이를 하기 위해 약 100개 정도의 접시를 닦아서 쌓는다고 가정해봅시다.

[그림 6-1] 스택 알고리즘

먼저 먹은 첫 번째 접시를 옆에 놓아 두고, 두 번째로 먹은 접시는 첫 번째 접시 위에 올려놓습니다. 그렇게 해서 100번째로 먹은 접시가 가장 위에 올려지게 됩니다. 이와 같은 과정이 위의 그림에서 ❶푸쉬(Push)에 해당하는 동작입니다. 만약 새 접시를 하나 빼서 사용할 때는 어떻게 할까요? 당연히 가장 위에 놓여 있는 접시부터 사용하게 되죠. 이 과정이 위의 그림에서 ❷팝(Pop)에 해당합니다. 따라서 초밥집 접시 알고리즘인 스택에서는 딱 두 가지만 기억해두면 됩니다.

❶ 푸시(Push): 다 먹은 접시를 쌓아놓는다.
❷ 팝(Pop): 새 접시를 사용하기 위해 쌓여 있는 접시 중에서 가장 위에 있는 접시를 갖고 온다.

이와 같은 방식을 LIFO(Last In First Out)이라고 합니다. 마지막으로 들어간 것이 제일 처음 나온다는 의미이죠. 다시 말하면 가장 나중에 넣은 접시를 가장 먼저 빼서 사용한다는 의미가 되죠. 그렇다면 이러한 초밥집 접시 알고리즘인 스택을 프로그래밍으로 구현하면 어떻게 표현될 수 있을까요? 의외로 스택의 구현은 상당히 간단합니다.

24 스택의 구현

데이터와 배열, 연결 리스트에 대해 이해한 후, 스택의 pop() 함수와 스택의 push() 함수의 예제를 통해 스택을 구현해봅니다.

접시(데이터)와 찬장(배열 혹은 연결 리스트)

스택을 구현하기 위해서는 접시를 쌓아두는 찬장이 필요합니다. 이 말을 프로그래밍의 시작으로 고쳐 말하면 접시에 해당하는 데이터를 저장해둘 메모리 공간이 필요하다는 말이 됩니다. 이 메모리 공간은 배열이나 연결 리스트 둘 중에 어떤 것으로 사용해도 사실 상관없습니다. 하지만 우리는 이전에 연결 리스트의 장점에 대해 배웠기 때문에 연결 리스트로 스택을 구현해보도록 하죠.

먼저 접시부터 구현해보도록 하죠. 찬장을 연결 리스트로 구현하리라 마음을 먹었으니까 접시는 당연히 다음과 같이 구조체를 사용한 노드가 되어야 합니다.

스택의 데이터 구조

```c
typedef struct _node {
    int data;
    struct _node *link;
} node;
```

위의 코드는 이전 장의 연결 리스트에서 숱하게 봤던 코드입니다. 이제는 위의 구조체를 보면 한눈에 "아! 이것은 연결 리스트의 노드를 정의하고 있는 코드구나. 링크가 link 하나밖에 없는 걸보니 단일 연결 리스트를 사용하는군"이라는 생각이 들죠? 위와 같이 접시를 만들고 나면 접시를 저장할 찬장이 필요합니다. 찬장은 연결 리스트가 되므로 다음의 코드와 같이 연결 리스트의 head 노드와 end 노드를 생성하고 현재는 비어있는 연결 리스트를 생성해주면 됩니다.

> **스택의 초기화 예제**
>
> ```
> void Init_Stack(void)
> {
>     head = (node *)malloc(sizeof(node));
>     end = (node *)malloc(sizeof(node));
>     head -> link= end;
>     end -> link= end;
> }
> ```

이것으로 접시와 찬장의 준비는 끝났습니다. 어떻습니까? 의외로 간단하죠?

푸쉬와 팝

이제 본격적으로 스택에서 기억해야 할 두 가지 동작, 푸쉬(push)와 팝(pop)에 대해 알아봅시다. 스택에서 필요한 함수는 두 가지이며 스택에 데이터를 집어 넣는 Push() 함수와 스택에서 데이터를 가져오는 Pop() 함수로 구성되어 있습니다. 다음은 스택의 기본적 구조와 Push()와 Pop() 함수의 기능에 대한 그림입니다.

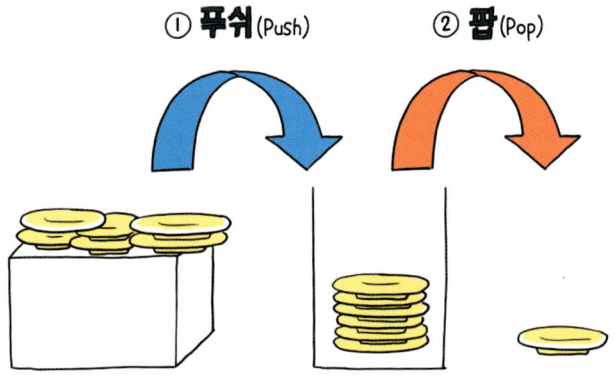

[그림 6-2] 스택 알고리즘

A, B, C, D 총 4개의 데이터가 스택에 있는 경우에 Push(E) 함수를 사용하여 스택에 E 데이터를 삽입하면 스택의 가장 선두에 해당하는 Top은 E를 가리킵니다. 또한 Pop() 함수를 사용하여 Pop()을 두 번 호출하면, 가장 위에 있는 데이터 E를 먼저 가져오고, 그 다음에 D를 가져옵니다.

Pop() 함수를 두 번 호출하면 Top은 스택의 선두인 C 데이터를 가리키게 되는 거죠. 이러한 동작은 이미 설명한 초밥집 접시 알고리즘과 비슷합니다. 초밥을 먹은 후에 빈 접시를 쌓아두고 계산할 때 하나씩 꺼내는 작업이죠. 그렇다면 위의 스택의 구조와 Push() 함수와 Pop() 함수를 C 프로그래밍 코드로 만들어 보도록 하죠. 스택과 스택에 저장될 데이터에 대해서는 조금 전에 만들었기 때문에 Push()와 Pop()은 그 노드와 연결 리스트를 사용하면 됩니다. 일단 Init_STACK() 함수로 스택을 초기화하고 나면 스택의 기본 구조는 완성된 것입니다.

현재는 스택이 비워 있으므로 head의 link는 end를 가리키고, end의 link는 end를 가리키도록 합니다. 그 다음은 Push() 함수와 Pop() 함수입니다. 먼저 Push() 함수부터 살펴보도록 하죠.

> **스택의 push() 함수의 예제**
>
> ```
> void Push(int num)
> {
>     node = (node *)malloc(sizeof(node));
>     p_node -> data = num;
>     p_node -> Next = head -> link;
>     head -> link = p_node;
> }
> ```

먼저 Push() 함수를 보면 매개변수로 정수형 데이터를 받습니다. 이 정수형 데이터는 스택에 저장될 데이터가 되겠죠. 일단 스택이 연결 리스트 구조로 되어 있으므로 연결 리스트에서 배운 대로 새로운 노드를 malloc() 함수를 사용하여 생성합니다. 새로 생성한 노드는 전역변수인 p_node가 가리키도록 하고, p_node의 data에 매개변수로 받은 정수형 데이터를 저장합니다. 그리고 나서 새로 생성한 노드의 link가 head의 link가 가리키는 노드가 되도록 합니다.

그 후에 head의 link를 p_node로 합니다. 이 부분이 중요합니다. 그림을 보면서 다시 설명하도록 하죠.

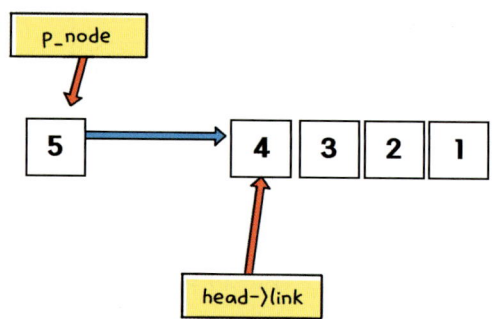

[그림 6-3] 스택에 새로운 노드 '5'를 Push한다.

위의 그림은 p_node -> link = head -> link 코드를 실행한 경우입니다. 그림에서 알 수 있다시피 head -> link가 스택의 가장 윗부분에 있는 노드를 가리키고 있으므로 새로운 노드가 추가되면 그 새로운 노드의 link에 head의 link 주소를 대입합니다. 그렇게 되면 새로 추가된 노드의 link는 그 전에 추가된 노드를 가리킵니다.

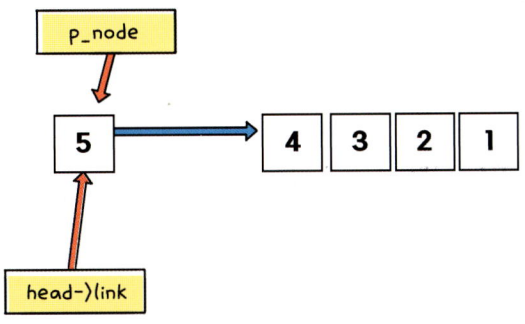

[그림 6-4] 새로운 노드를 추가한 후 head를 변경한다.

head의 link를 현재 새로 추가한 노드로 만들어줍니다. 그렇게 되면 head의 link는 다시 가장 윗부분에 있는 노드를 가리키게 됩니다. 이전의 연결 리스트와 마찬가지로 위의 Push( ) 함수에서도 새로운 데이터를 스택에 저장할 때의 순서가 중요합니다. 다음의 두 행을 서로 바꾸게 되면 스택이 제대로 동작하지 않게 됩니다.

❶ p_node -> link = head -> link;
❷ head -> link = p_node;

따라서 이 순서를 잘 기억해두세요. 그럼 Pop( ) 함수에 대해서도 살펴봅시다. 먼저 Pop( ) 함수의 코드를 볼까요?

스택의 pop() 함수의 예제

```
int Pop(void)
{
    int ret;
    p_node = head -> link;
    head -> link = head -> link -> link;
    ret = p_node ->data;
    free(p_node);
    return ret;
}
```

Pop( ) 함수는 매개변수는 없고 대신 리턴값이 있습니다. 이 리턴값이 현재 스택에 저장되어 있는 가장 위에 있는 값이 되겠죠. Pop( ) 함수에서 중요한 부분은 다음의 코드 두 줄입니다.

```
p_node= head -> link;
head -> link = head -> link -> link;
```

첫 번째 코드는 현재 head의 link를 p_node도 가리키도록 합니다. 이 노드가 스택의 가장 최상위 노드가 되겠죠. 두 번째 행은 head 노드의 link를 head 노드의 link -> link가 되도록 합니다. 이와 같이 하면 p_node가 가리키는 최상위 노드만 떨어져나옵니다. p_node = head -> link가 되면 p_node는 head - link가 가리키는 노드를 가리킵니다. 이 노드는 Pop()이 될 노드죠. 두 번째 행에서 head -> link에 head -> link -> link를 대입하면 head -> link는 위에서 두 번째에 위치하고 있는 노드를 가리킵니다.

연결 리스트를 사용한 스택 알고리즘의 예제

파일명 : stack_linkedlist.c

```c
#include <stdio.h>
#include <stdlib.h>

/* 스택의 자료 구조용 노드의 선언 */
typedef struct _NODE {
    int Data;
    struct _NODE *Next;
} NODE;

NODE *head, *end;
NODE *ptrNODE;

void Init_STACK(void);        /* 스택 초기화 함수 */
void Push(int);               /* 데이터의 삽입 */
void Display_STACK(void);     /* 스택을 보여줌 */
int Pop(void);                /* 데이터의 삭제 */

int main()
{
    int ret;
    Init_STACK();

    Push(1);
    Push(3);
    Push(10);
```

```c
    Push(20);
    Push(12);

    printf("다섯번의 Push()함수의 호출 후 실행 결과\n");
    Display_STACK();

    ret = Pop();
    ret = Pop();
    ret = Pop();

    printf("\n세번의 Pop() 함수의 호출후 실행 결과 \n");

    Display_STACK();
}

/* 스택 초기화 함수 */
void Init_STACK(void)
{
    head = (NODE *)malloc(sizeof(NODE));
    end = (NODE *)malloc(sizeof(NODE));
    head -> Next = end;
    end -> Next = end;
}

void Push(int num)
{
    ptrNODE = (NODE *)malloc(sizeof(NODE));
    ptrNODE -> Data = num;
    ptrNODE -> Next = head -> Next;
    head -> Next = ptrNODE;
}

int Pop(void)
{
    int ret;
    ptrNODE = head -> Next;
    head -> Next = head -> Next -> Next;
    ret = ptrNODE -> Data;
    free(ptrNODE);

    return ret;
}
```

```
void Display_STACK(void)
{
    NODE *currrentNODE;
    printf("head -> ");

    for(currrentNODE = head -> Next; currrentNODE != end; currrentNODE = currrentNODE -> Next)
        printf(" %d -> ", currrentNODE -> Data);
    printf(" end");
}
```

위의 코드는 스택을 초기화하는 함수, 스택에 데이터를 저장하는 Push() 함수, 그리고 스택에서 데이터를 가져오는 Pop() 함수, 마지막으로 스택에 저장되어 있는 항목들을 보여주는 displaySTACK() 함수로 되어 있습니다. 이미 Push() 함수와 Pop() 함수의 내부 코드에 대해 배웠기 때문에 전체 코드를 이해하는 데는 무리가 없으리라 생각됩니다.

위의 코드를 실행해 보면 다섯 번의 Push() 함수를 호출한 후에는 스택의 가장 위에 있는 데이터는 12가 되며 가장 밑에 있는 데이터는 1이 됩니다. 그 후에 Pop()을 세 번 호출하고 나면 위에 있는 12, 20, 10은 스택에서 사라지고 3과 1만 남게 됩니다. 실행 결과는 다음 그림과 같습니다.

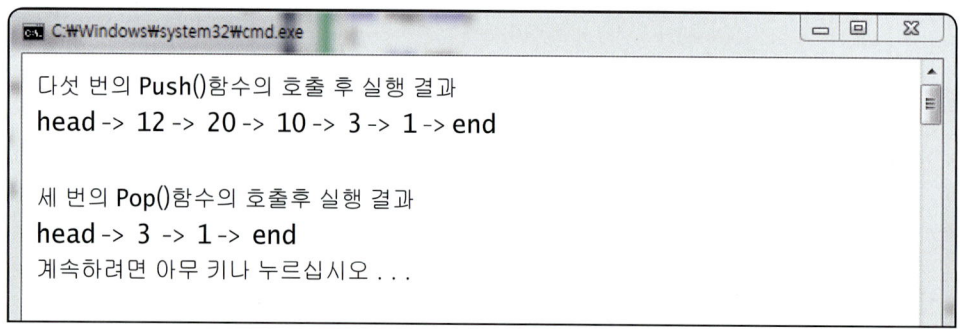

[그림 6-5] 스택의 실행 결과

25 스택의 응용

스택을 간단한 프로그램에 적용하는 방법을 알아보고 실제적으로 적용하는 방법을 그림과 함께 이해해봅니다.

스택을 프로그램에 적용하기

여러분들이 이제부터 작성하게 될 프로그램이 계산기 프로그램이라고 해서 많은 독자들이 시시하다고 생각할지는 모르겠습니다. 그러나 계산기 프로그램은 여러분들의 생각처럼 그렇게 쉬운 프로그램이 아닙니다. 스택을 사용하면 그나마 좀 쉬워지지만 스택을 사용하지 않고 계산기 프로그램을 만드는 것은 보통 어려운 일이 아니죠.

예를 들어 '1 + 2'와 같은 계산식은 어떤가요? 정말 쉽죠? 사용자가 1과 2(이것들을 피연산자(operand)라고 합니다)를 입력하고 여러분들은 중간에 있는 연산자(operator)만 고려해서 계산하면 됩니다. 어쩌면 지금 이 책을 읽는 순간에 다음과 같은 계산기 코드가 머릿속을 확 지나가는 사람도 있을 겁니다.

```
switch(operator)
    case '+' :
        ret = operand_1 + operand_2;
        break;
    case '-' :
        ret = operand_1 - operand_2;
        break;
    case '*' :
        ret = operand_1 * operand_2;
        break;
    case '/' :
        ret = operand_1 / operand_2;
        break;
}
return ret;
```

이런 코드가 머릿속에 떠오른 독자라면 이미 초급은 벗어난 것입니다. 그러나 계산기 프로그램이 이 정도라면 아예 책에서 언급도 안했겠죠. 이 정도 프로그램을 가지고 어려운 프로그램이 어쩌구 하는 것은 이 땅에 사는 프로그래머로 자존심 상하는 일입니다.

위의 계산식이 아니라 좀 더 복잡한 계산을 봅시다. 만약 '2 × 3 + 1'과 같은 계산식이라면 어떻게 하면 될까요? 이것도 위의 코드와 마찬가지로 앞에서부터 '2 × 3'을 먼저 계산하고 그 값을 변수에 저장해두었다가 다시 마지막 ' + 1'을 하면 되겠죠. 아마 다음 그림과 같은 순서로 하게 될 겁니다.

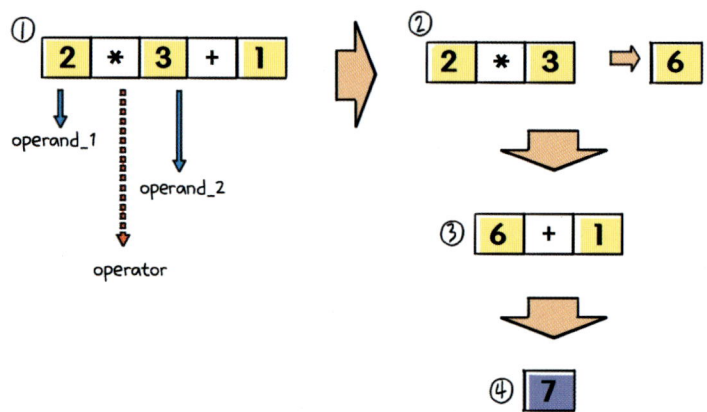

[그림 6-6] 계산식 '2 * 3 + 1'의 연산

위의 그림처럼 연산을 할겁니다. 먼저 ①과 같이 피연산자 2와 3을 ②와 같이 연산자 ' * '와 먼저 연산을 해서 그 결과인 6을 ③과 같이 나머지 연산자 1과 연산하여 ④처럼 최종값 7을 구하게 됩니다. 이와 같은 과정은 사람의 머릿속에서 자연스럽게 되듯이 컴퓨터에서도 위와 같은 순서로 됩니다. 그런데 연산이 위와 같은 식이 아니라 '1 + 2 * 3'과 같다면 어떻게 될까요? 그 순서는 다음 그림과 같이 좀 달라집니다.

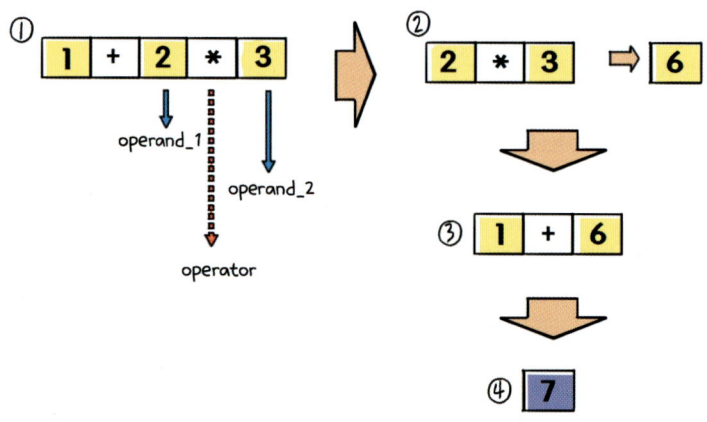

[그림 6-7] 계산식 '2 * 3 + 1'의 연산

위의 그림을 보면 이전 그림과 순서가 달라졌다는 것을 한눈에 확 느끼겠죠? 이런 내용만 설명하고 있으니까 제가 마치 초등학교 1, 2학년 담임 선생님이 된 것 같은데 사실 이런 두 개의 연산의 순서가 달라진 이유는 바로 사칙연산자(+, -, *, /)가 다 같은 연산자가 아니라는 사실입니다.

네 개의 연산자 중에서 * 와 / 연산자가 우선순위가 높기 때문에 위와 같은 식에서 +보다 먼저 연산을 해주어야 합니다. 바로 이 점이 우리가 초밥집 접시 알고리즘, 스택을 사용해야 하는 이유입니다. ' 1 + 2 * 3'과 같이 간단한 연산은 굳이 초밥집 접시 알고리즘을 사용할 필요는 없겠지만 만약 '2 * 3 / 2 + 1 * 3 / 2 + 4 - 2 * 3 + 8 / 9 - 3 / 3'과 같이 사칙연산이 무수히 많은 연산식이라면 아무리 머리 좋은 사람일지라도 눈이 핑핑 돌아갑니다. 이와 같은 식을 스택으로 만들면 순식간에 끝납니다. 바로 이런 점이 프로그래밍의 묘미이죠! 이제 위의 연산식을 스택에 적용해봅시다.

스택의 실제 적용하기

먼저 '2 * 3 + 1'의 연산식부터 스택을 적용하면 어떻게 되는지 볼까요? 다음 그림을 봅시다.

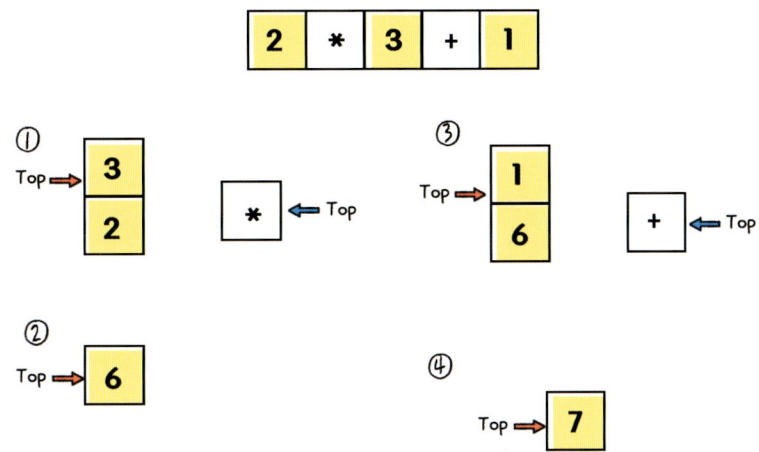

[그림 6-8] 스택을 이용한 '2 * 3 + 1'의 연산

위의 그림을 보면 2개의 스택을 사용하고 있습니다. 하나는 피연산자(operand)를 위한 스택이고 다른 하나는 연산자(operator)를 위한 스택입니다.

먼저 피연산자인 2와 3을 스택에 푸쉬(push)합니다. 그런데 계산식에서 먼저 나온 피연산자가 2이고 그 다음이 3이기 때문에 ①과 같이 2가 먼저 들어가고 그 다음에 3이 들어가게 됩니다. 마찬가지로 연산자도 무조건 스택에 푸쉬합니다. 결국 계산식의 처음부터 읽어나가면서 피연산자는 피연산자 스택에 연산자는 연산자 스택에 푸쉬하는 거죠. 일단 피연산자 2개, 연산자 1개가 있으면 계산을 할 수 있으므로 그림 ②와 같이 피연산자 스택에서 두 개를 팝(Pop)하고 연산자 스택에서도 1개의 연산자를 팝해서 계산합니다. 그리고 나서 다시 그 계산된 결과를 피연산자 스택에 저장합니다.

연산자 스택이 비어있으므로 다시 연산식을 들어가면서 피연산자 1을 피연산자 스택에 넣고 연산자 +를 연산자 스택에 푸쉬합니다. 마찬가지로 피연산자 2개와 연산자 1개가 존재하므로 스택에서 꺼내어 계산하면 최종 결과 값이 피연산자 스택에 저장됩니다. 이 방법이 가장 간단하게 스택을 사용한 계산기의 방법이지만 이 방법에는 문제가 있습니다. 이전의 문제와 같이 '1 + 2 * 3'과 같은 경우에는 위의 스택 방법으로는 올바른 계산이 안된다는 문제가 있죠. 그래서 다음과 같은 방법을 사용합니다.

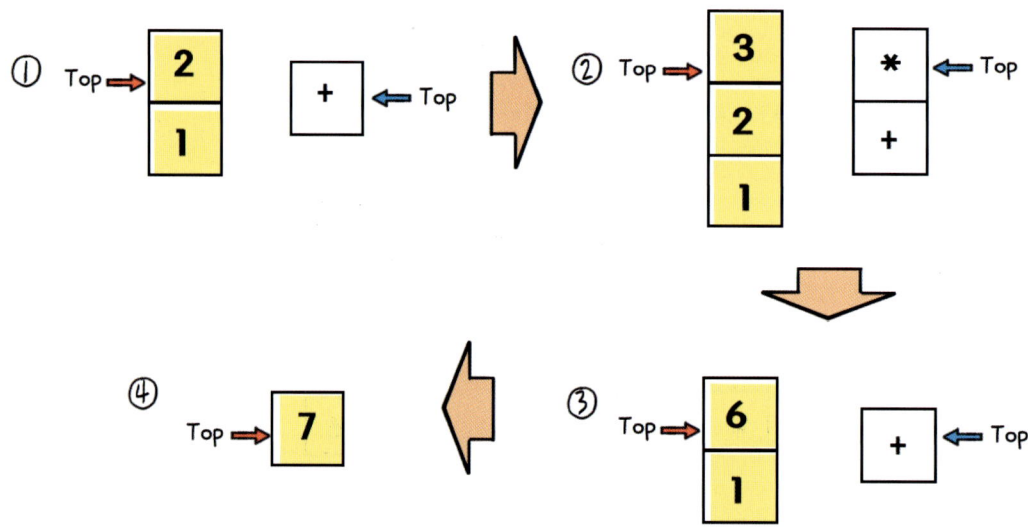

[그림 6-9] 좀더 개선된 스택을 사용한 '1+2*3'의 계산식

위의 그림을 보면 먼저 계산식의 처음부터 끝까지 피연산자는 피연산자 스택에, 연산자 스택은 연산자 스택에 쌓게 됩니다. 그렇다고 무조건 쌓는 것은 아닙니다. ②의 경우에 새로운 연산자 *를 연산자 스택에 푸쉬하기 전에 이전에 연산자 스택에 저장되어 있는 + 연산자를 팝해서 서로 비교합니다. 이미 저장되어 있는 연산자인 + 보다 새로 저장할 연산자인 *가 우선순위가 더 높기 때문에 그냥 순서대로 연산자 스택에 푸쉬합니다. 연산식을 모두 넣었으면 그림 ③처럼 스택에서 피연산자 2개, 연산자 하나를 뽑아서 계산하고 다시 스택에 저장합니다. 이 작업을 연산자 스택이 전부 빌 때까지 하게 되면 결과 값이 피연산자 스택에 남게 됩니다.

그렇다면 위의 그림 ②에서 현재 저장할 연산자가 이미 연산자 스택에 저장되어 있는 연산자보다 더 크다면 어떻게 될까요? 다음 그림을 봅시다.

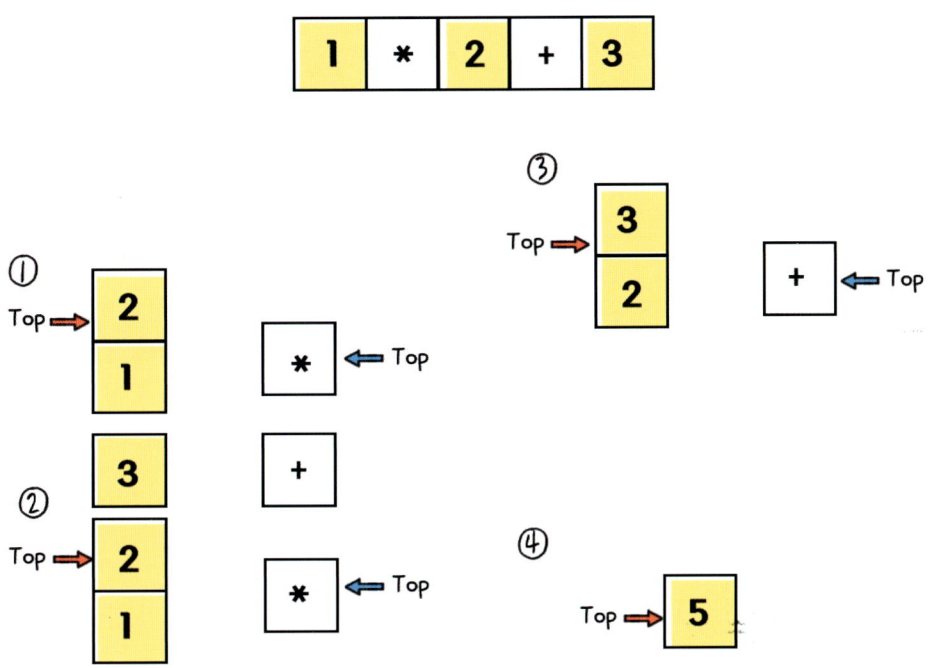

[그림 6-10] 이전 연산자가 현재 연산자보다 우선순위가 더 높은 경우

이전 연산자가 현재 연산자보다 우선순위가 더 높은 경우는 위의 그림에서 ②의 경우처럼 현재의 피연산자 스택에 저장되어 있는 피연산자 2개와 연산자 스택에 저장되어 있는 연산자 하나를 꺼내서 계산을 하고 그 결과인 2를 피연산자 스택에 푸쉬한 후에 새로운 피연산자 3과 연산자 +를 스택에 각각 푸쉬합니다.

마찬가지로 연산식의 끝까지 훑었으면 피연산자 스택과 연산자 스택에 있는 피연산자와 연산자를 꺼내어 계산하고 그 결과를 피연산자 스택에 저장합니다. 자! 어떻습니까? 이것으로 스택을 사용한 계산기 프로그램의 전체 동작을 알아보았습니다. 스택을 사용하니까 연산자 우선순위까지 고려해서 쉽게 계산이 되죠? 혹시 위의 과정이 이해가 잘 안되면 종이에 책의 그림처럼 그려서 확인해보세요.

26 괄호 계산이 되는 계산기

괄호 계산하는 식의 연산을 여러 가지로 응용하여 본 후 괄호 계산이 되는 계산기 예제를 만들어봅니다.

괄호 계산하기

괄호 계산이라는 것은 '1 + 2 * (3 * 1 + 4 * 2)'와 같이 식의 중간에 괄호가 있는 경우에 괄호 안의 연산을 최우선하여 계산하는 방법입니다. 다음 그림을 봅시다.

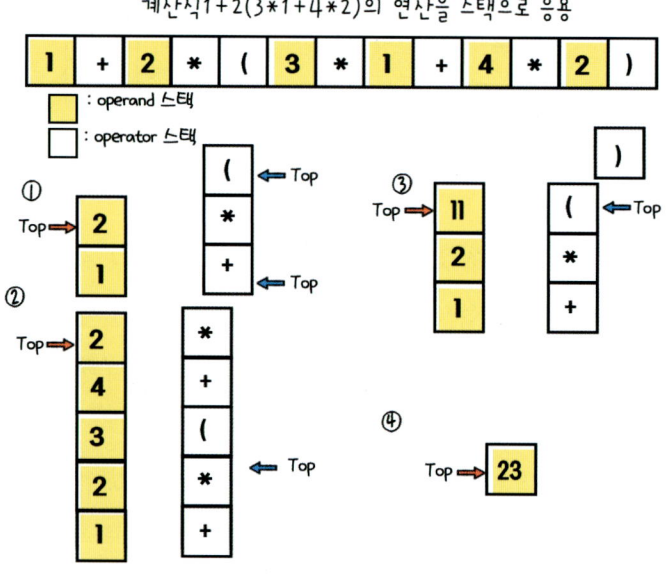

[그림 6-11] 괄호가 있는 계산기

위의 그림을 보면 좀 복잡해보이지만 한 가지만 알고 있으면 됩니다. 여는 괄호(' (')와 닫는 괄호(') ')는 모두 연산자로 취급합니다. 그림 ①과 같이 피연산자는 피연산자 스택에 저장되고 연산자 스택에는 여는 괄호도 저장됩니다. 물론 이때도 이전 계산기 프로그램처럼 연산자 우선순위를 계산해주어야 합니다. 그림 ②는 닫는 괄호가 나올 때까지의 과정입니다. 닫는 괄호가 나올 때까지는 이전 계산기와 동일한 과정으로 진행됩니다. 그리고 나서 가장 중요한 부분이 그림 ③입니다. 여기서는 닫는 괄호가 나올 때의 경우인데 닫는 괄호가 나오면 여는 괄호가 나올 때까지의 식을 전부 계산한 후에 그 결과(위의 그림에서는 11)를 스택에 저장합니다. 물론 여는 괄호도 빼야 하겠죠. 그림 ③에서 괄호 부분에 대한 연산이 끝나면 다시 원래의 계산기 기능을 실행해서 그림 ④와 같은 최종결과가 피연산자 스택에 저장됩니다. 그림을 보고 괄호 연산 기능이 추가된 계산기의 동작을 이해했습니까? 그럼 실제 프로그램 코드를 보면서 좀 더 자세히 알아보도록 하죠.

괄호 연산이 가능한 계산기 프로그램 예제
파일명 : powerful_calculator.c

```c
#include <stdio.h>
#include <string.h>
#define MAX 100
#define TRUE 1
#define FALSE 0

/* 전역 변수 정리 */
char OperatorStack[100];
char OperandStack[100];
int OperatorTop;
int OperandTop;

/* 전역 함수 정리 */
void InitializeStack(void);
void OperatorPush(char);
void OperandPush(int);
char OperatorPop(void);
int OperandPop(void);
int IsEmptyOperatorStack(void);
int IsEmptyOperandStack(void);
int GreaterOpr(char, char);
int Calculate(int, int, char);
void main(void)
{
    char buf[80];
    int len, i;
    int opn1, opn2;
    char opr, c;
    char tmpopr;

    InitializeStack();
    strcpy(buf, "1+2*(3*1+4*2)");
    len = strlen(buf);
```

```
i = 0;
while (i < len) {
    c = buf[i++];
    if (c == ' ')
        continue;
    else if (c <= '9' && c >= '0')
        OperandPush(c - '0');
    else if (c == '+' || c == '-' || c == '*' || c == '/') {
        if (IsEmptyOperatorStack())
            OperatorPush(c);
        else {
            opr = OperatorPop();
            if (GreaterOpr(opr, c)) {
                opn2 = OperandPop();
                opn1 = OperandPop();
                opn1 = Calculate(opn1, opn2, opr);
                OperandPush(opn1);
                OperatorPush(c);
            }
            else {
                OperatorPush(opr);
                OperatorPush(c);
            }
        }
    }
    else if (c == '(') {
        OperatorPush(c);
    }
    else if (c == ')') {
        do {
            tmpopr = OperatorPop();
            if (tmpopr != '(') {
                opn2 = OperandPop();
                opn1 = OperandPop();
                opn1 = Calculate(opn1, opn2, tmpopr);
                OperandPush(opn1);

            }
        } while (tmpopr != '(');
    }
}
```

```c
        while (!IsEmptyOperatorStack()) {
            opn1 = OperandPop();
            opn2 = OperandPop();
            opr = OperatorPop();
            opn1 = Calculate(opn1, opn2, opr);
            OperandPush(opn1);
        }
        printf("%s = %d\n", buf, OperandPop());
}

void InitializeStack(void){
    OperatorTop = 0;
    OperandTop = 0;
}
void OperatorPush(char opr){
    OperatorStack[OperatorTop++] = opr;
}
void OperandPush(int opn){
    OperandStack[OperandTop++] = opn;
}
char OperatorPop(void){
    return OperatorStack[--OperatorTop];
}
int OperandPop(void){
    return OperandStack[--OperandTop];
}
int IsEmptyOperandStack(void)
{
    if (OperandTop == 0)
        return TRUE;
    else
        return FALSE;
}

int IsEmptyOperatorStack(void)
{
    if (OperatorTop == 0)
        return TRUE;
    else
        return FALSE;
}
```

```c
int GreaterOpr(char opr1, char opr2)
{
    if(opr1 == '*' || opr1 == '/') {
        if(opr2 == '+' || opr2 == '-')
            return TRUE;
        else
            return FALSE;
    }
    else /* opr1 == '+' || opr1 == '-' */
        return FALSE;
}

int Calculate(int opn1, int opn2, char opr)
{
    switch(opr){
        case '+':
            opn1 = opn1 + opn2;
            break;
        case '-':
            opn1 = opn2 - opn1;
            break;
        case '*':
            opn1 = opn1 * opn2;
            break;
        case '/':
            opn1 = opn2 / opn1;
            break;
    }
    return opn1;
}
```

실행 결과

1 + 2 * (3 * 1 + 4 * 2) = 23

위의 프로그램은 이전의 계산기 프로그램과 거의 동일합니다. 단, 괄호 연산을 하는 부분만이 다릅니다. 괄호 연산에 대한 코드만 살펴보도록 하죠.

위의 코드를 보면 54행과 같이 여는 괄호가 나타나면 별다른 처리 없이 바로 OperatorPush() 함수를 사용하여 연산자 스택에 저장합니다. 그리고 나서 56행과 같이 닫는 괄호가 나타나면 드디어 괄호 연산을 하게 됩니다. 닫는 괄호가 나타나면 57행부터 66행의 do-while문을 사용하여 연산자 스택에서 연산자와 피연산자 스택에서 피연산자 두 개를 꺼내어 63행의 Calculate() 함수를 사용하여 연산을 한 후에 그 결과를 다시 피연산자 스택에 저장합니다. 이런 과정을 66행의 닫는 괄호가 나올 때까지 계속 반복하게 됩니다. 이

것이 괄호 연산의 전부입니다. 어떻습니까? 이전의 계산기 프로그램을 이해했다면 괄호 연산에 대한 코드도 쉽게 이해했을 겁니다.

이 책에서 다룬 계산기 프로그램은 사실 완벽한 계산기라고는 볼 수 없습니다. 테스트를 해보면 알겠지만 계산하는 숫자도 0부터 9까지의 한 자리수만 가능합니다. 한 자리수만 가능한 계산기는 사실 계산기라고 할 수는 없겠죠. 여러분들이 직접 실제 계산기와 동일한 기능을 하도록 수정해보세요.

malloc( )과 free( ) 함수를 사용할 때 발생할 수 있는 문제들

malloc( )에서 문자열의 크기를 구할 때 strlen( ) 함수와 sizeof( ) 함수를 혼동하는 문제

다음과 같은 코드가 있다고 가정해봅시다.

```
char *buf = "Apple";
char *ptr = NULL;
```

위의 포인터 ptr을 buf의 크기만큼 메모리 할당을 받으려고 할 때는 다음의 두 코드 중에서 어떤 것이 맞는 표현일까요?

```
ptr = (char *)malloc(sizeof(buf));
ptr = (char *)malloc(strlen(buf));
```

그렇죠. 두 번째에 있는 strlen() 함수를 사용하는 것이 맞습니다. sizeof()함수는 자료형의 크기를 구하는 함수이기 때문에 포인터인 경우는 무조건 4바이트만을 리턴해줍니다. 이것도 혼동하기 위한 예입니다.

연산후의 포인터를 사용하여 free( )를 하는 문제

다음의 코드를 봅시다.

연산 후의 포인터를 사용하여 free( )를 하는 문제

파일명 : free_first_ver.c

```c
#include <stdio.h>
#include <string.h>
#include <stdlib.h>

void main()
{
    char *ptr1, *ptr2, *ptr3;
    int i;

    ptr1 = (char *)malloc(10);
    ptr2 = ptr3 = ptr1;

    for(i = 0; i < 10; i++)
        *ptr1++ = 'A' + i;

    free(ptr1);
}
```

수정된 free( ) 문제

파일명 : free_second_ver.c

```c
#include <stdio.h>
#include <string.h>
#include <stdlib.h>

void main()
{
    char *ptr1, *ptr2, *ptr3;
    int i;

    ptr1 = (char *)malloc(10);
    ptr2 = ptr3 = ptr1;

    for(i = 0; i < 10; i++)
        *ptr2++ = 'A' + i;

    free(ptr1);
}
```

위의 프로그램을 실행시키면 free( ) 부분에서 에러가 표시됩니다. 그 이유는 이미 for문에서 포인터인

ptr1이 연산을 했기 때문입니다. 따라서 malloc()할 때 ptr1이 가리키는 주소와 free(ptr1)을 할 때 ptr1이 가리키는 주소가 서로 달라진거죠.

이런 실수도 종종 하는 실수입니다. 이럴 때는 malloc()으로 할당받은 포인터 ptr1은 그냥 두고, 다른 포인터를 사용하여 연산한 후에 free()를 할 때는 원래의 ptr1으로 하는 것이 좋습니다.

하나의 메모리 주소를 두 개 이상의 포인터가 참조하는 문제

이 문제 역시 디버깅하기가 좀처럼 쉽지 않은 문제입니다. 위의 코드와 비슷한 코드이지만 발생되는 문제는 다릅니다. 어떤 문제인지 코드를 봅시다.

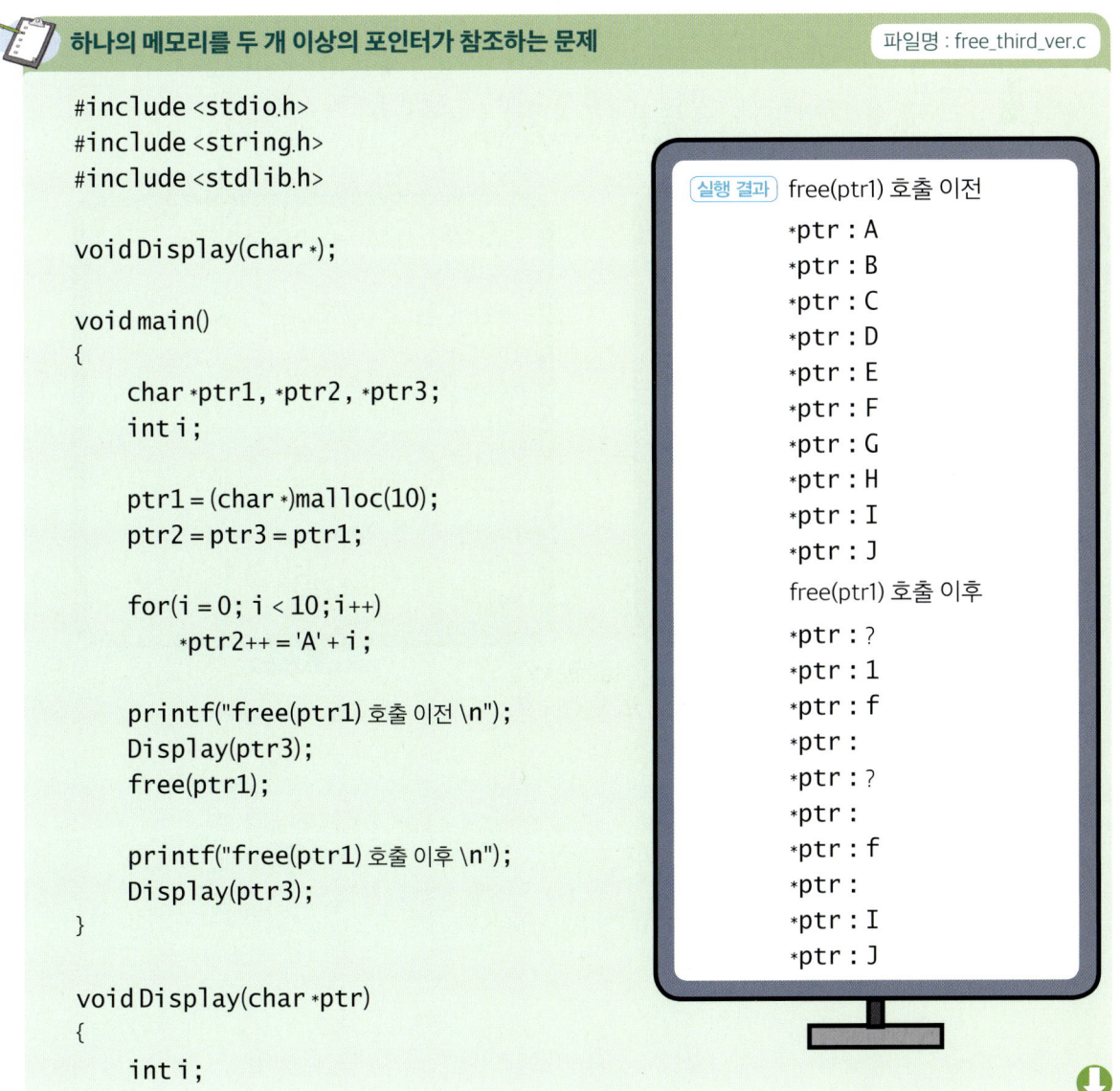

하나의 메모리를 두 개 이상의 포인터가 참조하는 문제　　파일명 : free_third_ver.c

```
#include <stdio.h>
#include <string.h>
#include <stdlib.h>

void Display(char *);

void main()
{
    char *ptr1, *ptr2, *ptr3;
    int i;

    ptr1 = (char *)malloc(10);
    ptr2 = ptr3 = ptr1;

    for(i = 0; i < 10; i++)
        *ptr2++ = 'A' + i;

    printf("free(ptr1) 호출 이전 \n");
    Display(ptr3);
    free(ptr1);

    printf("free(ptr1) 호출 이후 \n");
    Display(ptr3);
}

void Display(char *ptr)
{
    int i;
```

실행 결과
```
free(ptr1) 호출 이전
    *ptr : A
    *ptr : B
    *ptr : C
    *ptr : D
    *ptr : E
    *ptr : F
    *ptr : G
    *ptr : H
    *ptr : I
    *ptr : J
free(ptr1) 호출 이후
    *ptr : ?
    *ptr : 1
    *ptr : f
    *ptr :
    *ptr : ?
    *ptr :
    *ptr : f
    *ptr :
    *ptr : I
    *ptr : J
```

```
    for(i = 0; i < 10; i++)
        printf("*ptr : %c\n",*ptr++);
}
```

위의 프로그램은 ptr1로, malloc()으로 메모리를 할당받은 후에 ptr2와 ptr3가 ptr1과 동일한 메모리 주소를 참조하고 있는 경우입니다. 이 때 free(ptr1)과 같이 원래의 메모리를 해제해버리면 ptr2나 ptr3는 갑자기 뜬금없는 데이터를 갖게 됩니다. 일명 쓰레기 데이터죠. 이런 경우는 위의 코드처럼 전체 소스 코드의 길이가 짧고 간단한 경우라면 쉽게 발견될 수 있는 문제이지만, 소스 코드가 복잡해지고 여러 명이 작업하는 경우에는 발견하기가 상당히 어렵습니다.

위의 소스 코드를 실행하면 다음과 같은 결과를 확인할 수 있습니다.

실행 결과 free(ptr1) 호출 이전
*ptr : A
*ptr : B
*ptr : C
*ptr : D
*ptr : E
*ptr : F
*ptr : G
*ptr : H
*ptr : I
*ptr : J

실행 결과 free(ptr1) 호출 이후
*ptr : ?
*ptr : ?
*ptr : ?
*ptr : ?
*ptr : ?
*ptr : ?
*ptr : ?
*ptr : ?
*ptr : ?
*ptr : ?

MEMO

워터파크 줄서기, 큐

앞장에서 배운 스택 알고리즘과 함께 기본 중의 기본 알고리즘으로 많이 사용되는 것이 지금 배우게 될 큐 알고리즘입니다. 구조나 사용방법 등이 스택과 흡사하기 때문에 혼동하는 사람들도 꽤 많습니다. 여러분들은 스택 알고리즘이 초밥집 접시 알고리즘으로 불리듯이 큐 알고리즘은 워터파크 줄서기 알고리즘으로 기억해두세요.

7장

27　큐의 개념과 구현
28　큐의 동작 분석
29　연결 리스트를 사용한 큐의 구현

27 큐의 개념과 구현

큐의 개념과 큐 알고리즘을 구현해 봅니다.

큐의 개념

큐(Queue)는 구현하는 코드나 사용방식이 앞에서 배운 스택과 상당히 비슷합니다. 그러나 스택이 LIFO(Last In First Out) 방식이라면 큐는 FIFO(First In First Out) 방식을 사용합니다. FIFO 방식은 처음으로 저장한 데이터를 처음 사용하는 방식입니다. 배열과는 사뭇 다르죠. 큐의 개념은 극장 매표소 앞에서 줄을 서는 것과 비슷합니다. 극장 매표소 앞에 줄을 선다는 것은 앞 사람이 나보다 먼저 극장에 도착했다는 의미가 됩니다. 또한, 나보다 늦게 도착한 사람은 내 뒤에 서야 겠죠. 먼저 도착한 사람이 먼저 극장표를 살 수 있죠. 다음 그림을 봅시다.

[그림 7-1] 줄 서 있는 모습

위의 그림과 같이 오는 순서대로 줄을 서는 형상이 큐와 비슷합니다. 스택과 마찬가지로 큐에서도 동작은 딱 두 개만 존재합니다. 표를 사기 위해 줄을 서는 경우이며 Put이라고 말하며, 순서대로 매표소에서 표를 구입하는 동작이 Get이 됩니다. 따라서 워터파크 줄서기 알고리즘인 큐에서도 딱 두 가지만 기억하고 있으면 됩니다.

❶ Put : 매표소 앞에서 줄을 선다.
❷ Get : 줄을 선 순서대로 앞에서부터 표를 산다.

이전 장에서 배운 스택과 비슷하죠? 스택을 이해한 독자들이라면 큐는 쉽게 이해했을 것입니다. 그렇다면 큐를 C로 어떻게 구현하는지 살펴보도록 합시다. 위에서 설명한 큐의 개념은 줄서기 알고리즘이라고 기억해 두면 절대 잊어버릴 일은 없습니다.

큐 알고리즘 구현

이번에는 극장 매표소 알고리즘인 큐 알고리즘을 실제 C 언어로 어떻게 구현하는지 알아보도록 하죠. 자! 그렇다면 C 프로그래밍으로 큐 알고리즘을 어떻게 만드는지 한번 볼까요? 먼저 큐에 대한 자료 구조가 필요합니다. 큐 역시 배열이든 연결 리스트든 어떤 것으로 만들어도 상관없지만, 스택과는 달리 큐는 배열을 사용하는 것이 좀 더 편리합니다. 따라서 스택과는 달리 다음의 코드처럼 배열로 한 줄만 써주면 큐를 위한 자료 구조는 준비됩니다.

```c
int Queue[MAX];
```

그렇다면 바로 줄서기 알고리즘의 전체 코드를 봅시다. 다음은 큐 알고리즘의 전체 코드입니다.

배열을 이용한 큐 알고리즘의 예제
파일명 : queue_array.c

```c
#include <stdio.h>
#include <stdlib.h>
#define MAX 100

/* 큐 선언 */
int Queue[MAX];
int Front, Rear;
void InitQUEUE(void);
void enqueue(int);
void DisplayQUEUE(void); 0
int dequeue(void);

int main()
{
```

```
    int ret;
    InitQUEUE();
    enqueue(1);
    enqueue(3);
    enqueue(10);
    enqueue(20);
    enqueue(12);
    printf("다섯번의 enqueue() 호출 후 결과 \n");
    DisplayQUEUE();

    ret = dequeue();
    ret = dequeue();
    ret = dequeue();
    printf("세번의 dequeue() 호출 후 결과 \n");
    DisplayQUEUE();

    printf("두 번의 dequeue() 호출 후 결과 \n");
    ret = dequeue();
    ret = dequeue();
    DisplayQUEUE();
}

/* 큐 초기화 함수 */
void InitQUEUE(void)
{
    Front = Rear = 0;
}
void enqueue(int num)
{
    Queue[Rear++] = num;
    if (Rear >= MAX)
        Rear = 0;
}
int dequeue(void)
{
    int ret;
    ret = Queue[Front++];
    if (Front >= MAX)
        Front = 0;
    return ret;
}
void DisplayQUEUE(void)
```

실행 결과

다섯번의 enqueue() 호출 후 결과
Front -> 1 -> 3 -> 10 -> 20 -> 12 -> Rear
세번의 dequeue() 호출 후 결과
Front -> 20 -> 12 -> Rear
두 번의 dequeue() 호출 후 결과
Front -> Rear

```
{
    int i;
    printf("Front -> ");
        for (i = Front; i < Rear; i++)
            printf("%2d -> ", Queue[i]);
    printf("Rear");
    printf("\n");
}
```

위의 배열을 사용한 큐 알고리즘은 연결 리스트를 사용한 스택보다 코드가 훨씬 간단합니다. 만약 큐 알고리즘을 배열이 아닌 연결 리스트로 작성한다면 이 보다 훨씬 복잡합니다. 큐 알고리즘도 스택 알고리즘과 같이 3개의 함수가 필요합니다. 큐를 초기화 하는 InitQUEUE() 함수, 큐에서 데이터를 저장하는 enqueue() 함수, 그리고 큐에서 데이터를 가져오는 dequeue() 함수입니다. 또한 큐의 입구를 나타내는 변수인 Rear 변수와 큐의 출구를 나타내는 변수인 Front가 필요합니다. 큐의 모습을 그림으로 보면 다음과 같습니다.

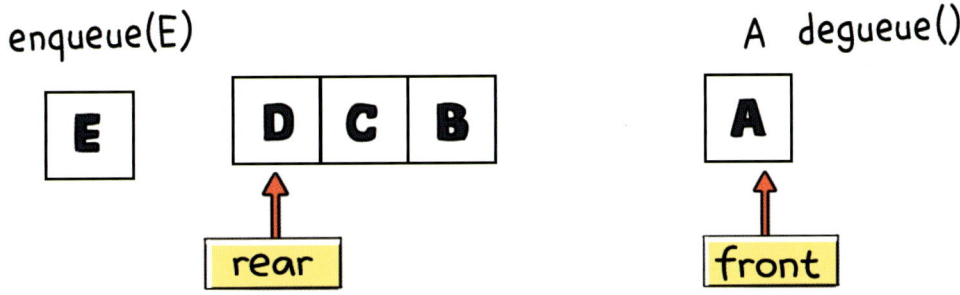

[그림 7-2] 큐의 enqueue() 함수와 dequeue() 함수

28 큐의 동작 분석

큐의 세 가지 동작을 분석하기 위해 큐의 초기화 함수, 큐에 데이터를 저장하는 함수, 큐에서 데이터를 가져오는 함수에 대해 알아봅니다.

큐의 세 가지 동작 분석

큐도 스택과 마찬가지로 크게 세 가지 부분으로 나눌 수 있습니다. 첫 번째는 큐를 초기화하는 부분이고 두 번째는 큐에 데이터를 저장하는 enqueue과 큐에서 데이터를 갖고 오는 dequeue입니다. 큐가 C 언어로 어떻게 구현되는지 하나하나 살펴보도록 하죠.

❶ 큐의 초기화 함수: InitQUEUE() 함수

```
void InitQUEUE(void)
{
    Front = Rear = 0;
}
```

InitQUEUE() 함수는 큐의 앞과 뒤를 가리키는 Front 변수와 Rear 변수를 모두 0으로 초기화하는 역할을 합니다. InitQUEUE() 함수가 호출되면 다음 그림과 같이 100개의 항목을 갖는 배열 Queue에서 Front 변수와 Rear 변수는 첫 번째 인덱스를 가리키고 있습니다. 위의 코드를 그림으로 나타내면 다음과 같습니다.

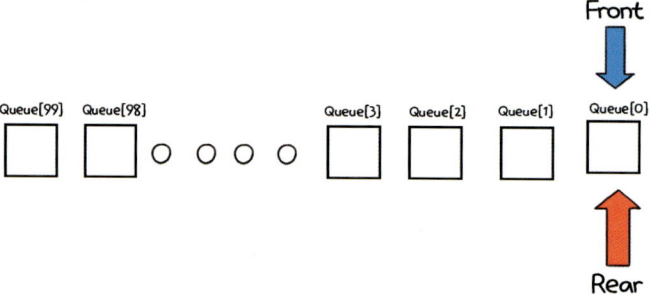

[그림 7-3] InitQUEUE() 함수를 호출한 후의 모습

다음 그림은 지금까지 보던 배열의 그림과는 순서가 약간 이상하죠? Queue라는 배열의 첫 번째인 Queue[0]이 가장 오른쪽에 있고, 배열 Queue의 가장 마지막 항목인 Queue[99]가 가장 왼쪽에 있습니다. 이것은 큐가 매표소에서 줄을 서서 표를 구입하는 것처럼 순서대로 쌓여서 진행되는 것을 보여주기 위해 임의로 그린 그림일 뿐입니다. 여기서는 순서에 상관하지 말고 변수 Front와 변수 Rear의 움직임에 대해서만 주의깊게 보기 바랍니다.

❷ 큐에 데이터를 저장하는 enqueue() 함수

그 다음으로 초기화가 끝난 후에 큐에 데이터를 저장하는 enqueue() 함수에 대해서 살펴볼까요?

```
void enqueue(int num)
{
    Queue[Rear++] = num;

    if (Rear >= MAX)
        Rear = 0;
}
```

현재의 Queue에 enqueue()가 실행되는 데이터를 저장하기 위해서 변수 Rear가 가리키는 곳에 저장을 하고 Rear 변수를 하나 증가시킵니다. 그렇게 되면 다음 그림과 같이 Rear는 그 다음을 가리키게 되는 거죠.

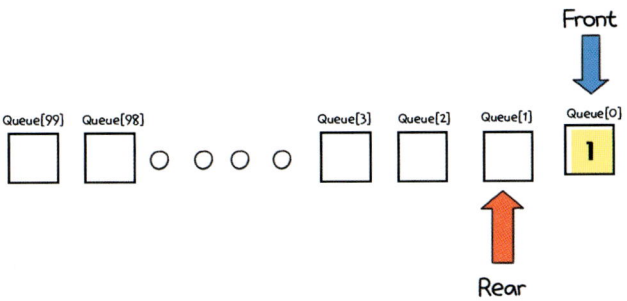

[그림 7-4] enqueue() 함수의 실행

enqueue(1) 함수가 실행되면 데이터 1이 Queue[0]에 저장되고 0을 가리키고 있는 변수 Rear는 1만큼 증가됩니다. 변수 Rear가 MAX와 같거나 크면 39행처럼 Rear 변수를 0으로 만듭니다. 이 의미는 현재 배열 Queue의 크기가 100이기 때문에 그렇습니다. Queue의 크기가 100이므로 배열 Queue의 인덱스의 범위는 Queue[0]부터 Queue[99]까지입니다. 따라서 변수 Rear가 MAX와 같거나 크게 되면

Queue[100]이나 그 이상이 되기 때문에 39행처럼 배열의 크기를 넘어가면 다시 배열 Queue의 인덱스를 0부터 시작하도록 합니다.

이제 큐에서 데이터를 가져오는 dequeue()에 대해 알아보도록 하죠.

❸ 큐에서 데이터를 가져오는 dequeue() 함수

큐에서 데이터를 가져오는 역할을 하는 dequeue() 함수의 코드는 다음과 같습니다.

```
int dequeue(void)
{
    int ret;

    ret = Queue[Front++];
    if (Front >= MAX)
        Front = 0;

    return ret;
}
```

dequeue() 함수가 호출되면 현재 배열 Queue에서 Front 변수가 가리키는 곳의 데이터를 변수 ret에 저장하고 리턴합니다. 또한 Front 변수도 Put() 함수에서 Rear 변수와 같이 배열의 크기보다 크게 되면 0으로 다시 초기화합니다.

이러한 과정을 그림으로 보면 다음과 같이 됩니다.

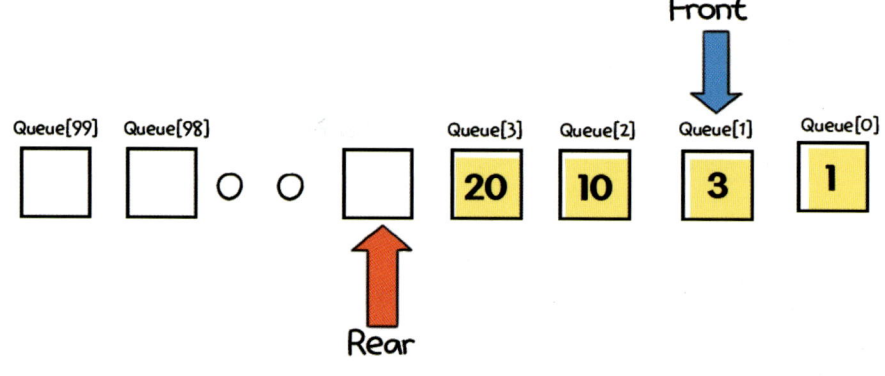

[그림 7-5] dequeue()함수의 실행

먼저 Put을 4개 하면 위의 그림과 같이 1, 3, 10, 20의 데이터가 큐에 저장됩니다. dequeue() 함수가 계속 호출되면 큐에 데이터가 저장되면서 변수 Rear가 바뀝니다. 그리고 나서 dequeue() 함수를 한번 호출하면 큐에 처음 들어가 있던 데이터, 즉 변수 Front가 가리키고 있던 데이터 1을 리턴하고 변수 Front는 하나 증가합니다. 따라서 그 결과 위의 그림처럼 변수 Front는 Queue[0]를 리턴하고 Queue[1]의 인덱스인 1이 됩니다.

이것이 큐에서의 dequeue() 함수의 역할입니다. 큐에서의 enqueue() 함수와 dequeue() 함수를 정리해보면, put_QUEUE() 함수의 역할은 매개변수로 받은 정수형 데이터를 Rear 변수가 가리키는 큐에 저장하고 Rear 값을 하나 증가시킵니다. dequeue() 함수는 그 반대로 Front가 가리키는 큐 안의 데이터를 가져옵니다. 배열을 이용한 큐의 알고리즘은 워낙 단순해서 쉽게 이해할 수 있을 것입니다.

29 연결 리스트를 사용한 큐의 구현

연결 리스트를 사용한 큐 알고리즘을 예제를 통해 알아봅니다.

배열 대신 연결 리스트를 사용한 큐 알고리즘

큐는 사실 배열로 가장 많이 사용됩니다. 연결 리스트로 사용해도 되지만 배열로 사용하는 것이 구현하기도 간단하며 관리도 편리하기 때문이죠. 그렇다고 연결 리스트로 큐를 사용하지 못하는 것은 아닙니다. 이번에는 연결 리스트를 사용하는 큐를 만들어보도록 하죠. 먼저 연결 리스트를 사용한 큐의 전체 코드를 볼까요?

연결 리스트를 사용한 큐 알고리즘의 예제

파일명 : queue_linkedlist.c

```c
#include <stdio.h>
#include <stdlib.h>

typedef struct _node {
    int data;
    struct _node *link;
} node;

node *p_front, *p_rear;
node *p_node;

void initQUEUE(void);
void enqueue(int);
int dequeue(void);
void displayQUEUE(void);

int main()
{
    int ret;
```

```c
    initQUEUE();
    enqueue(1);
    enqueue(3);
    enqueue(10);
    enqueue(20);
    enqueue(12);

    printf("다섯번의 enqueue() 결과 : ");
    displayQUEUE();

    ret = dequeue();
    ret = dequeue();
    ret = dequeue();

    printf("세번의 dequeue() 결과 : ");
    displayQUEUE();

    ret = dequeue();
    ret = dequeue();

    printf("두번의 dequeue() 결과 : ");
    displayQUEUE();

    return 0;
}

void initQUEUE(void)
{
    p_front = (node *)malloc(sizeof(node));
    p_rear = (node *)malloc(sizeof(node));
    p_front->link = p_rear;
    p_rear->link = p_front;
}

void enqueue(int num)
{
    p_node = (node *)malloc(sizeof(node));
    p_node->data = num;
    if(p_front->link == p_rear){
        p_front->link = p_node;
        p_node->link = p_rear;
        p_rear->link = p_node;
```

실행 결과

다섯번의 enqueue() 결과 : 1 -> 3 -> 10 -> 20 -> 12

dequeue() : 1

dequeue() : 3

dequeue() : 10
세 번의 dequeue() 결과 : 20 -> 12

dequeue() : 20

dequeue() : 12
두 번의 dequeue() 결과 : 큐가 비어있습니다.

```c
        }
        else{
            p_rear->link->link = p_node;
            p_node->link = p_rear;
            p_rear->link = p_node;
        }
    }

int dequeue(void)
{
    int ret;
    node *del_node;
    printf("\n");

    if (p_front->link == p_rear)
        printf("큐가 비어있습니다\n");
    else{
        del_node = p_front->link;
        p_front->link = del_node->link;
        ret = del_node->data;
        printf("dequeue() : %d\n", ret);
        free(del_node);
    }

    return ret;
}

void displayQUEUE(void)
{
    node *p_temp;
    if (p_front->link != p_rear){
        for (p_temp = p_front->link; p_temp->link != p_rear; p_temp = p_temp->link){
            printf("%d -> ", p_temp->data);
        }
        printf("%d\n", p_temp->data);
    }
    else if (p_front->link == p_rear)
        printf(" 큐가 비어있습니다 \n");

    printf("\n");
}
```

연결 리스트를 사용한 큐 알고리즘은 배열을 사용한 큐 알고리즘보다 복잡하죠?

사실 이전에 배운 스택과 큐는 대부분 배열을 사용하는 경우가 많습니다. 알고리즘이 간단하기 때문에 굳이 연결 리스트를 사용하여 복잡하게 만들 필요가 없기 때문이죠. 또한, 연결 리스트를 사용할 때 장점이 되는 링크만으로 데이터를 저장하거나 꺼내오는 것이 가능하다는 장점이 스택과 큐에서는 그다지 통용되지 않습니다. 스택과 큐는 이미 데이터가 저장할 위치와 데이터를 가져오는 위치가 결정되어 있기 때문입니다. 연결 리스트를 사용한 큐도 배열을 사용한 큐와 마찬가지로 크게 3부분으로 나누어 볼 수 있지만 위의 코드에서는 큐 안에 저장되어 있는 데이터를 화면에 출력하는 기능까지 해서 4가지 기능으로 구성되어 있습니다. 먼저 연결 리스트를 사용하여 큐를 만들기 위해서는 다음과 같이 노드를 정의해주어야 합니다.

큐의 데이터 구조

```c
typedef struct _node{
    char data;
    struct _node *link;
}node;
```

노드에 대해서는 이미 연결 리스트에서 충분히 공부했기 때문에 자세한 설명은 생략하기로 하겠습니다. 단지 링크가 하나이고 저장할 데이터가 하나인 구조를 갖고 있다는 것만 알아두세요 그럼 큐의 초기화 함수부터 차근차근 알아봅시다.

큐의 초기화 함수: InitQUEUE()

큐의 초기화 함수인 initQUEUE( ) 함수의 코드는 다음과 같습니다.

```c
void initQUEUE(void)
{
    p_front = (node*)malloc(sizeof(node));
    Rear = (node*)malloc(sizeof(node));
    p_front -> link = p_rear;
    p_rear -> link = Front;
}
```

큐의 초기화 함수는 먼저 Front와 p_rear 변수에 node를 할당하고 p_front의 다음 링크를 p_rear가 가리키도록 하며, p_rear의 다음 링크를 p_front로 가리키도록 합니다. 이것은 연결 리스트에서 head 노드와 end 노드의 경우와 같습니다. 단지 큐에서는 그 head와 end 대신에 p_front와 p_rear를 사용하고 있는 것뿐입니다.

p_front와 p_rear에 메모리를 할당하고 링크를 서로 연결시키는 것만으로 큐의 초기화 과정은 끝납니다.

 큐의 enqueue( ) 함수

```
void enqueue(int num)
{
    p_node = (node *)malloc(sizeof(node));
    p_node->data = num;
    if (p_front->link == p_rear){
        p_front->link = p_node;
        p_node->link = p_rear;
        p_rear->link = p_node;
    }
    else{
        p_rear->link->link = p_node;
        p_node->link = p_rear;
        p_rear->link = p_node;
    }
}
```

큐에 데이터를 저장하는 enqueue( ) 함수의 기본적인 형태는 배열을 사용하는 enqueue( ) 함수와 동일합니다. 새로 추가할 노드를 위해 malloc( )으로 노드를 생성하고 그 안에 저장할 데이터를 넣습니다. 그리고 현재 이 큐가 비워있는 큐인 경우에 초기화 함수 형태로 p_front -> link는 p_rear를 가리키고 p_rear -> link는 p_rear를 가리키고 있는 형태가 됩니다. 따라서 p_front -> link가 p_rear인 경우에는 p_front -> link가 새로 추가되는 노드인 p_node를 가리키도록 하고, p_node -> link는 p_rear를 가리키도록 합니다. 마지막으로 p_rear->link는 p_node를 가리키도록 합니다. 좀 복잡하다구요? 다음 그림을 볼까요?

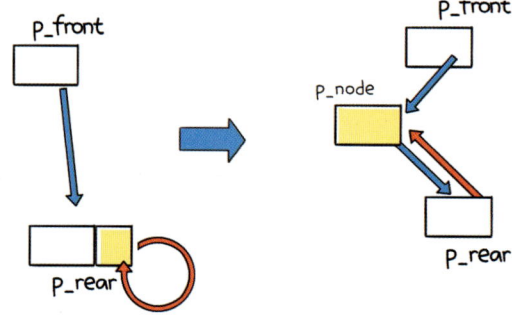

[그림 7-6] 새로운 노드를 삽입한 enqueue( ) 함수

위의 그림처럼 새로운 노드를 삽입할 때의 enqueue( ) 함수는 위의 그림과 같이 링크가 연결됩니다. 그렇다면 기존의 노드가 있는 경우는 어떻게 될까요?

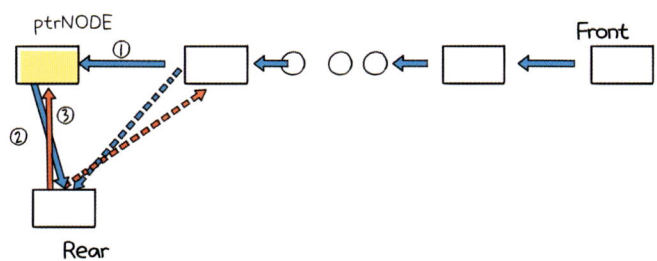

[그림 7-7] 기존 노드가 있는 경우의 큐의 enqueue()

위의 그림은 기본 노드가 있는 경우 큐의 enqueue( ) 함수가 실행된 모습입니다. 점선으로 되어 있는 링크는 기존 링크이며 실선으로 되어 있는 링크가 새로 만들어진 링크입니다.

`p_rear -> link -> link`가 p_node를 가리키도록 하는 것은 `p_rear -> link -> link`를 점선 링크로 따라 가보면 p_node 바로 전 노드임을 알 수 있으며 그 링크가 p_node를 가리키도록 한 것은 위의 그림에서 ①과 같은 경우가 됩니다. 두 번째인 53행은 현재 p_node의 link로 하여금 p_rear 노드를 가리키도록 하는 것이므로 그림에서 ②와 같습니다. 마지막으로 p_rear 노드의 link는 새로운 노드인 p_node를 가리키도록 하므로 그림에서 ③과 같이 됩니다.

이제 큐의 dequeue( ) 함수에 대해 알아볼까요?

큐의 dequeue( ) 함수

```c
int dequeue(void)
{
    int ret;
    node *del_node;
    printf("\n");

    if (p_front->link == p_rear)
        printf("큐가 비어있습니다\n");
    else{
        del_node = p_front->link;
        p_front->link = del_node->link;
        ret = del_node->data;
        printf("dequeue() : %d\n", ret);
        free(del_node);
    }
```

```
        return ret;
}
```

큐의 dequeue( ) 함수는 p_front를 사용합니다. 일단 큐가 비워있는 것은 아닌지를 먼저 체크합니다. 그 후에 큐가 비워있지 않다면 p_front의 link를 del_node가 가리키도록 하고 del_node의 link를 p_front -> link가 가리키도록 합니다. 그리고 나서 67행과 68행과 같이 현재 del_node가 가리키는 데이터를 화면에 출력하고 69행의 free( ) 함수를 사용하여 노드를 삭제합니다. 이 과정을 그림으로 보면 다음과 같습니다.

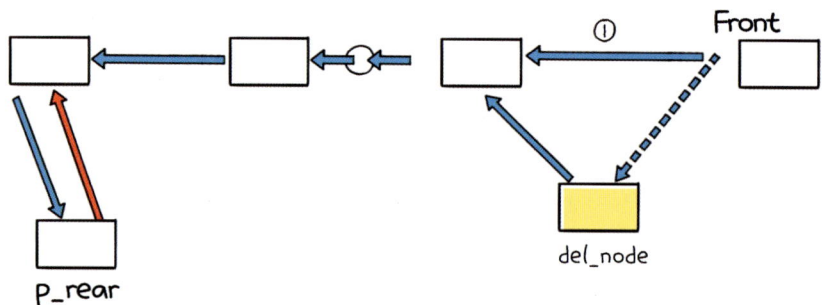

[그림 7-8] dequeue( ) 함수의 동작

dequeue( ) 함수가 실행되면 p_front의 link가 가리키는 노드를 del_node가 가리키도록 합니다. 그리고 나서 p_front -> link를 del_node -> link가 가리키도록 하면 위의 그림에서 ①과 같이 p_front의 link는 세 번째 노드를 가리키게 되는 것입니다. 그리고 나서 del_node 안에 있는 데이터를 출력하고 del_node를 삭제하면 됩니다. 어떻습니까? dequeue( )는 enqueue( )보다 더 간단하죠? 마지막으로 볼 함수는 큐 안에 저장되어 있는 데이터들을 보여주는 함수입니다.

📖 displayQUEUE( ) 함수

```
void displayQUEUE(void)
{
    node *p_temp;
    if(p_front->link != p_rear){
        for(p_temp=p_front->link; p_temp->link != p_rear; p_temp=p_temp->link){
            printf("%d -> ", p_temp->data);
        }
        printf("%d\n", p_temp->data);
```

```
        }
        else if(p_front->link == p_rear)
            printf(" 큐가 비어있습니다 \n");

        printf("\n");
    }
```

이 함수는 p_front -> link부터 p_rear에 도착할 때까지 연결 리스트를 따라 이동하면서 각 노드의 데이터를 화면에 출력합니다. 이에 대한 내용은 이미 연결 리스트 부분에서 배웠으므로 생략하기로 하죠.

혹시라도 위의 displayQUEUE() 함수 내부의 코드가 어렵게 느껴지거나 이해가 잘 안가는 독자들은 연결 리스트 부분으로 되돌아가서 연결 리스트의 개념과 동작을 다시 한번 보세요. 이것으로 연결 리스트를 이용한 큐의 알고리즘을 마치도록 하죠.

큐는 기본 구조나 사용방법이 스택과 비슷하지만 매표소 앞에 길게 줄을 서서 극장표를 구입하는 사람들처럼 먼저 도착한 데이터가 먼저 처리됩니다. 따라서 운영체제의 스케줄러 등에서 유용하게 사용되는 알고리즘이기도 합니다. 간단한 알고리즘들이기 때문에 흔히 쉽게 넘겨버리기 쉬운데 이 장에서 배운 연결 리스트를 이용한 큐 알고리즘 등은 꼭 기억해두는 것이 좋습니다.

📖 열거형을 적극적으로 활용하자

열거형은 영어로는 Enumerated Type이라고 합니다. 말 그대로 데이터를 죽 나열해서 사용한다는 의미이죠. 특별한 기능은 없어 보이기는 하지만, 소스 코드가 좀 더 간결해 보이기 때문에 프로그램에서 자주 사용됩니다. 그러나, 전문가들은 이 열거형을 특별한 목적을 위해 주로 사용합니다. 전문가들이 사용하는 열거형의 필살기는 조금 후에 설명하기로 하죠.

먼저 일반적으로 열거형을 사용할 때의 장점에 대해 알아봅시다. 예를 들어, 현재 달의 첫 번째 날에 대한 요일을 입력받은 후에 오늘 날짜를 입력받아서 오늘의 요일을 출력하는 프로그램을 만든다고 생각해 봅시다. 요일에 대한 정보를 정수형과 같은 일반적으로 사용하는 자료형으로 저장해 두어도 되지만, 열거형을 이용하면 정수형 변수를 선언하는 것보다 소스 코드를 훨씬 간략하게 만들 수 있습니다.

열거형에 정의된 각 항목들은 0부터 차례대로 값을 자동으로 부여받습니다. 이 점을 이용하면 월요일부터 토요일까지의 항목들을 정수형 변수로 선언하여 각 변수에 숫자를 할당하는 것보다 훨씬 간단하고 보기 쉽게 소스 코드를 작성할 수 있게 됩니다.

열거형은 학생들의 성적을 A, B, C, D, E 등의 등급으로 정의하여 처리하거나, 요일을 계산하기 위해 요일 항목을 정의해 두고 사용하고자 할 때 편리하게 사용할 수 있습니다. 사실 열거형을 사용할 때의 장점은 코드를 좀 더 이해하기 쉽게 만드는데 있습니다. 예를 들어서 성적을 표시할 때 정수형을 사용해도 상관은 없습니다. 하지만 성적이 아니라 요일과 같은 경우에 일요일을 "Sunday"이라고 정의하여 사용하는 것과 정수형으로 0이라고 정의하여 사용하는 것은 어느 쪽이 더 이해하기 쉬운 코드일까요?

다음의 두 개의 코드를 비교해 봅시다.

```
Today = 0;    /* 0은 일요일을 의미합니다. */
Today = Sunday;
```

아무리 0이라는 값이 일요일을 의미한다고 주석처리가 되어 있어도 당연히 "Sunday"를 사용하는 코드가 더 이해하기 쉽습니다.

사실 열거형은 반드시 사용해야 하는 기능이라고 보기는 좀 어렵습니다. 굳이 열거형을 사용하지 않아도 프로그램을 개발하고 실행하는데는 전혀 문제가 없기 때문이죠. 그러나 보기 좋은 떡이 먹기에도 좋다는 속담처럼 코드가 이해하기 쉬워야 왠지 잘 만들어진 코드처럼 느껴집니다. (실제로도 그렇습니다.)

다음은 열거형을 사용하지 않은 경우와 열거형을 사용한 경우의 코드입니다. 코드의 실행은 똑같지만, 두 개의 코드 중에서 어떤 코드가 더 이해하기 쉬운지 비교해봅시다.

열거형을 사용하지 않은 경우

```
switch(Today){
    case 0 :
        printf("오늘은 일요일이군요\n");
        break;
    case 1 :
        printf("오늘은 월요일이군요\n");
        break;
    case 2 :
        printf("오늘은 화요일이군요\n");
        break;
    /* .. 중간 생략 ... */
    case 6 :
        printf("오늘은 토요일이군요\n");
        break;
}
```

열거형을 사용한 경우

```
switch(Today){
    case Sunday:
```

```
            printf("오늘은 일요일이군요\n");
            break;
        case Monday :
            printf("오늘은 월요일이군요\n");
            break;
        case Tuesday :
            printf("오늘은 화요일이군요\n");
            break;
        /* .. 중간 생략 ... */
        case Saturday :
            printf("오늘은 토요일이군요\n");
            break;
    }
```

얼핏 보기에도 열거형을 사용하는 것이 소스 코드를 이해하는데 더 쉬워 보입니다. 사실 열거형을 사용하는 것은 그다지 어렵지가 않습니다. 열거형은 enum이라는 키워드를 사용하며 다음과 같이 선언합니다. 보기에는 별거 아닌 것처럼 보여도 막상 프로그램 내에서 해보려고 하면 생각이 잘 안나는 경우가 있습니다. 주의 깊게 봅시다. (영어 단어 외우듯이 프로그래밍 문법의 사용 방법을 외우는 것도 상당히 괜찮은 방법입니다)

```
enum 열거형_이름 { 데이터 1, 데이터 2, 데이터 3, …, 데이터 n };
```

A학점부터 F학점까지 있는 학생들의 성적을 열거형으로 선언하면 다음과 같이 됩니다.

```
enum Grade { A, B, C, D, F };
```

위의 경우에 A는 정수형 상수로 내부적으로 0의 값을 갖게 됩니다. 다시 말하면 A는 0, B는 1, C는 2로 컴파일러에서 자동으로 상수값을 부여합니다. 학점 뿐만 아니라 죽~ 열거하는 값이라면 무엇이든 가능합니다. 그래서 이 기능을 열거형이라는 용어가 붙은 이유입니다. 자주 사용하는 열거형의 예 중에서는 요일이 있습니다.

요일을 열거형으로 선언하면 다음과 같이 됩니다.

```
enum Week { Sun, Mon, The, Wed, Thu, Fri, Sat };
```

왕족의 족보, 트리

트리의 개념과 용어에 대해 알아본 후, 세 개의 순위 알고리즘에 대해 알아봅니다. 전위 순회 알고리즘, 중위 순회 알고리즘, 후위 순회 알고리즘 각각의 개념을 그림과 예제를 통해 자세히 배워봅니다.

8장

30 × 트리의 개념과 용어
31 × 트리의 전위 순회
32 × 중위 순회 알고리즘
33 × 후위 순회 알고리즘

30 트리의 개념과 용어

트리 구조의 개념과 특성 그리고 트리 구조에서 자주 사용되는 용어들에 대해 알아보도록 합니다.

트리 구조

트리(tree)는 이름에서 유추해볼 수 있듯이 나무 형태의 모습으로 되어 있는 자료 구조를 의미합니다. 트리라고 해서 특별한 것이 아니라 노드와 링크로 구성된 연결 리스트와 비슷합니다. 그러나, 나뭇가지와 잎사귀 형태와 비슷한 모습을 갖고 있어서 트리라고 말합니다.

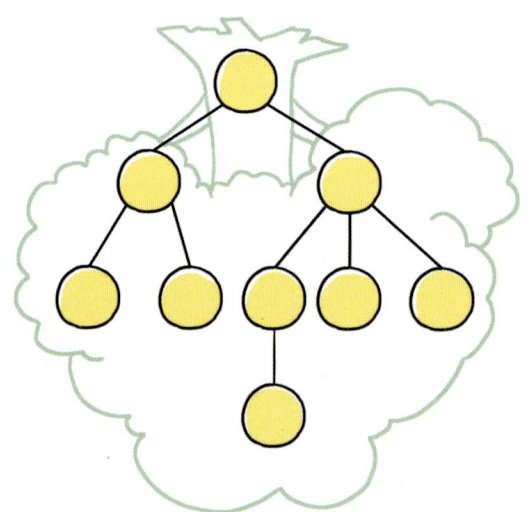

[그림 8-1] 나무의 형상을 가진 트리 구조

한 가족의 흐름을 보여주는 족보나 회사의 조직도 등을 보면 트리 구조 형태로 되어 있습니다.

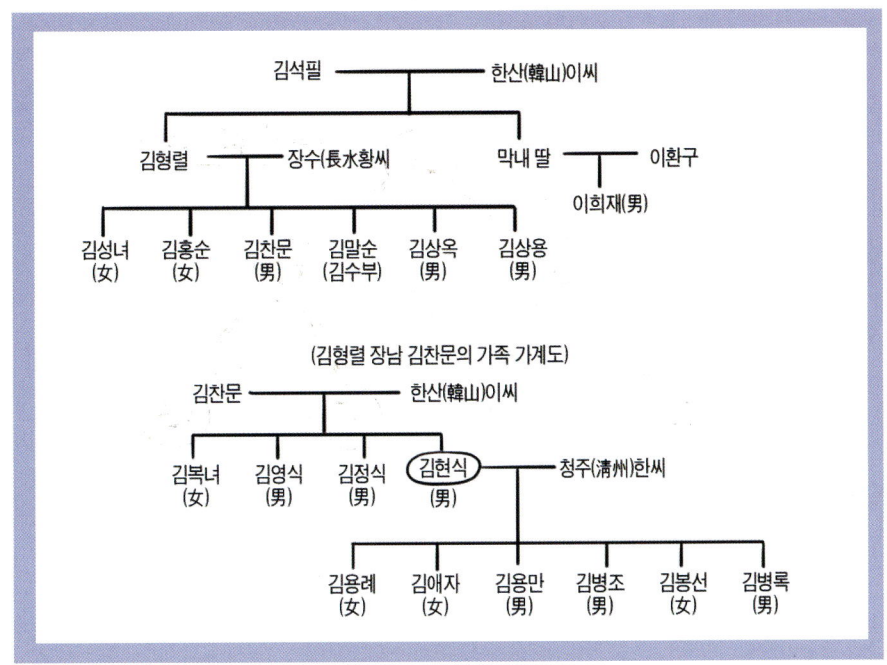

[그림 8-2] 트리 형태의 족보

족보의 경우 가장 선조가 되는 분부터 시작해서 그 자식, 그 자식의 자식, 그 자식의 자식의 자식….의 형태로 되어 있죠. 이 족보를 도형으로 표현하면 트리 구조가 됩니다.

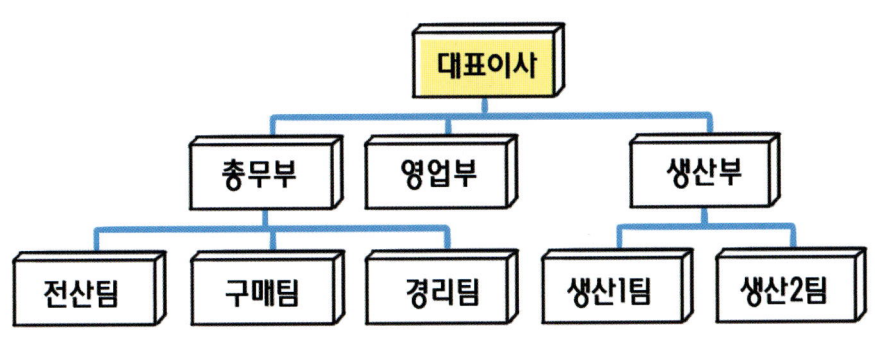

[그림 8-3] 트리 형태의 회사 조직도

마찬가지로 회사의 조직도 역시 대표이사부터 시작해서 총무부, 영업부, 생산부가 있고 총무부 밑에는 전산팀, 구매팀, 경리팀 등이 있는 구조 역시 트리 구조입니다. 이와 같은 일상생활의 개념적인 트리 구조를 컴퓨터에서 사용하게 된 것입니다.

다음의 그림은 전형적인 트리의 구조입니다.

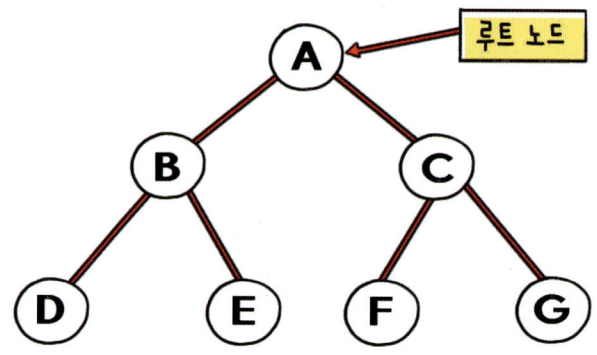

[그림 8-4] 전형적인 트리 구조

위의 그림을 보면 노드 A부터 노드 G까지의 노드들이 링크로 연결되어 있습니다. 가장 상위에 있는 노드를 루트(root)라고 합니다. 위의 그림에서는 노드 A가 루트 노드가 됩니다. 또한 자신의 노드보다 상위에 있는 노드를 부모 노드(Parent Node)라고 하며, 자신의 노드보다 아래에 있는 노드를 자식 노드(Child Node)라고 합니다. 노드 G의 경우에는 노드 C가 부모 노드가 됩니다.

트리 구조에서 최상위 노드를 루트 노드라고 하듯이, 최하위 노드를 리프 노드(Leaf Node)라고 합니다. 위의 그림에서는 노드 D, E, F, G가 리프 노드입니다. 또한 같은 부모 노드를 갖는 노드들의 사이를 형제 노드(Sibling Node)라고 합니다.

트리 구조는 레벨(Level)과 높이(Height)가 존재합니다. 레벨은 루트 노드부터 해당 노드까지 경로를 찾아오는데 방문한 총 노드의 수가 됩니다. 위의 그림에서 노드 G의 레벨은 3이 됩니다. 트리의 높이는 트리 구조 내에서 가장 큰 레벨을 그 트리 구조의 높이라고 말합니다. 위의 그림과 같은 경우에 트리의 높이는 3이 되겠죠.

트리 구조에는 위의 그림에서 보면 알 수 있듯이 자식 노드는 몇 개라도 상관없지만, 부모 노드는 반드시 하나만 존재해야 합니다. 부모 노드가 두 개 이상 존재하면 그 구조는 트리 구조가 될 수 없습니다.

이진 트리

자식 노드가 두 개까지만 허용되는 트리 구조를 이진 트리라고 합니다. 이진 트리(Binary Tree)의 형태는 다음 그림과 같은 구조를 갖습니다.

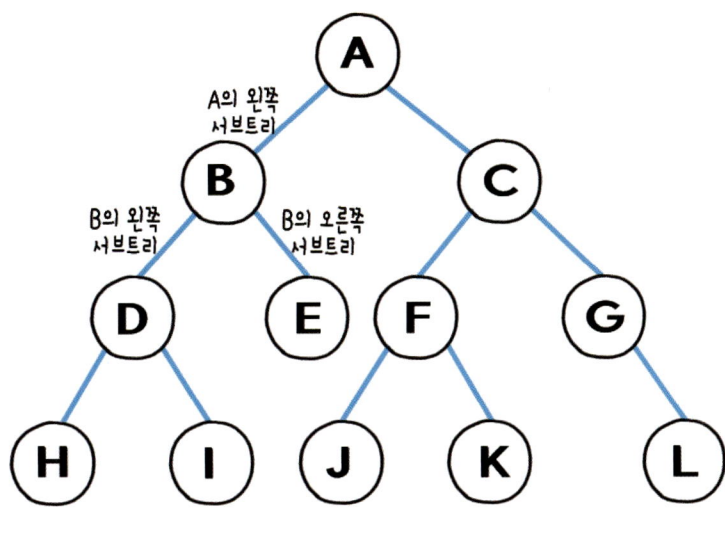

[그림 8-5] 이진 트리의 형태

위의 그림과 같은 이진 트리에서 하나의 노드를 C 프로그래밍 언어로 사용하여 정의하면 다음과 같습니다.

> **트리 구조에서 노드(node)의 데이터 구조**
>
> ```
> typedef struct _node{
>     char data;
>     truct _node *l;
>     struct _node *r;
> }node;
> ```

위의 노드의 정의는 연결 리스트에서 다룬 NODE 구조체와 거의 비슷합니다. 이진 트리는 자식 노드가 두 개만 존재하기 때문에 구현이 간단하다는 장점이 있습니다.

그렇다면 이제부터 본격적으로 이진 트리의 순회 알고리즘에 대해 알아봅시다.

31 트리의 전위 순회

이진 트리에서 왼쪽에 있는 노드부터 방문하여 트리 안에 있는 모든 노드를 방문하는 전위 순회 방법에 대해 알아본 후, 예제를 통해 실습해봅니다.

트리에서 전위 순회 방법

트리에서 전위 순회(Pre-Order Traverse) 방법은 이진 트리에서 왼쪽에 있는 노드부터 방문하여 트리 안에 있는 모든 노드를 방문하는 알고리즘입니다. 트리에서 전위 순회 방법은 이진 트리에서 왼쪽에 있는 노드부터 방문하여 트리 안에 있는 모든 노드를 방문하는 알고리즘입니다.

한국말로 순회(traverse)라는 것은 트리 구조의 각 노드들을 방문하는 방법을 말합니다. 간단한 예를 들어볼까요? 다음의 그림은 우리나라 지도입니다.

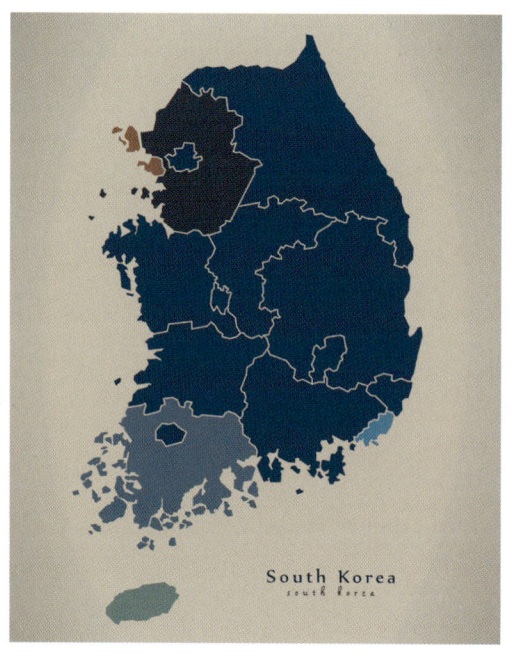

[그림 8-6] 우리나라 지도

앞의 지도를 트리 구조의 형태로 표현하면 다음과 같습니다.

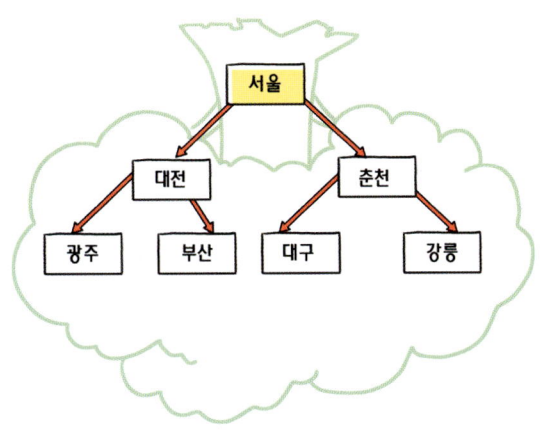

[그림 8-7] 우리나라 지도를 트리 구조로 표현

여러분들이 우리나라 지도를 트리 구조로 표현한 위의 그림에 나와 있는 총 7개의 도시 서울, 대전, 광주, 부산, 춘천, 대구, 강릉을 반드시 한 번씩 방문해야 한다고 가정해봅시다. 사람에 따라 서울 → 대전 → 부산 → 광주 등의 순서로 방문하는 방법도 있는 반면에 서울 → 광주 → 부산 → 대전 등의 순서대로 방문하는 방법도 있습니다. 또, 어떤 사람은 '광주'부터 시작하는 사람도 있겠죠. 방문하는 순서가 어떤 방법이 좋은가 하는 것은 방문 목적이나 방문할 때의 여러 가지 도로 상황 등에 따라 다릅니다.

서울, 대전, 부산, 광주 등의 도시를 트리 구조의 노드라고 하면 이 각각의 도시를 방문하는 순서가 바로 순회 알고리즘이 됩니다. 순회 알고리즘에는 다음과 같이 세 가지 방법이 존재합니다.

- 전위 순회(Pre-Order Traverse)
- 중위 순회(In-Order Traverse)
- 후위 순회(Post-Order Traverse)

그 중에 이 장에서 살펴볼 순회 알고리즘은 전위 순회 알고리즘이며, 전위 순회 알고리즘은 루트 노드부터 시작해서 왼쪽에 위치하고 있는 자식 노드부터 먼저 방문하는 방법입니다. 위에서 예로 든 우리나라 지도의 트리 구조에서 전위 순회 알고리즘의 방법은 루트 노드에 있는 '서울'을 가장 먼저 방문하고, 그 다음에 서울에서 시작해서 왼쪽에 있는 '대전'을 방문하고, 다시 그 왼쪽에 있는 '광주'를 방문합니다. 그 다음에 '대전'의 오른쪽 노드인 '부산'을 방문합니다. 그 다음에 '서울'의 오른쪽 노드에 해당하는 '춘천'을 방문하고, 그 다음에 '대구', 마지막으로 '강릉'을 방문합니다.

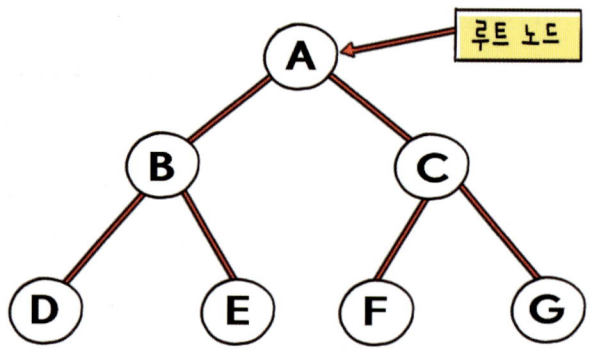

전위 순회 : A -> B -> D -> E -> C -> F -> G

[그림 8-8] 전위 순회 알고리즘

위의 그림과 같은 트리에서 전위 순회 알고리즘을 사용하면 A -> B -> D -> E -> C -> F-G의 순서로 방문하게 됩니다.

위 그림을 보면 전위 순회 방법에 대해 쉽게 이해할 수 있습니다. 먼저 루트 노드인 노드 A를 방문하고 두 번째로 방문할 노드는 노드 B 그다음은 노드 D, 그리고 나서 방문할 노드는 노드 E가 됩니다.

저장된 노드 정의하기

순회하는 알고리즘을 시작하기 전에 트리 안에 저장되어 있는 노드들을 먼저 정의해야 합니다.

 전위 순회 알고리즘의 노드에 대한 정의

```
typedef struct _node{
    char data;
    struct _node *l;
    struct _node *r;
}node;
```

이진 트리이므로 왼쪽 자식 노드를 가리키는 l와 오른쪽 자식 노드를 가리키는 r만 있으면 됩니다. 이진 트리에서 전위 순회 알고리즘은 다음과 같습니다.

전위 순회 알고리즘의 예제

파일명 : traverse_preorder.c

```c
#include <stdio.h>
#include <stdlib.h>
typedef struct _node {
    char data;
    struct _node *l;
    struct _node *r;
} node;

node *p_A, *p_B, *p_C, *p_D, *p_E, *p_F, *p_G;

void traverse(node *);
void visit(node *);
void traverse(node *p_node)
{
    if (p_node != NULL) {
        visit(p_node);            //현재 노드 방문
        traverse(p_node->l);      //왼쪽 자식 노드 방문
        traverse(p_node->r);      //오른쪽 자식 노드 방문
    }
}

void visit(node *c_node)
{
    printf("%2c -> ", c_node->data);
}

int main()
{
    p_A = (node *)malloc(sizeof(node));
    p_B = (node *)malloc(sizeof(node));
    p_C = (node *)malloc(sizeof(node));
    p_D = (node *)malloc(sizeof(node));
    p_E = (node *)malloc(sizeof(node));
    p_F = (node *)malloc(sizeof(node));
    p_G = (node *)malloc(sizeof(node));

    p_A->data = 'A';
    p_B->data = 'B';
    p_C->data = 'C';
    p_D->data = 'D';
    p_E->data = 'E';
```

```
    p_F->data = 'F';
    p_G->data = 'G';

    p_A->l = p_B;
    p_A->r = p_C;
    p_B->l = p_D;
    p_B->r = p_E;
    p_C->l = p_F;
    p_C->r = p_G;

    p_D->l = NULL;
    p_D->r = NULL;
    p_E->l = NULL;
    p_E->r = NULL;
    p_F->l = NULL;
    p_F->r = NULL;
    p_G->l = NULL;
    p_G->r = NULL;

    traverse(p_A);

    printf("\n");

    free(p_A);
    free(p_B);
    free(p_C);
    free(p_D);
    free(p_E);
    free(p_F);
    free(p_G);
}
```

전위 순회 소스 코드의 실행 결과는 다음과 같습니다.

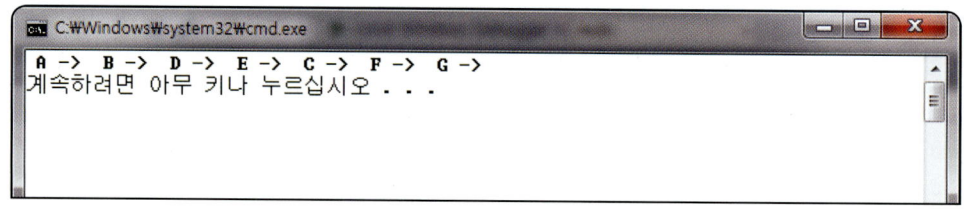

[그림 8-9] 전위 순회의 결과

열거형, 이런 경우에 자주 사용한다

전문가들이 열거형을 사용하는 이유는 앞에서 언급한 것처럼 상수값으로 정의해야 할 필요가 있는 데이터를 코드에서 쉽게 보기 위해서 이기도 하지만 좀 다른 이유가 있습니다.

다음의 이야기를 들어보세요.

2016년에 그동안 지방에서 조폭생활을 해왔던 불사파는 조직의 근거지를 서울로 옮기기로 했습니다. 두목을 포함하여 전체 인원 10명이 함께 서울에 자리를 잡은 후에, 열명의 서열 순서대로 넘버 1부터 넘버 10까지 닉네임을 하나씩 붙여줬습니다. 지금까지 지방에서 불려온 삭막하고 무지막지한 별명이었던 '완월동 휘발유', '자갈치 사시미칼' 등의 별명 대신에 넘버 1, 넘버 2와 같이 좀더 세련된 이름으로 한거죠. 서울에 정착한 후 얼마되지도 않아서 세련된 조폭으로 승승장구하게 된 불사파는 다른 조폭들을 M&A하게 됩니다. 그동안 서울의 토종 조폭이었던 '태양파', '삼국지파' 등을 불사파가 집어삼키게 됩니다. 점점 그 세력을 서울 전역으로 넓혀가던 불사파는 내부적으로 고민거리가 생겼습니다. 원래 불사파 멤버였던 넘버 1부터 넘버 10까지 이외에 다른 조직에서 넘어온 조폭들에게도 멋진 별명을 줘야 하는데 그게 쉽지 않았던 거죠.

[그림 8-10] 조폭 그림

특히나 태양파의 두목과 부두목은 불사파 내에서 최소 넘버 3와 넘버 5 정도는 되어야 한다고 우겨대기 시작한 것입니다. 그렇다면 그동안 넘버 3와 넘버 5로 불렸던 불사파 원래 멤버는 자릿수가 하나씩 밀려나게 되고, 결국 넘버 1과 넘버 2를 제외하고는 모든 조폭들의 별명이 다시 바뀌어야 하는 것입니다. 그럴 때 넘버 2였던 부두목이 한가지 제안을 하게 됩니다.

"두목님, 이럴 때야 말로 열거형이 필요할 때입니다."

전문가들이 열거형을 자주 사용하는 경우는 일반적으로 순서대로 번호를 매길 때 중간에 새로운 값이 추가되거나 삭제될 가능성이 있는 경우입니다.

다음의 코드를 볼까요?

초보 프로그래머의 사용 예제
파일명 : exam_novice.c

```c
#include <stdio.h>

#define Jubilee 10
#define Mayfair 11
#define Blackfoot 12
#define ChingTao 13
#define Russian_C1 20
#define Russian_C2 21
#define Russian_C3 22
#define Adonis 23
#define Martini 50
#define Martini_K 51
#define Martini_E 52
#define Martini_C 53

void main()
{
    printf("Jubilee : %d\n",Jubilee);
    printf("Mayfair : %d\n",Mayfair);
    printf("Blackfoot : %d\n",Blackfoot);
    printf("ChingTao : %d\n",ChingTao);
    printf("Russian_C1 : %d\n",Russian_C1);
    printf("Russian_C2 : %d\n",Russian_C2);
    printf("Russian_C3 : %d\n",Russian_C3);
    printf("Adonis : %d\n",Adonis);
```

실행 결과
```
Jubilee : 10
Mayfair : 11
Blackfoot : 12
ChingTao : 13
Russian_C1 : 20
Russian_C2 : 21
Russian_C3 : 22
Adonis : 23
Martini : 50
Martini_K : 51
Martini_E : 52
Martini_C : 53
```

```
    printf("Martini : %d\n",Martini);
    printf("Martini_K : %d\n",Martini_K);
    printf("Martini_E : %d\n",Martini_E);
    printf("Martini_C : %d\n",Martini_C);
}
```

위의 코드는 필요한 상수를 #define문으로 사용하는 경우입니다. 이런 경우에는 프로그래머가 하나씩 추가하거나 삭제할 때마다 작업을 해줘야 합니다. 예를 들어서, 50의 값을 갖는 #define Martini 50과 51의 값을 갖는 #define Martini_K 51 사이에 새로운 값이 추가된다면 그 뒤의 항목들의 번호를 일일이 수정해줘야 하겠죠.

그렇게 수정할 내용이 두 서너 개라면 어느 정도 할 수 있다고 생각되지만 그 항목이 100개, 200개로 늘어나게 되면 사실 하기가 무척 어렵죠.

더군다나 수정 중에 동일한 번호라고 갖게 되는 항목이 발생하면 프로그램 내부에서 발견해내기가 쉽지 않습니다. #define문으로 선언된 경우라면 동일한 번호를 갖는다고 하더라도 전혀 문제될 것이 없기 때문입니다. 바로 이런 경우에 열거형을 사용하면 간단해집니다. 다음은 위의 소스 코드를 열거형으로 변경한 코드입니다.

전문가 프로그래머의 사용 예제
파일명 : exam_expert.c

```c
#include <stdio.h>

typedef enum{
    Jubilee=10,
    Mayfair,
    Blackfoot,
    ChingTao,
    Russian_C1=20,
    Russian_C2,
    Russian_C3,
    Adonis,
    Martini=50,
    Martini_K,
    Martini_E,
    Martini_C
}PRINTER;
```

```
void main()
{
    printf("Jubilee : %d\n",Jubilee);
    printf("Mayfair : %d\n",Mayfair);
    printf("Blackfoot : %d\n",Blackfoot);
    printf("ChingTao : %d\n",ChingTao);
    printf("Russian_C1 : %d\n",Russian_C1);
    printf("Russian_C2 : %d\n",Russian_C2);
    printf("Russian_C3 : %d\n",Russian_C3);
    printf("Adonis : %d\n",Adonis);
    printf("Martini : %d\n",Martini);
    printf("Martini_K : %d\n",Martini_K);
    printf("Martini_E : %d\n",Martini_E);
    printf("Martini_C : %d\n",Martini_C);
}
```

실행 결과
```
Jubilee : 10
Mayfair : 11
Blackfoot : 12
ChingTao : 13
Russian_C1 : 20
Russian_C2 : 21
Russian_C3 : 22
Adonis : 23
Martini : 50
Martini_K : 51
Martini_E : 52
Martini_C : 53
```

어떻습니까? 위와 같이 열거형을 사용하면 Martini와 Martini_K 사이에 새로운 항목을 추가하더라도 그 항목만 넣어주면 그만입니다.

더군다나 값이 중복될 일은 전혀 없겠죠. 바로 이런 점이 전문가들이 사용하는 열거형의 모습입니다. #define문을 사용해도 같은 기능을 하지만, 좀 더 간단하고, 나중에 버그가 발생하지 않도록 하는 것이죠.

32 중위 순회 알고리즘

중위 순회 알고리즘의 개념을 알아본 후 도식과 일러스트를 통해 자세히 알아봅니다.

중위 순회 알고리즘이란

중위 순회(In-Order Traverse) 알고리즘은 가장 왼쪽에 있는 자식 노드를 방문하고 나서, 부모 노드를 방문합니다. 부모 노드까지 방문한 후에 오른쪽 자식 노드가 있으면 오른쪽 자식 노드를 방문합니다. 다시 한 번 우리나라 지도에 대한 트리 구조 그림을 볼까요?

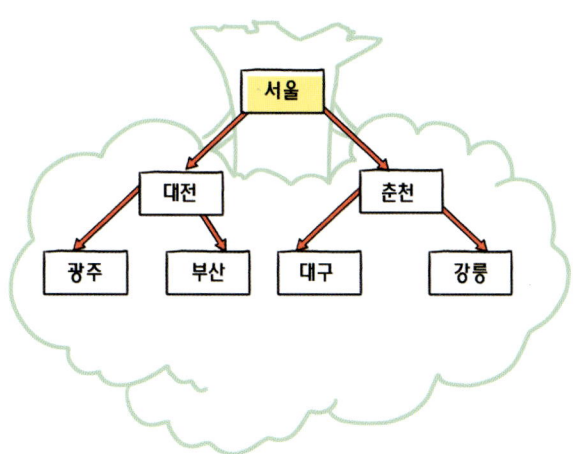

[그림 8-11] 우리나라 지도를 트리 구조로 표현

중위 순회 알고리즘은 가장 왼쪽에 있는 자식 노드를 방문하고 나서, 부모 노드를 방문합니다. 부모 노드까지 방문한 후에 오른쪽 자식 노드가 있으면 오른쪽 자식 노드를 방문합니다. 위의 지도 그림에서 표현하면 가장 왼쪽에 있는 노드이므로 '광주'를 가장 먼저 방문하고, 그 다음에 '대전', 그리고 나서 '부산'을 방문합니다. '부산'까지의 방문이 모두 끝나면 다시 가장 위에 있는 부모 노드인 '서울'을 방문하고, 그리고 나서 '서울'의 오른쪽에 있는 트리 구조에서 가장 왼쪽 자식 노드에 해당하는 '대구'를 방문합니다. 그 다음에 '대구'의 부모 노드인 '춘천'을 방문하고 마지막으로 '강릉'을 방문합니다.

중위 순회 알고리즘의 노드 정의

다음은 중위 순회 알고리즘에 대한 그림입니다.

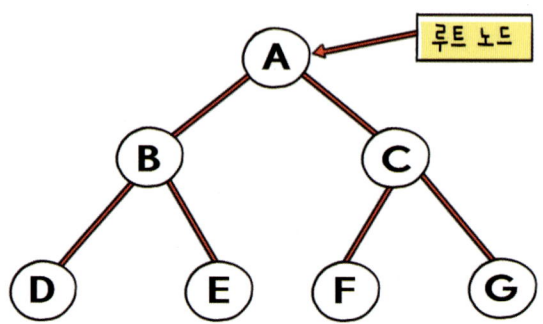

[그림 8-12] 중위 순회 알고리즘

위의 그림처럼 중위 순회 알고리즘의 순서는 D → B → E → A → F → C → G가 됩니다. 그러면 중위 순회 알고리즘의 트리 안에 있는 노드의 구성은 전위 순회 알고리즘의 트리와 동일합니다.

중위 순회 알고리즘의 노드에 대한 정의

```
typedef struct _node {
    char data;
    struct _node *l;
    struct _node *r;
} node;
```

중위 순회 알고리즘 역시 재귀 호출을 사용하여 간단하게 만들 수 있습니다.

중위 순회 알고리즘 예제

파일명 : traverse_inorder.c

```
#include <stdio.h>
#include <stdlib.h>
typedef struct _node {
    char data;
    struct _node *l;
    struct _node *r;
} node;

node *p_A, *p_B, *p_C, *p_D, *p_E, *p_F, *p_G;
```

```c
void traverse(node *);
void visit(node *);
void traverse(node *p_node)
{
    if (p_node != NULL) {
        visit(p_node); //현재 노드 방문
        traverse(p_node->l); //왼쪽 자식 노드 방문
        traverse(p_node->r); //오른쪽 자식 노드 방문
    }
}

void visit(node *c_node)
{
    printf("%2c -> ", c_node->data);
}

int main()
{
    p_A = (node *)malloc(sizeof(node));
    p_B = (node *)malloc(sizeof(node));
    p_C = (node *)malloc(sizeof(node));
    p_D = (node *)malloc(sizeof(node));
    p_E = (node *)malloc(sizeof(node));
    p_F = (node *)malloc(sizeof(node));
    p_G = (node *)malloc(sizeof(node));

    p_A->data = 'A';
    p_B->data = 'B';
    p_C->data = 'C';
    p_D->data = 'D';
    p_E->data = 'E';
    p_F->data = 'F';
    p_G->data = 'G';

    p_A->l = p_B;
    p_A->r = p_C;
    p_B->l = p_D;
    p_B->r = p_E;
    p_C->l = p_F;
    p_C->r = p_G;

    p_D->l = NULL;
```

```
    p_D->r = NULL;
    p_E->l = NULL;
    p_E->r = NULL;
    p_F->l = NULL;
    p_F->r = NULL;
    p_G->l = NULL;
    p_G->r = NULL;

    traverse(p_A);

    printf("\n");

    free(p_A);
    free(p_B);
    free(p_C);
    free(p_D);
    free(p_E);
    free(p_F);
    free(p_G);
}
```

중위 순회 소스 코드의 실행 결과는 다음과 같습니다.

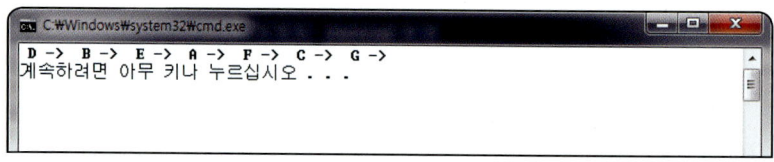

[그림 8-13] 중위 순회의 결과

33 후위 순회 알고리즘

후위 순회 알고리즘의 개념을 알아본 후 도식과 일러스트를 통해 자세히 알아봅니다.

후위 순위 알고리즘이란

후위 순위 알고리즘(Post-Order Traverse)은 왼쪽 자식 노드를 방문하고 다음에 오른쪽 자식 노드를 방문한 후에 마지막으로 부모 노드를 방문하는 알고리즘입니다. 다음은 후위 순회 알고리즘입니다.

다시 한 번 우리나라 지도에 대한 트리 구조 그림을 볼까요?

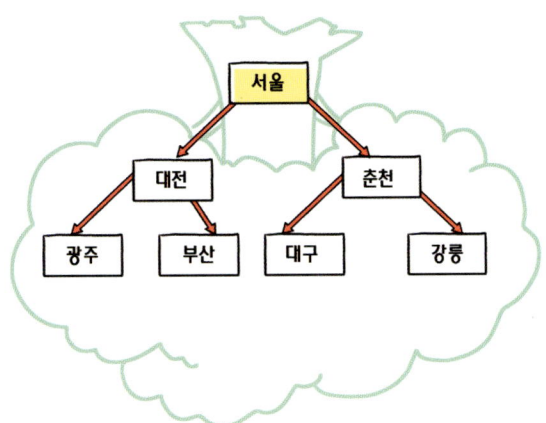

후위 순회 : D→E→B→F→G→C→A

[그림 8-14] 후위 순회 알고리즘

후위 순회 알고리즘은 가장 왼쪽에 있는 자식 노드를 방문하고 나서, 그 다음 오른쪽 자식 노드를 방문한 후에, 가장 마지막으로 부모 노드를 방문합니다. 위의 지도 그림에서 표현하면 가장 왼쪽에 있는 노드이므로 '광주'를 가장 먼저 방문하고 그 다음에 '부산'을 방문한 후에 부모 노드에 해당하는 '대전'을 방문합니다. '대전'까지의 방문이 모두 끝나면 오른쪽 노드에 해당하는 트리 구조에서 가장 왼쪽에 존재하는 '대구'를 방문하고 '강릉'을 방문한 후에 다시 '춘천'을 방문합니다.

'춘천'까지의 방문이 모두 끝나면 이제 마지막으로 가장 상위의 부모 노드에 해당하는 '서울'을 방문합니다.

후위 순위 알고리즘의 노드 정의

위에서 살펴본 전위 순회 알고리즘이나 중위 순회 알고리즘과 마찬가지로 트리를 구성하는 노드에 대한 정의는 동일합니다.

후위 순회 알고리즘의 노드에 대한 정의

```
typedef struct _node {
    char data;
    struct _node *l;
    struct _node *r;
} node;
```

후위 순회 알고리즘의 예제

파일명 : traverse_postorder.c

```
#include <stdio.h>
#include <stdlib.h>
typedef struct _node {
    char data;
    struct _node *l;
    struct _node *r;
} node;

node *p_A, *p_B, *p_C, *p_D, *p_E, *p_F, *p_G;

void traverse(node *);
void visit(node *);
void traverse(node *p_node)
{
    if(p_node != NULL) {
        visit(p_node); //현재 노드 방문
        traverse(p_node->l); //왼쪽 자식 노드 방문
        traverse(p_node->r); //오른쪽 자식 노드 방문
    }
}
```

```c
void visit(node *c_node)
{
    printf("%2c -> ", c_node->data);
}

int main()
{
    p_A = (node *)malloc(sizeof(node));
    p_B = (node *)malloc(sizeof(node));
    p_C = (node *)malloc(sizeof(node));
    p_D = (node *)malloc(sizeof(node));
    p_E = (node *)malloc(sizeof(node));
    p_F = (node *)malloc(sizeof(node));
    p_G = (node *)malloc(sizeof(node));

    p_A->data = 'A';
    p_B->data = 'B';
    p_C->data = 'C';
    p_D->data = 'D';
    p_E->data = 'E';
    p_F->data = 'F';
    p_G->data = 'G';

    p_A->l = p_B;
    p_A->r = p_C;
    p_B->l = p_D;
    p_B->r = p_E;
    p_C->l = p_F;
    p_C->r = p_G;

    p_D->l = NULL;
    p_D->r = NULL;
    p_E->l = NULL;
    p_E->r = NULL;
    p_F->l = NULL;
    p_F->r = NULL;
    p_G->l = NULL;
    p_G->r = NULL;

    traverse(p_A);

    printf("\n");
```

```
    free(p_A);
    free(p_B);
    free(p_C);
    free(p_D)
    free(p_E);
    free(p_F);
    free(p_G);
}
```

후위 순회 소스 코드의 실행 결과는 다음과 같습니다.

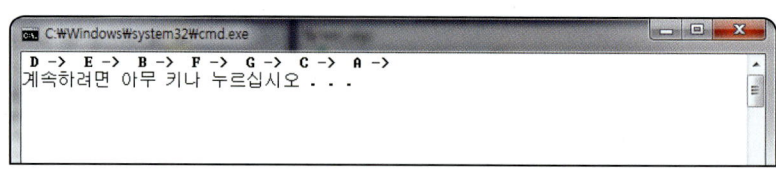

[그림 8-15] 후위 순회의 결과

세 가지 순회 알고리즘인 전위 순회, 중위 순회 그리고 후위 순회 알고리즘은 알고리즘 자체는 큰 차이점이 없습니다. 세 개의 알고리즘이 다른 오직 한 가지는 언제 현재의 노드를 방문하는 visit( ) 함수를 부르는가 하는 부분입니다.

MEMO

만능 열쇠 포인터

아마 C나 C++과 같은 프로그래밍 언어에 익숙한 독자들은 배열보다는 포인터를 더 자주 사용하고 있을 것입니다. 그 이유는 C 언어가 제공하지 못하는 기능들을 포인터를 잘만 활용하면 만들어 낼 수 있기 때문입니다.

9장

34 포인터를 사용한 문자열 처리
35 전문가들의 포인터를 이용한 문자열 다루는 함수
36 포인터에 대한 필살기 익히기
37 특수문자를 제거하는 함수 만들기

34 포인터를 사용한 문자열 처리

예제와 함께 포인터로 문자열을 다루는 다양한 기능에 대해 알아봅니다.

포인터로 문자열을 다루는 다양한 기능

C 언어에서 가장 아쉬운 기능이 바로 문자열에 대한 처리입니다. 문자열이란 두 개 이상의 문자들이 연속되어 있는 것을 의미하는데, C++이나 자바(Java)와 같은 근래에 등장한 프로그래밍 언어들은 프로그램 내부에서 문자열에 대한 처리를 위해 별도의 자료형이 존재합니다.

C 언어는 문자열에 대한 자료형이 따로 존재하지 않지만 대신 포인터를 사용하면 문자열에 대한 처리를 할 수 있습니다. C 언어에서는 포인터를 사용하여 다음과 같이 문자열을 정의합니다. 물론 배열을 사용해도 문자열을 정의할 수 있지만 이 장에서는 포인터의 오묘한 기능에 대해서 중점적으로 다루는 부분이므로 배열에 대한 부분은 생략하기로 하겠습니다. 또한 아무래도 문자열을 다룰 때는 배열보다는 포인터를 사용하는 것이 더 쉽고 강력하기 때문입니다.

```
char *ptr = "Hello, World";
```

이처럼 단순히 문자열을 저장하는 것뿐만 아니라, 포인터를 이용하면 문자열을 다루는 다양한 기능을 만들어낼 수 있습니다.

❶ 두 개의 문자열을 하나로 합치기
❷ 문자열 중에서 임의의 문자가 몇 개 존재하는지를 알아내기
❸ 문자열 안에서 공백과 같은 특수문자를 전부 제거하기
❹ 두 개의 문자열을 비교하여 같은 문자열인지 아닌지를 체크하기

두 개의 문자열을 합치는 AddString( ) 함수 만들기

두 개의 문자열을 합치는 AddString()이라는 함수를 만들어 봅시다. 이 함수는 다음과 같은 프로토타입을 갖게 됩니다.

```
char *AddString(char *src1, char *src2);
```

src1과 src2는 문자형 포인터이며 AddString() 함수의 리턴값 역시 문자형 포인터입니다. char *라는 문자형 포인터 형식은 변수를 선언할 때뿐만 아니라 위의 AddString() 함수에서와 같이 리턴값의 형식으로도 사용할 수 있습니다. 결국은 AddString()의 리턴값이 문자형 포인터가 된다는 의미입니다. 따라서 AddString()을 호출하는 부분에서도 다음과 같이 문자형 포인터로 선언된 포인터 변수로 리턴값을 받아야 합니다.

```
char *ptr;
ptr = AddString(....);
```

다음은 AddString() 함수를 사용한 예제 프로그램의 소스 코드입니다.

두 개의 문자열 합치는 예제 　파일명 : add_string.c

```c
#include <stdio.h>
#include <stdlib.h>

char *AddString(char *, char *);
int main()
{
    char data_1[80] = "I am SuperMAN ";
    char data_2[80] = "Who are you?";
    char *ret;

    printf("AddString() 함수를 호출하기 전\n");
    printf("data_1의 문자열 : %s\n", data_1);
    printf("data_2의 문자열 : %s\n", data_2);

    ret = AddString(data_1, data_2);

    printf("\nAddString()함수를 호출한 후\n");
    printf("data_1의 문자열 : %s\n", data_1);
```

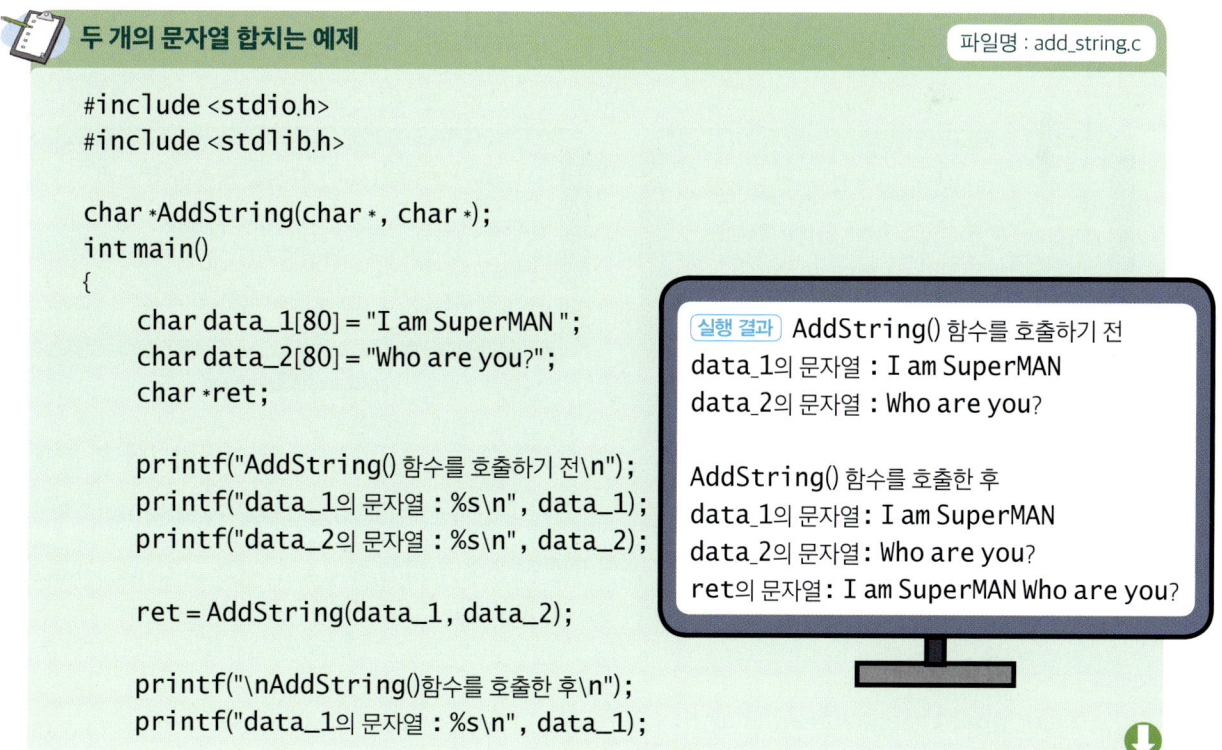

실행 결과
AddString() 함수를 호출하기 전
data_1의 문자열 : I am SuperMAN
data_2의 문자열 : Who are you?

AddString() 함수를 호출한 후
data_1의 문자열 : I am SuperMAN
data_2의 문자열 : Who are you?
ret의 문자열 : I am SuperMAN Who are you?

```
        printf("data_2의 문자열 : %s\n", data_2);
        printf("ret의 문자열 : %s\n", ret);

        free(ret);
    }
    char *AddString(char *src1, char *src2)
    {
        char *ret, *ptr;
        ptr = (char *)malloc(sizeof(src1) + sizeof(src2) + 3);
        ret = ptr;
        while (*src1)
            *ptr++ = *src1++;
        while (*src2)
            *ptr++ = *src2++;

        *ptr = '\0';

        return ret;
    }
```

위의 예제는 두 개의 문자열을 매개변수로 받아서 서로 합친 후에 문자열 포인터로 변환(리턴)하는 프로그램입니다. 일반적으로 자주 사용하는 문자열 처리 프로그램 중의 하나죠. 먼저 위 프로그램의 실행 결과부터 봅시다.

실행 결과 AddString() 함수를 호출하기 전
data_1의 문자열 : I am SuperMAN
data_2의 문자열 : Who are you?

실행 결과 AddString() 함수를 호출한 후
data_1의 문자열 : I am SuperMAN
data_2의 문자열 : Who are you?
ret의 문자열 : I am SuperMAN Who are you?

main() 함수 내의 코드들은 그다지 어렵지 않은 부분입니다. 다만 한 가지 알고 넘어가야 할 부분은 printf() 함수를 사용하여 문자열을 출력할 때는 %s를 사용한다는 점입니다. 2행의 AddString() 함수의 프로토타입을 보면 매개변수로 두 개의 문자형 포인터를 사용하며 리턴 타입도 문자형 포인터를 사용합니다. 따라서 다음과 같은 프로토타입이 되는거죠.

```
char *AddString(char * , char *);
```

만약 두 개의 정수형 포인터를 매개변수로 받아서 정수형 포인터를 리턴하는 함수의 프로토타입이라면 다음과 같습니다.

```
int *AddInteger(int *, int *);
```

포인터 변수는 일반 변수와 마찬가지로 프로그램 내에서 정의하여 변수처럼 사용할 수도 있고, 위와 프로토타입에서 볼 수 있듯이 일반 변수와 똑같이 함수의 매개변수나 리턴 타입으로 사용할 수도 있습니다. 또한, 문자열을 char data_1[80] = "I am superMAN";과 같이 80개로 잡은 이유는 콘솔 화면에서 사용자가 줄바꿈을 하지 않고 최대로 입력할 수 있는 글자의 수가 80개이기 때문입니다. 여러분들은 굳이 80개로 설정하지 않고 글자의 수에 맞게 설정하거나 아니면 20~30으로 설정해도 상관없습니다.

위의 프로그램에서 main() 함수를 살펴보기 전에 AddString() 함수부터 살펴봅시다. AddString() 함수는 매개변수로 두 개의 문자형 포인터 src1과 src2를 사용하며 리턴값으로 문자형 포인터를 변환합니다. AddString()이 실행되면 21행에서 malloc() 함수를 사용하여 매개변수 src1과 src2의 크기만큼의 메모리를 할당받게 됩니다. 여기서는 malloc() 함수의 기능이 메모리를 할당한다는 정도만 알고 있고, 다음 그림을 주의 깊게 봅시다.

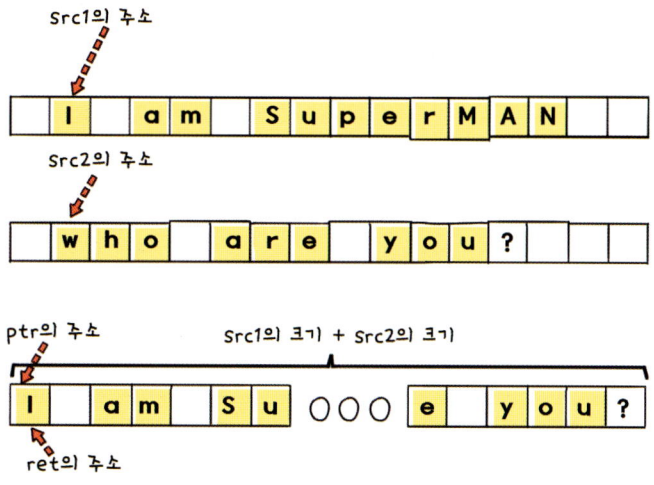

[그림 9-1] src1와 src2의 크기와 주소

일단 AddString() 함수가 실행되면 매개변수인 src1과 src2는 위의 그림과 같이 데이터를 저장하고 있습니다. 21행이 실행되면 malloc() 함수를 사용하여 src1의 크기와 src2의 크기를 조사하여 두 개의 크기를 더한 값으로 메모리를 할당받게 됩니다. 그것이 바로 ptr이 가리키는 주소가 됩니다. 22행은 ptr이

가리키는 곳을 가리키게 하므로 결국은 ptr과 ret는 같은 주소를 가리킵니다.

그리고 나서, 23행에서 매개변수 src1의 데이터가 존재한다면 24행에서 ptr에 src1의 값을 복사합니다. 복사한 후에는 포인터의 증가연산자를 통해 현재 가리키는 위치를 증가시키게 됩니다. 단, ptr과 같은 위치를 갖고 있는 포인터 ret는 변하지 않고 항상 처음 위치를 가리키게 되죠.

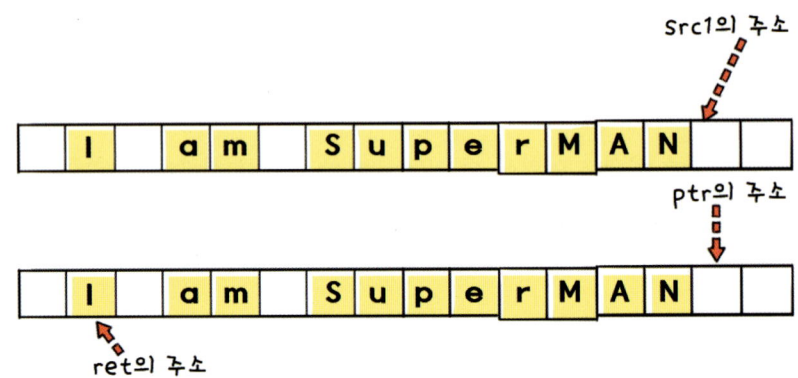

[그림 9-2] 23행과 24행의 실행 결과

25행과 26행도 위의 23행과 24행의 코드와 마찬가지로 매개변수로 받은 src2의 데이터를 읽어서 ptr로 복사합니다. 7행의 ptr 위치에 '\0'를 입력하는 이유는 이전 장에서도 설명했듯이 문자열의 끝임을 나타내기 위해서입니다. 이 문자가 없으면 문자열의 끝을 인식할 수 없기 때문에 문자열의 뒤에 쓰레기 값들이 붙게 됩니다.

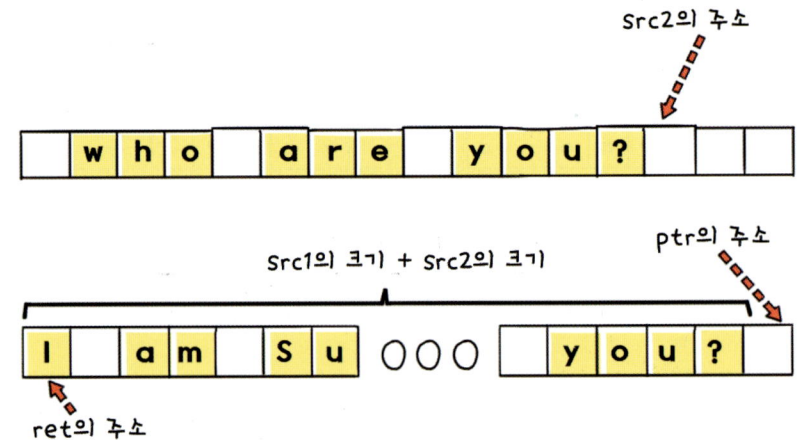

[그림 9-3] 25행과 26행의 실행 결과

이제 마지막으로 28행의 reutrn ret;를 실행하면 src1과 src2의 문자열이 합쳐져 있는 문자열이 변환됩니다.

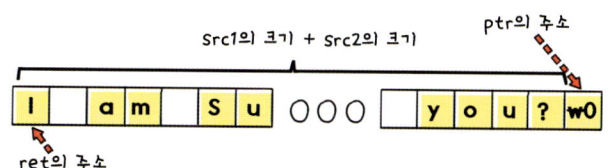

[그림 9-4] 27행의 실행

따라서 위의 프로그램의 실행 결과 화면을 보면 AddString() 함수를 실행하기 전에는 data_1의 데이터는 'I am SuperMAN'이 있었고, data_2의 데이터는 'Who are you?'가 저장되어 있지만 AddString() 함수를 실행한 후의 변수 ret에는 data1_과 data_2의 문자열이 합쳐서서 출력됩니다.

위의 코드는 일반적으로 초보 프로그래머 혹은 간단한 프로그래밍을 해 본 사람들이 다루는 소스 부분입니다. 전문가들은 같은 기능을 하는 프로그래밍 코드라고 해도 조금 다르죠.

고수로 가는 길 포인터와 문자열에 대한 Q&A ❶

Q 문자열의 크기를 구해서 strlen(buf) 함수를 char *의 크기를 구하고 이 크기를 사용하여 다음과 같이 연산을 하려고 합니다. 그런데 원하는 대로 결과나 나타나지 않네요. 이유가 뭐죠?

```
....
for(i = 0; i < strlen(buf); i++)
    Process(*buf++);
....
```

A 위와 같이 하게 되면 사실 문제가 됩니다.

문제의 원인은 strlen(buf)와 *buf++에 있습니다. strlen(buf) 함수를 for문의 조건으로 삽입하면 for문이 돌면서 strlen(buf) 함수를 계속 호출하게 됩니다. 그리고 이 때 strlen( ) 함수의 매개변수인 buf는 *buf++에 의해 변경된 값을 새로 받아 strlen() 함수의 값을 변경하게 됩니다. *buf++에 의해 buf의 주소 위치를 하나씩 다음 자리로 이동하면 전체 주소의 길이는 하나씩 줄어들기 때문에 strlen( ) 함수에 저장되는 길이도 하나씩 줄어들게 되는 거죠.

이렇게 해서 for문이 반복될 때마다 for문의 조건이 변하게 되어, 결국 위 프로그램은 buf의 주소가 여섯 자리까지 앞으로 이동했을 때 strlen(buf)도 여섯 자리이므로 i < strlen(buf)을 만족하지 못하고 실행을 마치게 되는 거죠.

이러한 오류를 피하기 위해서 strlen(buf)를 한 번만 호출하도록 미리 num 변수에 저장하여 처음 저장된 그 값을 for문의 조건으로 사용해야 합니다. 이렇게 하면 for문의 제어 조건이 변하지 않을테니까요.

```
num = srlen(buf);
for(i = 0; i < num; i++)
    Process(*buf++);
```

35 전문가들의 포인터를 이용한 문자열 다루는 함수

앞에서 만든 프로그램을 좀 더 최적화된 방식으로 만들어보겠습니다.

최적화된 방식의 프로그램 만들기

앞에서 만든 프로그램은 실행하는데 크게 지장이 없습니다. 그런대로 원하는 결과를 얻을 수 있기 때문이지요. 그렇다면 전문가들도 위와 같은 코드를 사용할까요? 뭔가 다른 부분이 있지는 않을까요?

다음은 위의 프로그램과 같은 기능을 하지만 좀 더 최적화된 방식입니다. 어떤 차이가 있는지 살펴보도록 하죠.

최적화된 두 개의 문자열 합치기

파일명 : optimized_add_string.c

```c
#include <stdio.h>
#include <string.h>
#include <stdlib.h>
#include <assert.h>

#define SET 1
#define CLR 0
#define TRUE 1
#define FALSE 0

char *AddString(char *, char *);
char *CreateMemory(int);
int DeleteMemory(char *);

void main()
{
    char data_1[80] = "I am SuperMAN ";
    char data_2[80] = "Who are you?";
```

```c
    char *ptr = NULL;
    int ret = CLR;
    
    printf("AddString()함수를 호출하기 전\n");
    printf("data_1의 문자열 : %s\n", data_1);
    printf("data_2의 문자열 : %s\n", data_2);
    ptr = AddString(data_1, data_2);
    printf("\nAddString()함수를 호출한 후\n");
    
    if(ptr){
        printf("data_1의 문자열 : %s\n", data_1);
        printf("data_2의 문자열 : %s\n", data_2);
        printf("ptr의 문자열 : %s\n", ptr);
    }
    else
        printf(" AddString() 함수에 문제가 발생하였습니다. \n");
    
    ret = DeleteMemory(ptr);
    
    if(ret == FALSE)
        printf("DeleteMemory()함수에서 문제가 발생하였습니다. \n");
    
    ptr = NULL;
}

char *AddString(char *src1, char *src2)
{
    int ptrSize = 0;
    int flag = CLR;
    char *retPtr = NULL;
    char *tempPtr = NULL;
    
    ptrSize = strlen(src1) + strlen(src2);
    retPtr = CreateMemory(ptrSize);
    tempPtr = retPtr;
    
    if(retPtr)
    {
        while(*src1)
            *retPtr++ = *src1++;
        while(*src2)
            *retPtr++ = *src2++;
```

```c
            *retPtr = '\0';
            return tempPtr;
        }
        else{
            printf("[%s][%s][%d]\n", __FILE__, __FUNCTION__, __LINE__);
            return NULL;
        }
    }

    char *CreateMemory(int size)
    {
        char *p = NULL;
        if(!p){
            p = (char *)malloc(size+1);
            return p;
       }
        else
            return NULL;
    }

    int DeleteMemory(char *p)
    {
        if(p){
            free(p);
            return TRUE;
        }
        else{
            printf("[ERROR] %s %s %d\n", __FILE__, __FUNCTION__, __LINE__);
            return FALSE;
        }
    }
```

얼핏 봐도 이전의 프로그램과는 좀 다르죠? 그러나 실행 결과는 동일합니다. 이전의 소스 코드에 비해 코드가 많이 길어졌다고 불평을 하는 사람도 있겠지만, 소스 코드의 길이가 문제는 아닙니다. 문제는 소스 코드가 얼마나 최적화되어 있는지 그리고 나중에라도 발생할 수 있는 버그를 대응할 수 있도록 되어 있는 지가 관건입니다.

전문가들의 포인터 사용 노하우

다음은 필자가 생각하는 전문가들이 포인터를 사용할 때의 노하우를 정리한 것입니다.

❶ #define문을 사용하여 소스코드에서 사용하는 상수들을 미리 정의한다.

일단 5행부터 8행을 보면 소스 코드 내부에서 사용하는 TRUE나 FALSE, SET, CLR 등의 값을 #define문으로 미리 정의해놓고 있습니다. 굳이 정의할 필요가 있겠냐고 생각하는 독자들도 있겠지만 31행과 44행처럼 함수의 실행 결과를 체크하는 소스는 0과 1로 되어 있는 것보다는 소스 코드를 이해하기가 더 편하죠. 또한 31행과 같은 if문을 어떤 프로그래머들은 다음과 같이 사용하기도 합니다.

```
if (!ret)
```

사실 if (!ret)나 if (ret == FALSE)나 같은 코드라는 것은 분명합니다. 그런데 문제는 if (!ret)라는 것보다 if (ret == FALSE)라고 되어 있는 코드가 보기 훨씬 쉽다는거죠.

❷ 포인터는 선언하자마자 초기화한다.

16행을 보면 char *ptr을 선언한 후에 바로 NULL로 초기화했습니다. 사실 필자도 프로그램 중에 포인터를 자주 사용하지만 초기화를 잊어버리는 경우가 많습니다. 초기화 없이 포인터를 사용하면 나중에 치명적인 버그를 만들어 낼 수 있습니다. 더군다나 일단 포인터를 선언하면 반드시 초기화를 한다고 생각하면 나중에 그 포인터가 사용중인지 아닌지를 NULL인지 아닌지로 판단할 수가 있습니다. 여러분들도 일단 포인터를 선언하면 다음과 같이 초기화를 꼭 하는 습관을 갖기 바랍니다.

```
char *ptr = NULL;
```

❸ 별도의 메모리 할당 함수를 사용한다.

초보 프로그래머들이 의외로 지나치는 부분 중의 하나는 malloc( ) 함수를 사용하는 방법입니다. malloc( )은 이미 다들 알고 있듯이 메모리를 할당하는 함수입니다. 대부분의 프로그래밍 서적에서 malloc( )에 대한 설명을 이 정도로만 하고 있기 때문에 초보 프로그래머들은 너무 쉽게 malloc( )을 사용합니다. 그러나 논리적인 버그 중에서 거의 30% 이상이 malloc( ) 함수나 free( ) 함수를 잘못 사용할 때 발생한다는 사실을 알고 있나요? 따라서 여러분들이 malloc() 함수를 잘 사용하기만 하면 발생할 수 있는 버그 중에서 30%는 사전에 예방할 수 있습니다.

위의 전문가들의 방법은 어떤가요? malloc() 함수를 직접 사용하지 않고 다음과 같이 CreteMemory() 라는 별도의 함수를 사용하는 것입니다.

CreateMemory( ) 함수의 사용

```c
char *CreateMemory(int size)
{
    char *p = NULL;
    if(!p){
        p = (char *)malloc(size+1);
        return p;
    }
    else
        return NULL;
}
```

이 CreateMemory() 함수는 매개변수로 할당할 메모리의 크기를 입력받은 후에 그 크기 + 1만큼의 메모리를 malloc()으로 할당하고 리턴합니다. 그냥 malloc() 함수를 사용해도 될텐데 굳이 이와 같이 별도의 함수를 사용하는 이유는 무엇일까요?

그 이유는 위의 소스 코드에서는 필요없겠지만 프로그램에 따라서 별도의 메모리 관리 영역을 사용하거나 메모리의 크기를 제한하거나 할당된 메모리를 특별한 값으로 초기하는 등의 다른 기능들이 필요할 수 있기 때문입니다. 더군다나 현재의 메모리가 정상적을 할당되었는지를 확인한 후에 리턴할 수 있기 때문에 메모리로 인한 버그를 상당수 이 함수 내에서 막아낼 수가 있습니다. 물론 이런 코드들을 별도의 CreateMemory() 함수와 같이 만들지 않고 main의 코드 내에서도 할 수 있지만 main 코드가 지저분해 보인다는 점과 혹시 나중에 이런 류의 코드를 재사용하고 싶을 때는 별도의 함수로 만들어져 있는 것이 편하기 때문이죠.

❹ **메모리 해제할 때 특별히 주의한다.**

메모리를 할당하는 것만큼이나 주의를 필요로 하는 작업이 메모리를 해제하는 경우입니다. 위의 전문가들의 프로그램에서도 메모리 할당과 마찬가지로 메모리를 해제할 때도 별도의 함수를 사용합니다.

DeleteMemory() 함수의 역할은 프로그램 내에서 해제하려고 하는 메모리가 실제로 해제 가능한 메모리를 검사하는 부분이 있습니다. 그 부분이 70행의 if(ptr) 부분인데, 현재 ptr이 NULL이면 이 메모리는 해제할 필요가 없는 메모리이므로 74행부터 77행을 실행하여 프로그래머에게 오류 메시지를 출력합니다. 이와 같은 확인은 프로그램 내부에서 포인터를 선언한 후에 반드시 초기화하는 습관이 있어야 가능합니다.

메모리 해제 함수인 DeleteMemory( ) 함수의 사용

```
int DeleteMemory(char *p)
{
    if(ptr){
        free(ptr);
        return TRUE;
    }
    else{
        printf("[ERROR] %s %s %d\n", __FILE__, __FUNCTION__, __LINE__);
        return FALSE;
    }
}
```

❺ **함수의 리턴값을 항상 확인하여 정상적으로 프로그램이 실행되었는지의 여부를 확인한다.**

위의 전문가 프로그램이 초보 프로그램보다 전체 소스 코드의 길이가 길어진 이유는 소스 코드 내에서 함수를 호출할 때는 항상 함수의 결과를 확인하는 코드가 있기 때문입니다. 함수의 리턴값을 확인하여 정상적으로 호출한 함수가 실행되었는지 여부를 확인하는 것입니다. 또한 함수 내에서도 항상 함수의 정상적인 실행 여부에 따라서 TRUE 값과 FALSE 값을 리턴하고 있습니다. 이런 사소한 코드 몇 줄이 전체적으로는 프로그램의 소스 코드의 길이를 길어지게 만들지만 실제로는 발생할 수 있는 버그를 사전에 막는 역할을 합니다.

함수를 사용한다고 해서 그 함수의 연산 결과만을 체크하는 것은 무모한 짓입니다. 마치 전략과 전술도 없이 그저 총 한 자루 손에 쥐고 전쟁터에 나가는 사람과 다를 바 없습니다. 아무리 간단한 함수라고 하더라도 혹시라도 발생할 수 있는 문제에 대해 사전에 확인하는 코드를 넣어주어야 합니다.

36 포인터에 대한 필살기 익히기

이 장을 마치면 그동안 어렵게만 느껴졌던 포인터에 대해 자신감이 생길 겁니다.

초보가 만든 포인터를 이용하여 문자열의 개수를 반환하는 함수

이전 장의 예제 프로그램을 통해 실제 포인터를 사용하는 방법에 대해 이해했을 것입니다. 사실 대부분의 포인터를 사용하는 프로그램의 방법이 이와 거의 같은 방법을 사용합니다. 이번에는 매개변수로 사용자가 입력한 문자열을 넘기면 문자의 개수를 리턴하는 NumberOfString() 함수를 사용해서 초보 프로그래머와 전문가 프로그래머가 어떻게 프로그래밍을 하는지 알아보도록 하지요.

다음의 코드는 초보 프로그래머가 만든 포인터를 사용하여 문자열의 개수를 반환하는 함수입니다.

포인터를 사용하여 문자열의 개수를 반환하는 간단한 함수

파일명 : count_str_size.c

```c
#include <stdio.h>
int NumberOfString(char *);

void main()
{
    char data[80];
    int ret;

    printf("문자열을 입력하세요 : ");
    scanf("%s", data);
    ret = NumberOfString(data);
    printf("data의 문자열 : %s\n", data);
    printf("data의 문자 개수 : %d\n", ret);
}

int NumberOfString(char *src)
{
    int num = 0;
```

입력 후 엔터 키

실행 결과
문자열을 입력하세요 : iamdorajii ↵
문자열 : iamdorajii
data의 문자 개수 : 10

```
    while(*src++)
        num++;

    return num;
}
```

위의 프로그램은 이전 장에서 다룬 AddString() 함수보다 훨씬 간단합니다. 위의 코드에서 가장 핵심적인 부분은 16행과 17행입니다. while문에서 포인터 src의 데이터를 검사하여 문자열의 끝이 나올 때까지 17행의 변수 num을 1씩 증가시킵니다.

문자열의 끝에 도달하면 while문을 빠져나오고 지금까지의 카운터에 해당하는 변수 num을 리턴합니다. 단, 한글을 입력한 경우에는 한글은 한 글자당 2바이트를 차지하므로 글자 개수 × 2의 값으로 출력된다. 예를 들어 '와이박사'이라고 입력하면 data의 문자 개수는 8이 됩니다.

위 프로그램의 결과는 왼쪽 페이지 화면과 같습니다. 그렇다면 전문가들의 프로그램 코드는 어떻게 다를까요? 똑같은 결과를 출력하지만 상당히 다른 코드입니다.

초보가 만든 포인터를 이용하여 문자열의 개수를 반환하는 함수

먼저 다음의 전문가가 만든 소스 코드를 봅시다.

포인터를 사용하여 문자열의 개수를 반환하는 최적화된 함수 파일명 : optimized_count_str_size.c

```c
#include <stdio.h>

#define TRUE 1
#define FALSE 0

int TrimString(char *);

void main()
{
    char data[80] = "##I am dorajii. Who are you?";
    int ret = 0;
    printf("data의 문자열 : %s\n", data);

    ret = TrimString(data);
    if(ret == TRUE){
        printf("변경 후의 문자열 : %s\n", data);
```

```
    }
    else
        printf("TrimString()함수가 정상적으로 실행되지 않았습니다 \n");
}

int TrimString(char *src)
{
    char *ptr;
    ptr = src; /* ptr이 src를 가리키도록 지정 */

    if(src == NULL) {
        return FALSE;
    }
    while(*src) { /* while문을 이용하여 매개변수 문자열을 체크 */
        if((*src >= 'A' && *src <= 'Z') || (*src >= 'a' && *src <= 'z')) {
        /* 현재 포인터 src가 가리키는 데이터가 영문자인지 확인 */
            *ptr++ = *src++; /* 영문자라면 포인터 ptr이 가리키는 곳에 src 포인터가 가리키는 데이터를 복사 */
        }
        else {
            src++; /* 영문자가 아니면 src 포인터만 하나 증가 */
        }
    }

    *ptr = '\0'; /* \0 문자의 추가 */

    return TRUE;
}
```

소스 코드가 좀 다르죠? 이전 장에서 전문가들이 사용하는 포인터에 대한 부분을 자세히 공부한 독자들이라면 위의 소스 코드를 이해하는 데는 크게 어려움이 없을 것입니다.

이전 장과 마찬가지로 전문가들은 #define문을 사용하여 TRUE와 FALSE를 정의하고 있으며, NumberOfString() 함수를 호출한 결과를 확인해서 정상적으로 함수가 실행되었는지 비정상적인지를 체크하는 코드 역시 있습니다.

₩그런데 좀 이상한 부분이 있지 않은가요? 그렇습니다. 이전 초보자들이 사용한 프로그램에서는 NumberOfString() 함수의 리턴값으로 문자열의 개수를 받아서 처리하도록 되어 있었습니다. 그런데 위

의 전문가들의 NumberOfString() 함수를 보면 리턴값은 TRUE나 FALSE와 같이 단지 함수의 정상적인 실행여부를 확인하는 용도로만 사용됩니다. 그렇다면 문자열의 개수를 세어서 리턴하는 코드는 어디에 있을까요? 그것이 바로 위 소스 코드의 필살기입니다. 일명 함수의 리턴값을 포인터로 처리하기죠. 위 소스 코드의 NumberOfString() 함수의 매개변수를 보면 이전 코드에서는 문자열에 대한 매개변수 하나만 사용했는데 여기서는 정수형 포인터도 사용하고 있습니다. 바로 이 정수형 포인터가 문자열의 개수를 세는 부분입니다. 9행을 보면 정수형 변수 Num을 선언하고 0으로 초기화를 했습니다. 그리고 나서 NumberOfString() 함수를 호출할 때 12행과 같이

```
ret = NumberOfString(buf, &Num);
```

으로 사용했습니다. 매개변수인 buf는 문자열이 저장되어 있는 곳을 의미하며 &Num은 정수형 변수 Num의 주소를 의미합니다. 따라서 이 두 개의 매개변수를 사용하는 NumberOfString() 함수는 다음과 같이 문자형 포인터와 정수형 포인터를 사용하게 되는거죠.

```
int NumberOfString(char *src , int *pNum)
{
    *pNum = 0; /* 정수형 포인터의 초기화 */
    if(src){
        while(*src++)
            (*pNum)++;

        return TRUE;
    }
    else
        return FALSE;
}
```

일단 정수형 포인터 pNum이 가리키는 값을 0으로 초기화합니다. 그리고 나서 문자열이 저장되어 있는 문자형 포인터 src가 NULL은 아닌지 검사합니다. 만약 NULL이라면 문자열을 셀 필요도 없기 때문에 바로 FALSE를 리턴합니다. 그러나 문자형 포인터에 값이 있다면 정수형 포인터가 가리키는 값을 1씩 증가시키게 됩니다.

결국 NumberOfString() 함수를 호출한 부분에서는 일반 정수형의 값을 출력하듯이 출력하면 되는거죠. 어떻습니까? 함수는 오직 하나의 리턴값만 갖는 것이라고 지금까지 생각해왔던 독자들은 뭔가 새로운 세상을 보는 것 같지 않나요? 이와 같이 포인터를 사용하면 두 개 이상의 리턴값을 처리할 수 있습니다.

37 특수문자를 제거하는 함수 만들기

TrimString() 함수로 특수문자를 제거하는 최적화된 프로그램을 만들어 봅니다.

특수문자를 제거하는 TrimString( ) 함수 만들기

이번에 만들어 볼 TrimString() 함수는 매개변수로 받은 문자열 중에서 영문자와 숫자를 제외한 특수문자와 공백문자를 제거하는 기능을 합니다. 이 함수의 구현은 AddString() 함수와 비슷합니다. 먼저 다음의 예제 프로그램을 보죠.

포인터를 사용하여 특수문자를 제거하는 함수 1   파일명 : del_special_char.c

```c
#include <stdio.h>

char *TrimString(char *);

void main()
{
    char data[80] = "##I am superMAN. Who are you?";
    char *ret;

    printf("data의 문자열 : %s\n", data);
    ret = TrimString(data);
    printf("ret의 문자열 : %s\n", ret);
}

char *TrimString(char *src)
{
    char *ret, *ptr;

    ret = src;
    ptr = src;
```

```
        while(*src){
            if((*src >= 'A' && *src <='Z') || (*src >= 'a' && *src <='z')){
                *ptr++ = *src++;
            }
            else{
                src++;
            }
        }

        *ptr = '\0'; /* \0 문자의 추가*/

        return ret;
    }
```

위 프로그램은 하나의 메모리 공간을 3개의 포인터를 사용해서 처리하고 있습니다. 얼핏 보기에는 상당히 복잡해 보이지만 차근차근 그림과 함께 살펴보면 그다지 어렵지 않습니다.

❶ 15행까지 실행하면 다음 그림과 같이 매개변수로 받은 포인터 src와 내부적으로 정의한 포인터 ret, 그리고 포인터 ptr까지 모두 같은 주소를 갖게 됩니다.

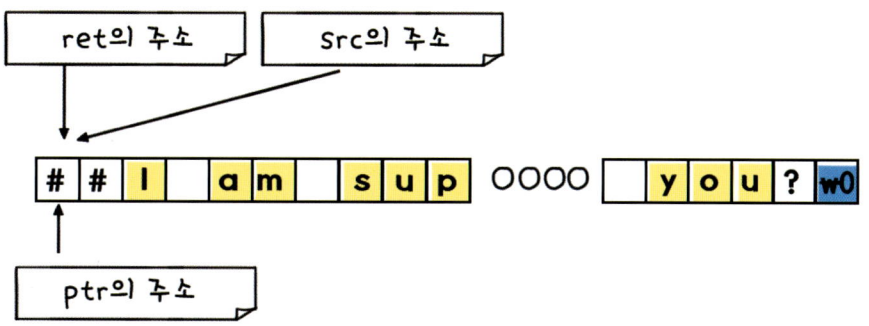

[그림 9-5] 15행까지의 실행 후 모습

❷ 먼저 처음 두 개의 문자('#')가 특수문자이므로 프로그램은 20행 else문에 의해 21행을 두 번 수행하게 됩니다. 이제 src의 주소 위치는 'I', ptr의 주소는 변화없이 그대로입니다.

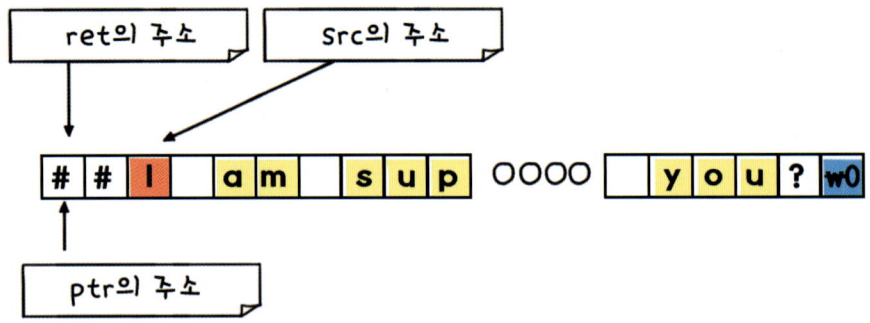

[그림 9-6] 처음에 두 개의 특수문자가 있는 경우

❸ 다시 17행에서 포인터 src가 가리키는 데이터를 검사한 후, 'I'가 영문자에 해당되므로 18행의 코드를 실행하게 됩니다. src는 'I'를 ptr에 대입한 후 다음 주소로 이동하고, ptr은 현재 자신의 주소 위치(이동하지 않았으므로 맨 처음)에 'I'를 저장한 후 다음 위치로 이동합니다.

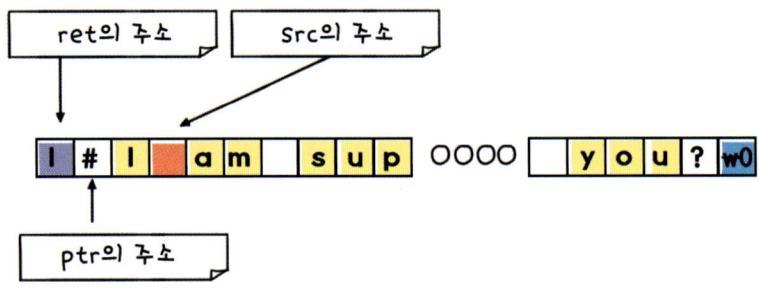

[그림 9-7] 포인터 src가 특수문자인 경우

❹ 포인터 src가 가리키는 곳이 문자의 끝이 되면 16행의 while(*src)문을 빠져나오게 됩니다. 그리고 24행에서 현재 ptr 포인터가 가리키는 부분에 문자열의 끝을 의미하는 '\0' 문자를 저장하게 됩니다. 결국 25행에서 리턴하는 포인터 ret은 ptr이 str로부터 넘겨받은 값들을 하나씩 저장한, 공백문자와 특수문자 등이 전부 삭제되고 영문자만 남은 문자열이 됩니다.

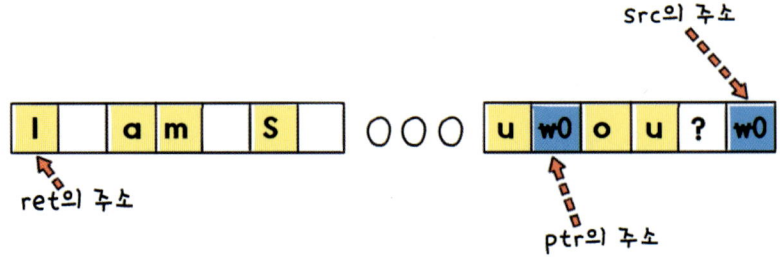

[그림 9-8] src가 문자열의 끝에 도달한 경우

따라서 TrimString() 함수를 호출하여 그 결과가 저장되는 포인터 ret은 다음과 같은 문자열을 갖게 됩니다.

[그림 9-9] 포인터 ret에 저장된 문자열

이 프로그램을 실행하면 다음과 같은 실행 결과를 볼 수 있다.

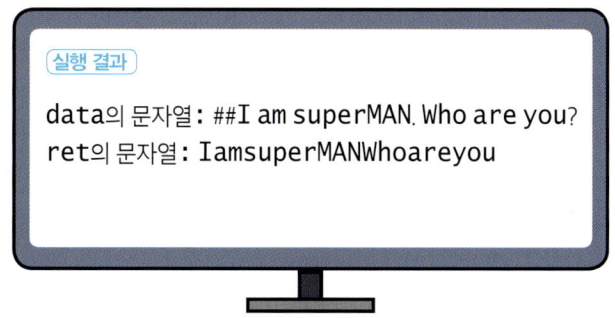

```
실행 결과
data의 문자열 : ##I am superMAN. Who are you?
ret의 문자열 : IamsuperMANWhoareyou
```

TrimString( ) 함수 수정해서 만들기

위의 프로그램을 전문가가 좀 수정하면 어떻게 될까요? 다음은 동일한 결과를 출력하는 프로그램을 전문가 프로그래머가 수정한 코드입니다. 위의 소스 코드에 비해 어떤 점이 개선되었는지 보세요.

포인터를 사용하여 특수문자를 제거하는 최적화된 함수 2 파일명 : optimized_del_special_char.c

```c
#include <stdio.h>

#define TRUE 1
#define FALSE 0

int TrimString(char *);

void main()
{
    char data[80] = "##I am dorajii. Who are you?";
    int ret = 0;
    printf("data의 문자열 : %s\n", data);
```

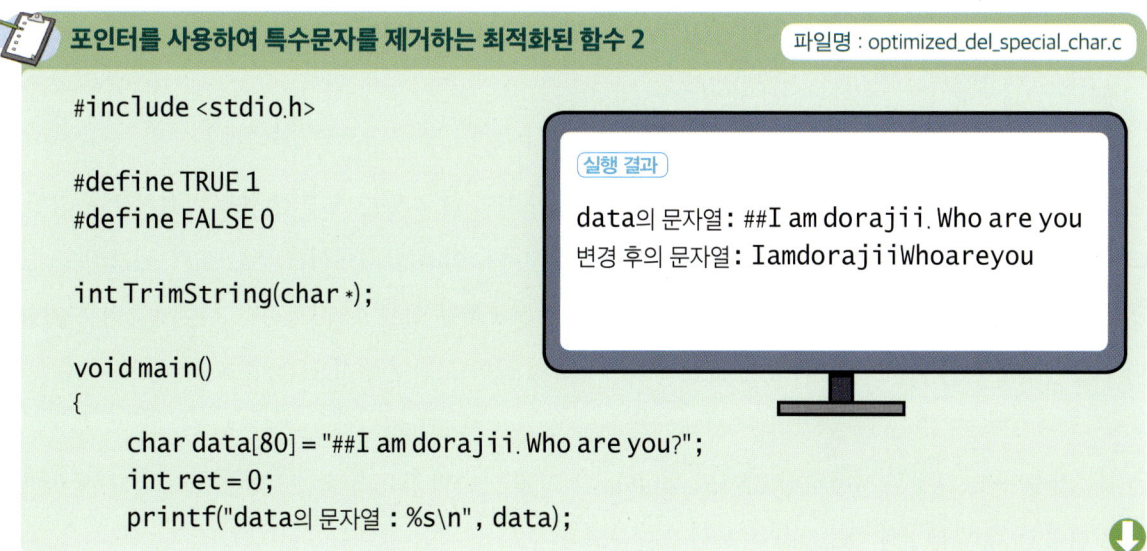

```
실행 결과
data의 문자열 : ##I am dorajii. Who are you
변경 후의 문자열 : IamdorajiiWhoareyou
```

```
    ret = TrimString(data);
    if(ret == TRUE){
    printf("변경 후의 문자열 : %s\n", data);
    }
    else
        printf("TrimString()함수가 정상적으로 실행되지 않았습니다 \n");
}

int TrimString(char *src)
{
    char *ptr;
    ptr = src; /* ptr이 src를 가리키도록 지정 */

    if(src == NULL){
        return FALSE;
    }
    while(*src){ /* while문을 이용하여 매개변수 문자열을 체크 */
        if((*src >= 'A' && *src <= 'Z') || (*src >= 'a' && *src <= 'z')){
            /* 현재 포인터 src가 가리키는 데이터가 영문자인지 확인 */
            *ptr++ = *src++; /* 영문자라면 포인터 ptr이 가리키는 곳에 src 포인터가 가리키는 데이터를 복사 */
        }
        else{
            src++; /* 영문자가 아니면 src 포인터만 하나 증가 */
        }
    }

    *ptr = '\0'; /* \0 문자의 추가 */

    return TRUE;
}
```

위의 소스 코드를 보면 #define문을 사용하는 것은 이미 알고 있는 부분입니다. 이전의 프로그램 코드와 다른 점은 TrimString() 함수의 리턴값의 자료형입니다. 이전 함수에서는 연산이 다 된 결과를 문자형 포인터로 리턴했는데 위의 소스 코드에서는 함수의 정상적인 실행 여부로 리턴값을 사용하고 있습니다. 그렇다면 연산이 다 된 결과의 문자 포인터는 사용하지 않아도 되는 걸까요?

네. 맞습니다. 그것은 사용하지 않아도 됩니다. 그 이유는 이미 TrimString() 함수를 호출할 때 매개변수로 다음과 같이 배열의 주소값을 사용했기 때문입니다.

MEMO

해쉬 알고리즘

가장 간단한 검색 알고리즘인 순차 검색 알고리즘부터 키-주소 알고리즘, 키-맵핑 알고리즘에 대해 예제와 함께 살펴본 후, 해쉬 알고리즘의 데이터 중복 문제와 문제점을 해결하는 방법에 대해 자세히 알아봅니다.

10장

38 키-주소 검색 알고리즘
39 키-맵핑 알고리즘
40 해쉬 알고리즘의 데이터 중복 문제
41 해쉬 알고리즘의 문제점을 해결하는 방법

38 키-주소 검색 알고리즘

빠르게 검색하는 가장 간단한 검색 알고리즘인 순차 검색 알고리즘에 대해 알아보고 키 주소 검색 알고리즘을 예제를 통해 배워봅니다.

해쉬 알고리즘이란

여러 알고리즘 중에서 가장 많이 사용하는 알고리즘은 정렬 알고리즘과 검색 알고리즘입니다. 요즘처럼 데이터의 양이 급격하게 증가하는 시대에는 그 많은 데이터를 순서대로 정렬하는 알고리즘과 원하는 데이터를 빠르게 찾아내는 검색 알고리즘의 중요도가 더욱 증가합니다.

네이버나 구글에서 원하는 키워드로 검색할 때마다 한두 시간 이상의 시간이 걸린다면 미치고 팔짝 뛸 노릇이겠죠. 정렬 알고리즘이 한번 정렬을 하고 나면 다시 정렬을 하기까지 어느 정도 시간이 걸려야 하는 데 반해서 검색 알고리즘은 수시로 검색 작업이 발생합니다. 따라서 검색에 걸리는 시간을 단축시키는 것이 가장 큰 고민거리죠. 이 장에서 배울 내용은 빠르게 검색하는 방법에 대한 알고리즘입니다. 가장 간단한 검색 알고리즘은 데이터가 저장되어 있는 순차 검색입니다. 순차 검색은 다음과 같은 방법으로 검색합니다.

[그림 10-1] 무작위로 쌓여 있는 과일 상자

위의 그림처럼 박스에 무작위로 쌓여 있는 과일 상자에서 원하는 과일이 나올 때까지 하나씩 뽑는 방식이 순차 검색입니다. 이름 그대로 순차적 혹은 순서대로 찾는 알고리즘입니다.

과일들이 담겨 있는 박스가 어마어마하게 크고 그 안에 엄청난 과일이 저장되어 있다면 운이 나쁘면 과일 하나 찾아내는데 엄청난 시간이 걸릴 수도 있습니다. 이러한 순차 검색의 문제점을 해결하는 방법은 여러 가지가 있지만 그 중에서 근래에 가장 많이 사용하고 있는 알고리즘은 '해쉬 알고리즘'입니다. 해쉬 알고리즘이 어떤 모습인지 다음 그림을 볼까요?

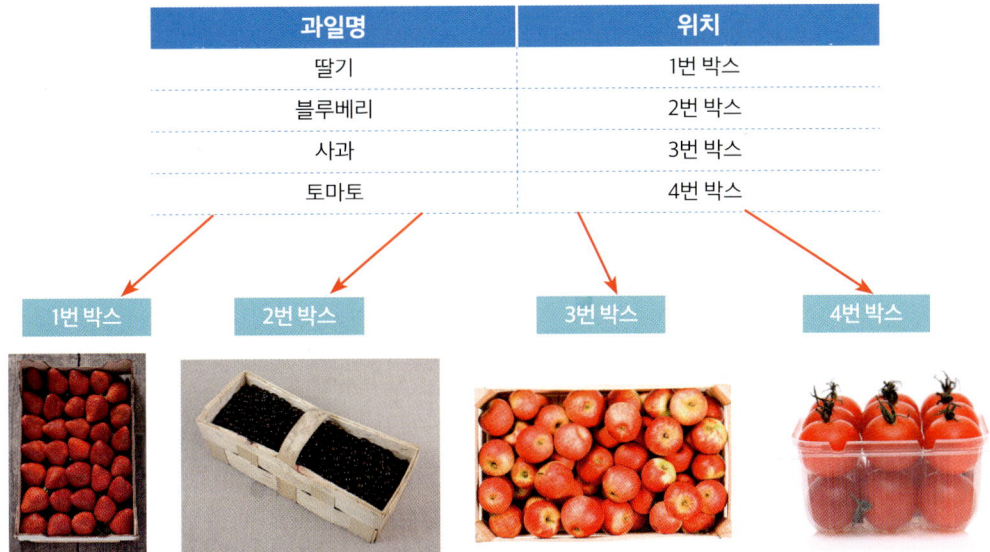

[그림 10-2] 해쉬 알고리즘을 사용할 수 있도록 정리된 과일 상자

위와 같이 4종류의 과일들을 각각 별도의 상자에 저장해두고, 장부에 어떤 과일이 어느 상자에 저장되어 있는지만 기록해둡니다. 원하는 과일을 찾고 싶을 때는 장부만 들쳐보면 어떤 상자에 있는지 금방 알 수 있겠죠. 이와 같이 장부에 원하는 데이터의 위치를 저장해두고 그 장부를 통해 찾아 가는 알고리즘을 '해쉬 알고리즘'이라고 합니다. 또한, 그 장부를 컴퓨터 관련 용어로 표현하면 '해쉬 함수'라고 합니다.

다음은 해쉬 알고리즘과 해쉬 함수를 좀 더 컴퓨터 분야에 맞게 표현한 그림입니다.

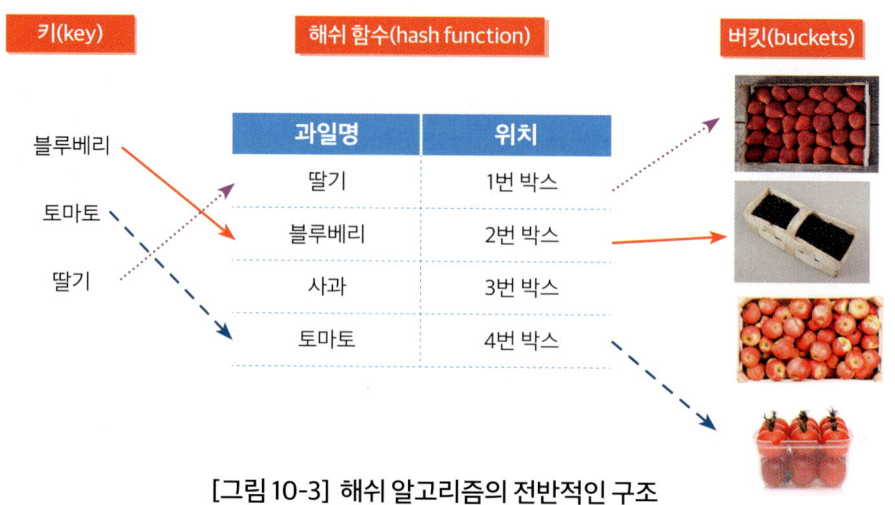

[그림 10-3] 해쉬 알고리즘의 전반적인 구조

해쉬 알고리즘은 데이터의 양에 관계없다는 점에서 큰 장점이 있는 알고리즘이라고 할 수 있습니다. 그렇다면 해쉬 알고리즘의 기본적인 아이디어가 무엇이길래 검색 성능을 얻을 수 있을까요?

예제로 알아보는 키 주소 검색 알고리즘

해쉬 알고리즘을 설명하기 전에 먼저 키-주소(Key-Addressing) 검색 알고리즘부터 살펴보도록 합시다. 예를 들어 설명해보도록 하죠.

요즘 서울시는 단독주택에 사는 사람보다 아파트나 빌라와 같이 공동으로 모여서 사는 형태가 점점 많아지고 있습니다. 특히 신도시나 강남의 아파트 밀집촌에 가보면 상가 건물을 제외하고는 대부분의 건물이 고층 아파트로 되어 있죠. 여러분들이 그 아파트 중 한 곳에 살고 있다고 가정해봅시다. 학교 혹은 회사에서 돌아오면서 여러분이 살고 있는 아파트 동 건물에 들어서면 제일 먼저 무엇을 하나요? 살고 있는 층으로 올라가기 위해 엘리베이트 버튼을 누른다구요?

물론 그렇게 하는 사람도 있겠지만 필자의 경우나 아마 대부분의 사람들은 아파트 우편함에 우편물이 왔는지 보게 되겠죠. 아마 다음의 그림과 같은 우편물함이 아파트 1층 문 옆에 걸려 있을 겁니다. 여러분이 101호에 살고 있다고 가정하면 우편물 관리함을 보고 101호에 우편물이 꽂혀 있으면 그 우편함을 열고 우편물을 뽑아가면 됩니다. 다음 그림과 같이 아파트의 세대수가 많아지더라도 각자의 우편물 함에 우편물이 없으면 아예 우편물이 없는 것으로 생각하면 됩니다. 이와 같이 데이터 양에 상관없이 또, 비교하는 부분 없이 원하는 데이터를 한번에 찾아가는 알고리즘을 해쉬 알고리즘이라고 하며 이러한 방법을 키-주소 검색(Key-Addressing Search) 방법이라고도 하죠.

[그림 10-4] 아파트 1층의 우편물함

그럼 가장 간단한 키-주소 검색에 대한 예제 프로그램을 살펴봅시다.

키 주소 검색 알고리즘

파일명 : search_key_addr.c

```c
#include <stdio.h>
typedef struct _node{
    int num;
    char name;

} node;
node house[10];

int main()
{
    int i;
    for(i = 0; i < 10; i++){
        house[i].num = 1001 + i;
        house[i].name = 'A' + i;

    }
    printf("아파트 호수 : [%d]\n", house[0].num);
    printf("주인장 이름 : [%c]\n", house[0].name);
}
```

실행 결과
아파트 호수 : [1001]
주인장 이름 : [A]

위의 예제 프로그램을 보면 NODE라는 구조체를 만들고 그 구조체를 배열로 선언합니다. 그 배열에 아파트 호수와 주인장의 이름을 입력합니다. 위 프로그램을 실행시키면 다음과 같은 결과를 얻을 수 있습니다.

얼핏 보기에는 단순히 출력만 하지 검색이나 비교와 같은 처리는 안하는 것처럼 보이지만, 배열의 인덱스와 같은 예가 전형적인 키-주소 해쉬 알고리즘입니다. 키가 배열의 인덱스가 되며 그 인덱스만 알고 있으면 비교나 검색할 필요 없이 데이터에 해당하는 아파트 호수와 이름을 출력할 수 있습니다.

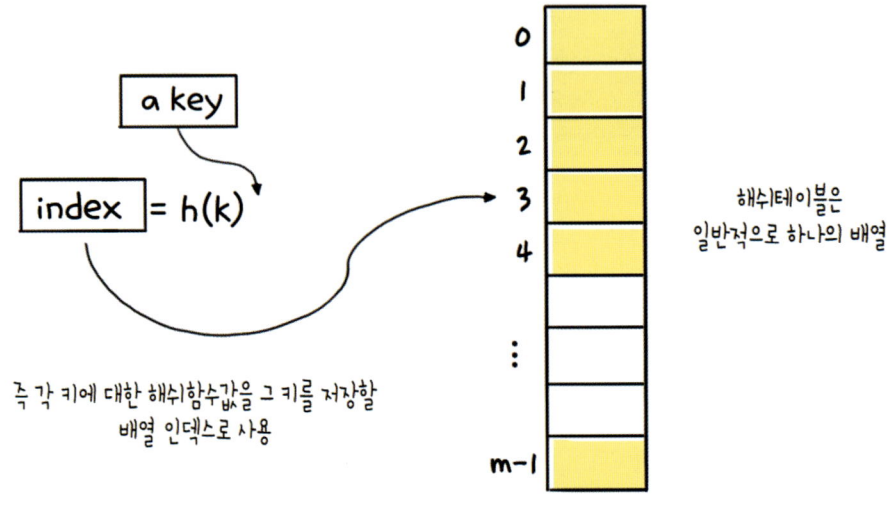

[그림 10-5] 키-주소 해쉬 알고리즘

키-주소 해쉬 알고리즘은 문제가 있습니다. 키-주소 해쉬 알고리즘은 검색 속도는 타의 추종을 불허할만큼 빠르지만 공간의 효율성이 떨어진다는 점입니다. 이런 경우에 굳이 배열을 사용하지 말고 연결 리스트를 사용하면 더 효율적이지 않을까 생각할 수도 있지만 키-주소 해쉬 알고리즘은 배열과 같이 인덱스만으로 원하는 데이터를 검색하도록 고안된 알고리즘입니다. 키-주소 해쉬 알고리즘의 단점을 해결하는 방법은 키-맵핑(Key-Mapping) 알고리즘을 사용하면 됩니다.

39 키-맵핑 알고리즘

키-맵핑 알고리즘에 대해 그림과 예제를 통해 자세히 알아봅니다.

키-맵핑 해쉬 알고리즘이란

키-맵핑 해쉬 알고리즘(Key-Mapping)은 키-주소 해쉬 알고리즘이 갖고 있는 단점을 해결하는 방법입니다.

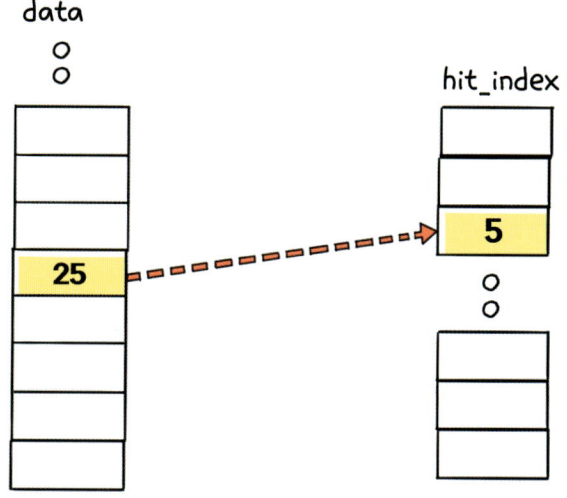

[그림 10-6] data의 키-맵핑 해쉬 값을 갖고 있는 hit_index

위의 그림을 보면 두 개의 배열을 사용하고 있다는 것을 알 수 있습니다. 첫 번째 배열 data는 기존의 알고리즘과 마찬가지로 데이터를 저장해두는 공간입니다. 그런데 두 번째 공간인 hit_index는 data의 인덱스를 갖고 있는 공간입니다. 예를 들어 데이터 '25'를 검색한다고 생각해 봅시다. 순차 검색이나 이진 검색의 경우라면 data[0]부터 검색하거나 data의 중간에 위치한 값과 비교하는 방식을 사용합니다.

그러나 키-맵핑 해쉬 알고리즘에서는 찾고자 하는 데이터 '25'를 hit_index의 크기인 10으로 나눈 나머지 값인 '5'를 가져옵니다. 이 '5'를 인덱스로 하는 hit_index[5] 안에 있는 값을 읽으면 우리가 찾고자 하는 '25'가 저장되어 있는 data의 인덱스를 구할 수 있습니다.

예제로 배우는 키-맵핑 알고리즘

이와 같이 직접 데이터를 찾아가는 것이 아니라 특별한 함수나 기능(여기서는 나머지 기능이 해당됩니다)을 사용하여 구하는 방법을 키-맵핑 해쉬 알고리즘이라고 합니다. 다음은 키-맵핑 알고리즘의 소스 코드입니다.

키-맵핑 알고리즘   파일명 : key_mappting_algo.c

```c
#include <stdio.h>
#include <stdlib.h>
#include <time.h>

#define MAX 100
#define TRUE 1
#define FALSE 0

typedef struct _node{
    int Key;
    int Counter;
}node;

void initData(void);
void makeData(void);
void dispData(void);
void dispTable(void);
void dispTableCounter(void);

int data[MAX];
node table[50];

void initData(void)
{
    int i;
    for (i = 0; i < MAX; i++){
        data[i] = -1;
    }
    for (i = 0; i < 20; i++){
        table[i].Key = -1;
        table[i].Counter = 0;
    }
}
```

```c
void makeData(void)
{
    int i, Num, index;
    i = 0;

    srand((unsigned)time(NULL));
    while (i < 50) {
        Num = rand() % 100;
        data[Num] = Num;
        index = Num % 50;
        table[index].Key = Num;
        table[index].Counter++;
        i++;
    }
}

void dispTable(void)
{
    int i;

    printf("====> Display Table <===== \n");
    for (i = 0; i < 50; i++) {
        if ((i % 10) == 0)
            printf("\n");
        printf("%4d ", table[i].Key);
    }
    printf("\n\n");
}

void dispTableCounter(void)
{
    int i;

    printf("====> Display Table Counter <===== \n");
    for (i = 0; i < 50; i++) {
        if ((i % 10) == 0)
            printf("\n");
        printf("%4d ", table[i].Counter);
    }
    printf("\n");
}
```

```
void main()
{
    initData();
    makeData();
    dispTableCounter();
}
```

첫 번째 배열 data는 기존에 소개했던 알고리즘과 마찬가지로 데이터를 저장해두는 곳입니다. 앞에서 본 과일 박스와 같은 개념입니다. data[55]에 있는 데이터 '55'를 검색해야 한다면 키-맵핑 검색 알고리즘에서는 찾고자 하는 데이터 '55'를 50으로 나눈 나머지 값을 구합니다. 55를 50으로 나누면 나머지는 5가 됩니다. 여기서 장부에 해당하는 두 번째 배열인 table에는 데이터가 저장되는 배열 data의 인덱스가 저장되어 있습니다. 따라서 55를 50으로 나눈 나머지인 5를 인덱스로 갖는 table[5]의 Key 값을 읽으면 해당 값에는 55가 저장되어 있습니다. 바로 이 55가 우리가 찾고자 하는 data의 인덱스 값이 됩니다.

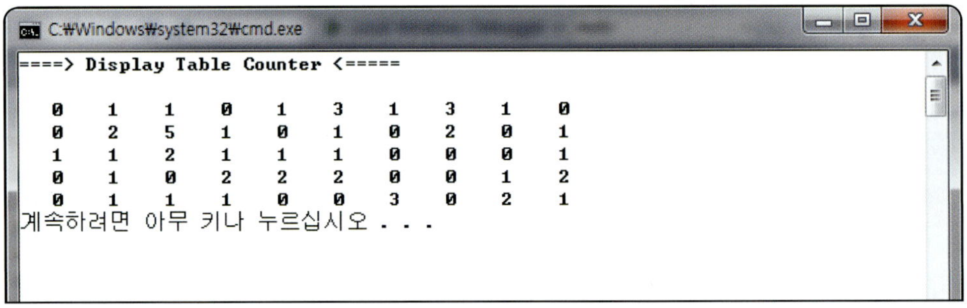

[그림 10-7] 결과 화면

40 해쉬 알고리즘의 데이터 중복 문제

해쉬 알고리즘의 용어인 버킷, 슬롯, 충돌에 대해 알아봅니다.

해쉬 알고리즘의 용어 알아두기

해쉬 알고리즘에서 가장 큰 문제는 데이터가 중복될 수 있다는 점입니다. 사실 제일 좋은 알고리즘은 중복되지 않고 완전히 1:1로 매칭되는 것이 가장 좋은 해쉬 알고리즘입니다. 현재까지는 이상적인 해쉬 알고리즘이 발견되지 않았기 때문에 보통은 하나의 해쉬 주소에 해쉬 데이터를 여러 개 사용합니다. 또한 해쉬 알고리즘에서 새롭게 등장하는 몇 가지 용어에 대해서도 알고 있어야 합니다.

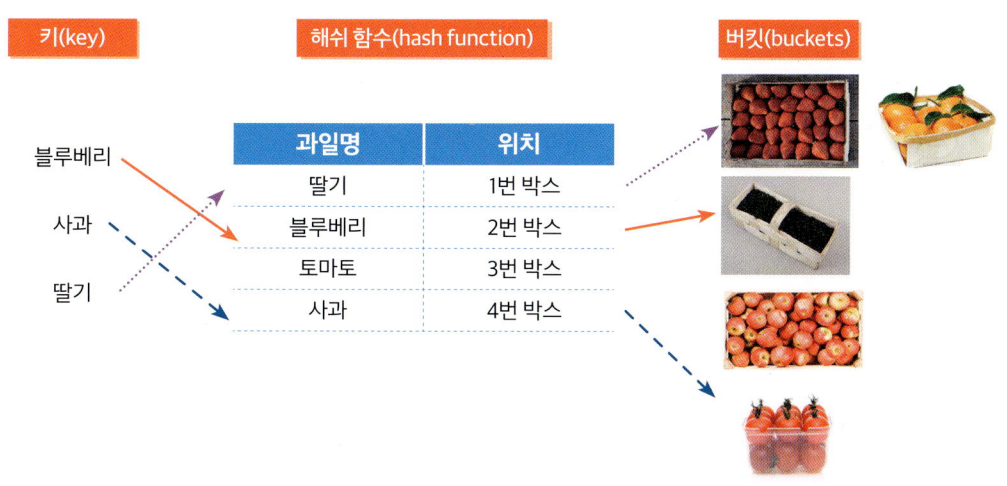

[그림 10-8] 두 개의 항목이 하나의 버킷에 들어가는 해쉬 알고리즘과 구조

버킷(Bucket)은 하나의 해쉬 주소에 한 개 이상의 데이터가 저장되는 공간을 말합니다. 또한 슬롯(slot)은 버킷에서 하나의 데이터가 저장되는 공간을 말합니다. 이외에도 충돌(collision)과 오버플로(overflow)라는 용어가 있는데 충돌은 서로 다른 데이터임에도 불구하고 동일한 해쉬 주소를 갖게 되면 충돌이 발생되었다고 합니다. 위의 경우에는 키위와 배가 하나의 장부에 기록되어 있습니다. 이런 경우를 '충돌'이라고 합니다.

예를 들어 임의의 수를 50으로 나누어서 그 나머지를 해쉬 주소로 사용한다고 하면 45와 95는 45라는 같은 해쉬 주소를 갖기 때문에 충돌이 발생했다고 말합니다. 이외에도 충돌(collision)과 오버플로(overflow)라는 용어가 있는데 충돌은 서로 다른 데이터임에도 불구하고 동일한 해쉬 주소를 갖게 되면 충돌이 발생되었다고 합니다. 예를 들어 임의의 수를 50으로 나누어서 그 나머지를 해쉬 주소로 사용한다고 하면 45와 95는 45라는 같은 해쉬 주소를 갖기 때문에 충돌이 발생했다고 말합니다.

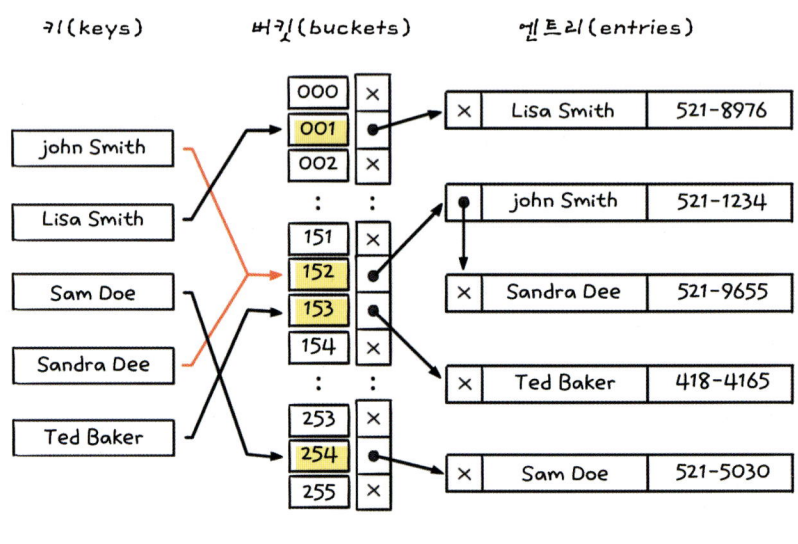

[그림 10-9] 해쉬 충돌

위의 그림에서 보면 'John Smith'와 'Sandra Dee'는 같은 버킷인 '152'를 사용하고 있으므로 해쉬 충돌이 발생합니다. 단, 이와 같은 충돌이 발생하더라도 엔트리(entries)에 보면 'John Smith'와 'Sandra Dee'에 대한 값을 순차적으로 저장합니다. 이와 같은 방식으로 해쉬 충돌로 인해 발생하는 문제점을 어느 정도는 해결할 수 있습니다.

41 해쉬 알고리즘의 문제점을 해결하는 방법

해쉬 알고리즘을 갖고 있는 문제점을 해결하는 방법에 대해 자세히 알아봅니다.

해쉬 테이블의 패킹 밀도

해쉬 알고리즘은 빠른 검색을 할 수는 있지만 내부적으로 몇 가지 치명적인 문제들을 갖고 있습니다. 이전 장에서는 버킷을 사용하여 동일한 해쉬 주소를 갖는 데이터를 여러 개 저장하는 방법을 사용했습니다. 그러나 버킷의 용량을 무한대로 늘릴 수 없는 상황에서는 이러한 방법도 근본적인 해결이 될 수는 없죠. 이번에는 해쉬 알고리즘이 갖고 있는 이러한 문제점들을 좀 더 근본적으로 해결할 수 있는 방법에 대해서 알아보기로 하죠.

해쉬 알고리즘이 상당히 검색 성능이 뛰어난 알고리즘이라는 것은 분명하지만 해쉬 알고리즘 자체에 몇 가지 근본적인 문제가 있습니다. 실제 해쉬 알고리즘을 통해 저장되어 있는 데이터를 살펴보면 다음과 같은 공식이 성립할 수 있습니다.

> 실제 사용된 버킷의 양 = 실제 사용된 버킷의 수 / 전체 버킷의 수

실제 사용된 버킷의 양을 패킹 밀도라고 하며, 이상적인 해쉬 알고리즘이 구현되기 위해서는 사실상 해쉬 테이블의 패킹 밀도가 100%에 가까워지는 것이 좋습니다. 그러나 그러한 해쉬 알고리즘을 구현하는 것은 현실적으로 불가능합니다.

해쉬 알고리즘 사용 시 고려할 점

그렇다면 좀 더 성능이 뛰어난 해쉬 알고리즘을 사용하기 위해서는 어떤 것들이 고려되어야 할까요?

👆 **패킹 밀도를 높이는 해쉬 함수를 사용해야 한다.**

가장 우선시되는 것은 패킹 밀도를 최대한 100%에 근접하게 할 수 있는 해쉬 함수를 사용하는 것입니다. 패킹 밀도가 높아진다는 것은 그 만큼 이상적인 해쉬 함수를 사용했다는 의미가 되며 결국 해쉬 알고리즘의 검색 성능을 최적화한다는 의미입니다.

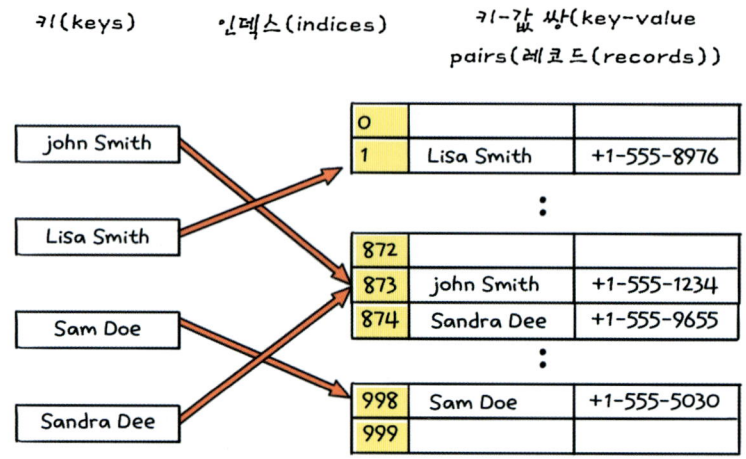

[그림 10-10] 패킹 밀도를 높인 해쉬 알고리즘의 구조

해쉬 알고리즘에서 패킹 밀도를 높이기 위한 연구는 지금도 계속 되고 있고 일부 알고리즘은 현재도 사용 중에 있습니다. 그 중에서 몇 가지 방법을 소개하면 key 값을 제곱한 후에 그 제곱한 값에서 중간값을 선택하는 방법입니다. 이 방법을 사용하면 key 값에 비해 좀더 큰 수로 확장한 후 그 확장된 수에서 해쉬 주소를 선택할 수 있으므로 좀더 고른 해쉬 주소를 가진다는 장점이 있습니다. 그러나 이 경우 문제는 있습니다. 예를 들어 key 값의 자릿수가 동일하지 않고 각각 다른 경우는 문제가 발생할 수 있죠.

예를 들어 다음과 같이 3가지의 key가 있다고 가정해봅시다.

```
key 1 : 1
key 2 : 11
key 3 : 111
```

위의 세 가지 key에 대해서 제곱법을 사용하면 다음과 같은 식이 성립됩니다.

```
key 1 : 1 --> 1 * 1 = 1
key 2 : 11 --> 11 * 11 = 121
key 3 : 111 --> 111 * 111 = 12321
```

위와 같은 경우 어떤 자릿수를 해쉬 주소로 선택해야 할지 모호해집니다. 따라서 제곱법을 사용하는 경우는 key 값의 자릿수가 거의 동일하다는 가정하에서 사용하는 것이 좋습니다.

그 외에도 6자리 이상의 key 값을 사용할 때 숫자를 접어서 사용하는 방법과 10진수 key 값을 16진수로 풀어서 사용하는 방법 등 여러 가지가 있습니다. 이러한 방법들은 제한된 해쉬 주소에서 최대한 중복을 피하고 패킹 밀도를 높이고자 하는데 그 목적이 있습니다. 따라서 key 값을 어떻게 해서든지 변환시켜서 되도록이면 해쉬 주소가 중복되지 않도록 하는거죠.

버킷의 용량

두 번째 고려해야 할 부분은 버킷의 용량입니다. 이전 예제 프로그램에서는 버킷의 크기를 3으로 잡았는데 그 이유는 버킷의 크기를 1로 했을 경우에 최대 충돌 횟수가 3회가 최대값이었기 때문입니다. 이처럼 버킷의 크기는 임의로, 기분 내키는대로 정하는 것이 아니라 실험을 통해 최대값을 찾는 작업이 필요합니다.

오버플로 해결 방법

아무리 해쉬 함수를 잘 설계해도 오버플로를 완전히 막을 수는 없습니다. 그렇다고 해서 무작정 버킷의 용량을 크게 잡을 수도 없겠죠. 따라서 오버플로가 발생할 경우를 대비해서 이를 해결하는 알고리즘을 생각해두어야 합니다. 그 중에서 가장 자주 사용하는 3가지 방법을 살펴보도록 합시다.

❶ 옆자리 조사 방법, 선형 조사 방법

가장 간단하지만 가장 무식한 방법이 옆자리 조사 방법(Linear Proving Method)입니다. 현재 만들어진 해쉬 주소로 데이터를 넣으려고 봤더니 꽉 차있다고 하면 바로 옆자리를 보는거죠. 만약 그 옆자리도 차 있다면 다시 그 옆자리…. 이렇게 계속 다음으로 이동하면서 검색하는 알고리즘입니다.

구현 방법도 간단하고 의외로 성능도 좋은 편입니다. 그런데 문제점은 옆자리 조사 방법, 좀 고상한 이름으로 선형 조사 방법은 해쉬 알고리즘의 오버플로를 해결할 수 있지만 동일한 해쉬 주소에 의한 충돌이 발생할 때마다 원래의 해쉬 주소 근처의 주소에 집중되는 현상이 발생합니다. 이런 현상을 속된 말로 쏠림 현상이라고 하고 고상한 표현으로는 클러스터링(clustering)이라고 합니다. 선형 조사 방법은 이러한 문제점을 갖고 있습니다.

❷ 연결 리스트 방법

연결 리스트 방법은 동일한 해쉬 주소를 갖는 데이터를 배열이 아니라 연결 리스트로 구성하는 방법입니다. 이 경우는 연결 리스트의 구현 방법을 사용해서 해쉬 테이블을 구성합니다. 이 책의 앞부분에서 이미 연결 리스트에 대해서 배웠기 때문에 자세한 설명은 생략하기로 하겠습니다. 연결 리스트를 이용하면 오버플로가 발생하더라도 다른 해쉬 주소로 이동하지 않고 해당 주소 내에 새로운 노드를 생성해서 연결시키게 됩니다.

이전의 선형 조사 방법에 비해 해쉬 주소가 바뀌지 않는다는 장점은 있지만 이 알고리즘 역시 쏠림 현상, 클러스터링이 발생하게 되면 연결 리스트 내부에서 검색 작업이 일어나고, 이때의 검색 작업은 순차 검색을 해야 합니다.

따라서 좀더 빠른 검색을 하기 위해서 해쉬 알고리즘을 사용하는 목적에 맞지 않게 되죠.

❸ 재해쉬(Rehashing) 방법

마지막으로 살펴볼 방법은 아예 다른 해쉬 함수를 사용해서 새로운 해쉬 주소를 생성하는 방법입니다. 서로 다른 해쉬 주소가 나올 때까지 다른 해쉬 함수를 사용하게 되는 방법이므로 근본적인 해결은 되지만 여러 가지 해쉬 함수를 사용하기 때문에 해쉬 함수의 성능에 따라 전체 알고리즘의 성능이 달라질 수도 있습니다.

함수 포인터, 그것이 알고 싶다

함수 포인터는 실제 C 프로그래밍에서 사용 빈도수가 그리 높지는 않습니다. 그 이유는 사용하기가 그리 쉽지만은 않고, 굳이 함수 포인터를 사용할 필요성이 크지 않기 때문입니다. 그럼에도 불구하고 필자가 이 장에서 목에 핏대를 세우며 함수 포인터를 설명하려는 목적은 고급 프로그래밍, 특히 리눅스와 같은 운영체제나 임베디드 혹은 네트워크 프로그래밍과 같이 최첨단의 프로그래밍에서는 함수 포인터를 빼놓을 수가 없기 때문입니다.

이것은 마치 게릴라 전이나 테러를 진압하는 경찰, 혹은 특공대는 개인 화기만으로 무장을 해도 충분히 승산이 있지만 국가 대 국가와 같이 대규모 전쟁이 발발한 경우엔 군인의 숫자나 그 군인들의 무장의 정도와는 상관없이 미사일이 최고의 무기가 되는 것과 마찬가지이죠.

조직 폭력배를 검거한다고 미사일을 쏴대는 국가는 아마 한 곳도 없겠지만, 두 나라가 전쟁이 발발하면 미사일이 제일 강력한 무기가 아닐까 생각합니다.

마찬가지로 함수 포인터는 거의 미사일 급에 해당되는 위력이 있습니다. 단, 굳이 사용하지 않아도 되는 부분에 억지로 사용하면 오히려 소스 코드만 이해하기 어려워집니다. 그렇다면 함수 포인터의 프로토타입은 어떻게 생겼을까? 함수 포인터도 함수와 다를 바 없습니다. 포인터를 사용한다는 점만 다를 뿐 똑같습니다. 다음은 함수 포인터의 프로토타입입니다.

```
return_type(*function_name)(arg1, arg2, …);
```

이게 뭐냐고 생각하는 독자들도 있겠지만, 이게 함수 포인터의 프로토타입입니다.

이것만 보고는 이해가 안될테니 간단한 함수 포인터의 예를 보죠.

다음은 제일 간단한 함수 포인터의 예제 프로그램입니다. 하지만 이러한 목적으로 함수 포인터를 사용하는 사람은 없습니다. 이 예제 프로그램을 소개한 이유는 함수 포인터가 어떤 것인가를 머리가 아닌 마음으로 느껴보라는 의미에서 소개했습니다.

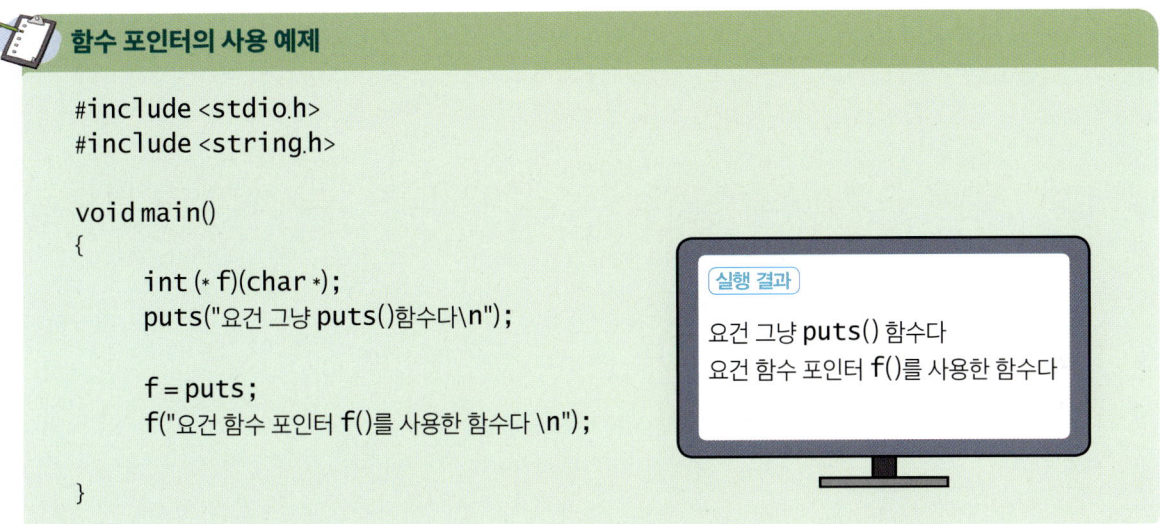

뭔가 느낌이 오지 않는가요? 여기서 핵심은 바로 5행과 7행입니다. 5행은 조금 전에 언급한 함수 포인터의 프로토타입입니다. 물론 이 프로토타입은 main() 함수 밖에서 선언되어도 상관없습니다. 일단 프로토타입이 선언되는게 중요하죠. 프로토타입이 선언되었으면 7행과 같이 C의 표준 입출력 함수인 puts() 함수를 함수 포인터 f가 가리키도록 합니다. 함수 포인터 f가 puts() 함수를 가리킨다는 의미는 함수 포인터 f는 puts() 함수와 완전히 동일하게 사용된다는 의미입니다. 결국 6행과 같이 puts() 함수를 사용해서 문자열을 출력한 결과나 8행과 같이 함수 포인터 f를 사용한 결과나 같습니다.

결국 함수 포인터는 기존에 존재하는 함수를 가리키는 기능만을 사용한다는 것입니다. 이미 기능을 하고 있는 함수가 있음에도 불구하고, 그 함수를 가리키는 함수 포인터를 일부러 사용해야 하는 것일까요? 위의 예제 프로그램에서 직접 puts() 함수를 사용하면 되지 굳이 함수 포인터 f를 사용해야 할 필요성은 없어 보이지 않는가요? 어떤 사람들은 특히 나이가 좀 지긋하고 이미 프로그래밍에 대해 한 발 물러선 관리자급, 함수 포인터를 사용한 코드를 보면 쉽게 만들 수 있음에도 불구하고 일부러 어렵게 만든 것이라고 얘기하곤 합니다. 정말 함수 포인터를 사용하는 사람들은 다른 사람들에게 자신의 난해한 코딩 실력을 자랑하고, 다른 사람의 기를 팍팍 죽이기 위해서만 사용하는 것일까요? 절대 그렇지 않습니다. 다른 기능들도 마찬가지지만 함수 포인터 역시 좀 더 최적화된 코드를 만들기 위해 필요한 기능입니다.

줄을 서시오 - 정렬 알고리즘

11장

정렬은 컴퓨터의 알고리즘 분야에서는 상당히 고전적인 알고리즘입니다. 정렬 알고리즘의 기본 개념은 무작위로 나열되어 있는 데이터를 주어진 조건에 맞게 재배열하는 방법을 말합니다. 이미 우리 실생활에서도 자주 사용되고 있죠. 정렬 알고리즘에 대한 개념 그리고 정렬 알고리즘이 여러 가지로 만들어진 이유에 대해서 알아보도록 하죠.

42 다양한 알고리즘
43 선택 정렬 알고리즘
44 삽입 정렬 알고리즘

42 다양한 정렬 알고리즘

정렬 알고리즘에 대해 살펴본 후 버블 정렬(Bubble sort), 삽입 정렬(Insertion sort), 합병 정렬(Merge sort), 퀵 정렬(Quick sort), 셸 정렬(Shell sort) 등의 다양한 정렬 알고리즘의 특징에 대해 알아봅니다.

정렬 알고리즘의 개념

정렬(sort) 알고리즘은 이미 우리들에게 많이 익숙해져 있는 개념입니다. 갖고 있는 스마트폰의 연락처에 이름과 전화번호를 저장한다고 가정해봅시다. 약 100개의 연락처가 저장되어 있을 때 새롭게 알게 된 '도라지'라는 연락처를 저장하는 경우라면, 연락처 앱은 자동으로 가나다 순서에 의해 'ㄷ'으로 시작하는 위치에서 '도라지'의 연락처가 저장될 위치를 정확하게 알려줍니다.

[그림 11-1] 가나다 순서로 정렬되어 있는 연락처 앱

다양한 정렬 알고리즘의 특징

정렬의 방법은 다양하게 존재하며 그 중에서 어떤 정렬 방법이 제일 좋다고 말할 수는 없습니다. 그런데 중학생이나 초등학생들이 읽으면 조금 헷갈릴 수도 있을 거 같아요.

주어진 데이터가 개수가 많으면 순서대로 정렬하는 작업에도 많은 시간이 필요합니다. 여러 가지 정렬 알고리즘은 정렬할 데이터의 개수가 많아지더라도 정렬하는 속도를 어떻게 하면 빠르게 할 수 있을까 하는 고민 중에 등장했습니다. 대신 정렬하는 속도가 빨라지는 알고리즘일수록 정렬 방법이 좀 복잡합니다. 데이터의 숫자가 10개, 100개 혹은 1,000개 정도는 여러 가지 정렬 알고리즘의 정렬 속도의 차이가 크지 않기 때문에 되도록이면 간단한 정렬 방법을 사용하는 것이 유리합니다. 다음의 표는 여러 가지 정렬 알고리즘에 대한 특징을 정리했습니다.

정렬 종류	정렬 방법	평균 효율	특징
버블 정렬(Bubble sort)	교환 방식	N의 2승	구현하기 쉽다.
삽입 정렬(Insertion sort)	삽입 방식	N의 2승	코드가 간단하고 n의 수가 작을 때 유리하다.
합병 정렬(Merge sort)	병합 방식	N x log(n)	입력자료를 분할하여 병합하므로 별도의 기억장소가 필요하다.
퀵 정렬(Quick sort)	분할 방식	N x log(n)	분할한 입력자료를 재귀적으로 반복하여 정렬하므로 빠르게 동작한다.
셸 정렬(Shell sort)	삽입 방식	N x log2승(n)	Insertion sort의 단점을 보완하기 위해서 입력자료를 적절하게 분할하여 삽입하는 방식
힙 정렬(Heap sort)	선택 방식	N x log(n)	입력자료를 힙(Heap)이라는 자료형을 유지하도록 선택하여 정렬한다.

[표 11-1] 다양한 정렬 알고리즘의 특징

43 선택 정렬 알고리즘

선택 정렬 알고리즘의 정렬 방법을 간단한 그림과 예제를 통해 자세히 알아봅니다.

선택 정렬 알고리즘의 정렬 방법

선택 정렬 알고리즘(Selection Sort Algorithm)은 정렬 방법이 가장 간단한 정렬 알고리즘 중 하나입니다. 정렬되어 있지 않은 데이터 중에서 가장 작은 데이터를 찾아 가장 앞의 데이터와 교환하는 방법입니다. 간단하게 그림으로 살펴볼까요?

| 14 | 10 | 1 | 3 | 7 |

[그림 11-2] 정렬되어 있지 않은 초기 데이터

위의 그림은 정렬되어 있지 않은 데이터들의 초기 모습입니다. 먼저 정렬되어 있지 않은 데이터들 중에서 첫 번째 위치인 '14'와 데이터 중에서 가장 작은 데이터인 '1'를 찾아 서로 바꿉니다. 이에 대한 과정은 다음과 같은 그림으로 표현할 수 있습니다.

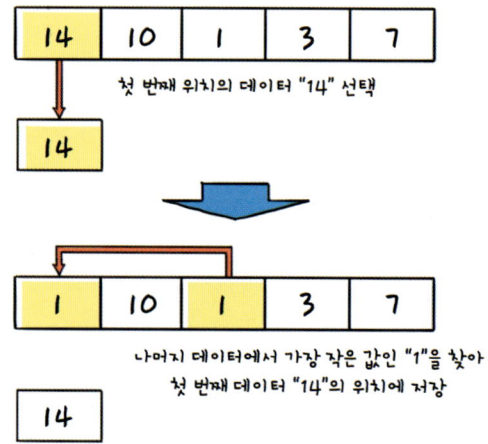

[그림 11-3] 가장 작은 값인 '1'을 가장 선두의 위치인 '14'의 위치에 저장

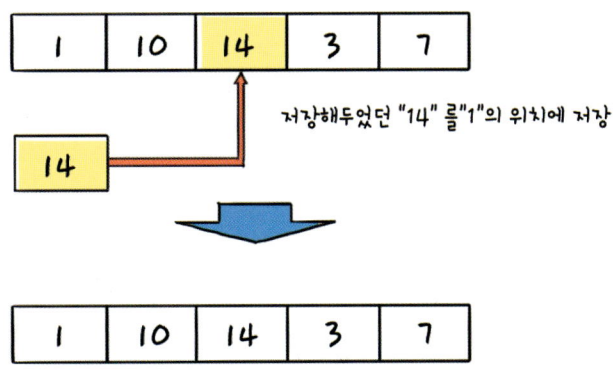

[그림 11-4] '14'를 '1'의 위치에 저장한 결과

위의 그림을 보면 첫 번째 위치의 값인 '14'와 주어진 데이터 중에서 가장 작은 데이터 '1'을 서로 교환합니다. 위의 그림을 한 번 실행한 결과는 가장 작은 데이터 '1'이 가장 선두에 위치하게 됩니다. 결국 데이터 '1'이 자신의 위치로 정렬된 것입니다. 이제 필요한 것은 이미 정렬된 '1'을 제외한 나머지 데이터 중에서 가장 작은 데이터를 찾아 두 번째 위치로 이동하는 것입니다. 그 과정은 다음 그림과 같습니다.

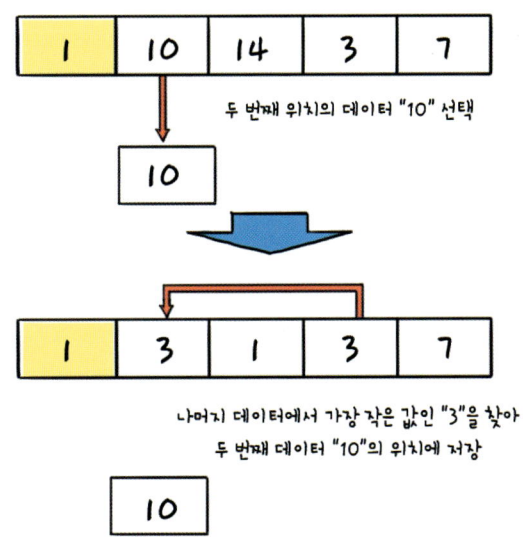

[그림 11-5] 두 번째 작은 값인 '3'을 두 번째 위치인 '10'의 위치에 저장

43_선택 정렬 알고리즘

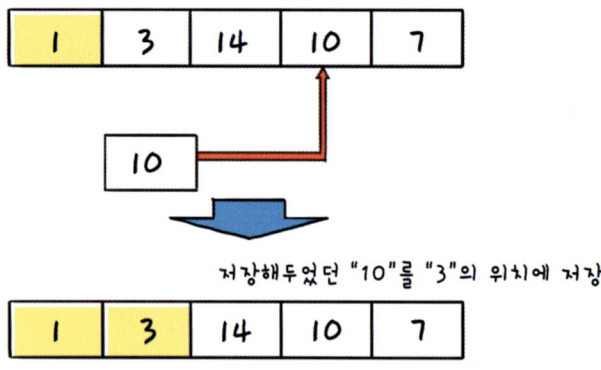

[그림 11-6] '10'을 '3'의 위치에 저장한 결과

이제 '1'과 '3'은 정렬된 상태가 됐습니다. 이 과정을 주어진 데이터가 모두 정렬될 때까지 반복합니다.

예제로 배우는 선택 정렬 알고리즘

다시 정리하면 '선택 정렬 알고리즘'은 데이터의 맨 처음 위치부터 시작해서 그 위치에 저장될 데이터를 찾아 서로 위치를 교환하는 방법입니다. 그럼 간단한 선택 정렬 알고리즘의 코드를 볼까요?

선택 정렬 알고리즘 예제 파일명 : slection_sorting.c

```c
#include <stdio.h>
#include <stdlib.h>

#define LIMIT 100

void selectSORT(void);
int arrayData[LIMIT];

int main()
{
    int data = 0;
    int i = 0;
    printf("무작위 데이터입니다 \n");

    for (i = 0; i < LIMIT; i++) {
        data = rand() % LIMIT;
        arrayData[i] = data;
        printf("%4d ", arrayData[i]);
```

```
            if ((i % 10) == 9)
                printf("\n");
    }
    printf("\n");
    printf("선택정렬로 정렬한 데이터 \n");

    selectSORT();

    for (i = 0; i < LIMIT; i++){
        printf("%4d", arrayData[i]);
        if ((i % 10) == 9)
            printf("\n");
    }
    printf("\n");
}

void selectSORT(void)
{
    int i, j, min, temp;

    for (i = 1; i < LIMIT; i++){
        min = i;
        for (j = i + 1; j < LIMIT; j++)
            if (arrayData[j] < arrayData[min])
                min = j;
        temp = arrayData[min];
        arrayData[min] = arrayData[i];
        arrayData[i] = temp;
    }
}
```

선택 정렬의 구조는 의외로 간단합니다. 두 개의 for문으로 구성되어 있습니다. 첫 번째 for문은 1부터 LIMIT까지를 반복 실행합니다.

```
void selectSORT(void)
{
    int i, j, min, temp;
    for (i = 1; i < LIMIT; i++){
        min = i;
        for (j = i + 1; j < LIMIT; j++)
            if (arrayData[j] < arrayData[min])
                min = j;
        temp = arrayData[min];
        arrayData[min] = arrayData[i];
```

```
        arrayData[i] = temp;
    }
}
```

그리고 두 번째 for문에서 사용하는 변수 j는 i보다 하나 큰 값인 i + 1부터 LIMIT까지 반복하여 실행합니다. 현재의 arrayData[j]가 arrayData[min]보다 작은지를 검사해서 작다면 변수 min에 변수 j를 저장합니다. 이렇게 두 번째 for문이 끝나고 나면, arrayData[min]은 배열 arrayData의 값들 중에서 가장 최소값이 저장되어 있습니다. 이 값을 arrayData[i]와 서로 바꿔주는 코드가 다음의 코드입니다.

```
temp = arrayData[min];
arrayData[min] = arrayData[i];
arrayData[i] = temp;
```

이와 같이 두 개의 값을 서로 바꾸는 것을 스왑(swap)이라고 말합니다.

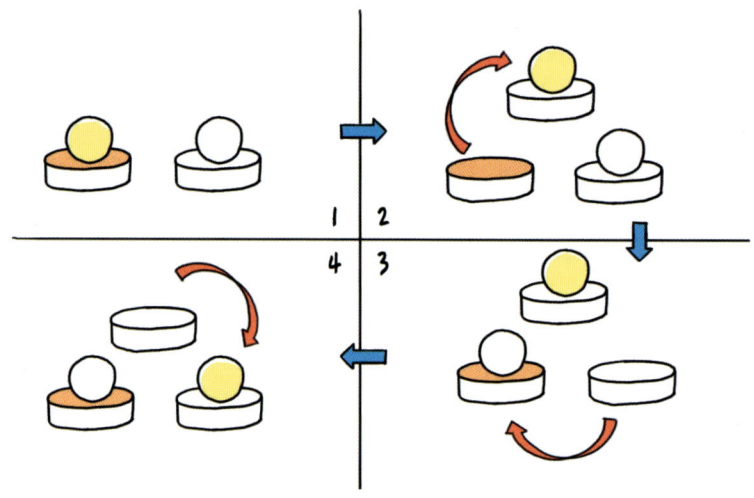

[그림 11-7] 스왑의 동작

선택 정렬 알고리즘은 데이터의 처음부터 끝까지 for문을 반복하면서 남아 있는 정렬되지 않은 데이터 중의 가장 작은 값을 갖는 데이터를 찾게 됩니다. 다시 말하면 현재 정렬되지 않은 데이터 중에서 가장 작은 값을 선택한다는 의미가 됩니다. 바로 이 선택(Selction)이 이 알고리즘의 이름이 선택 정렬(Selction Sort) 알고리즘이 된 이유입니다.

다음은 선택 정렬 알고리즘이 동작하는 모습을 그림으로 표현한 것입니다.

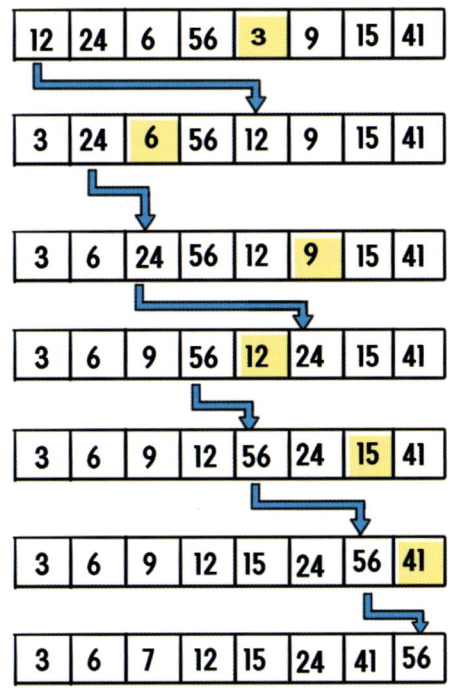

[그림 11-8] 선택 정렬(Selection sort) 알고리즘의 동작

먼저 전체 데이터 중에서 가장 작은 값인 3을 찾게 되면 그 3을 가장 선두에 있는 12와 자리를 바꿉니다. 그 다음에 두 번째로 작은 값인 6과 두 번째 자리에 있는 24를 바꿉니다. 이와 같은 방식으로 작은 값을 가진 데이터와 자릿수를 찾아서 서로 바꿔줍니다.

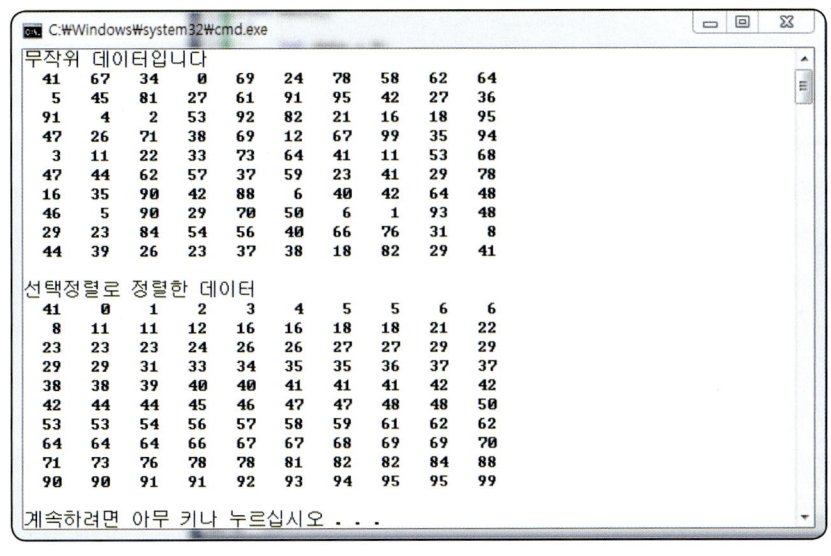

[그림 11-9] 결과 화면

44 삽입 정렬 알고리즘

삽입 정렬 알고리즘의 정렬 방법을 간단한 그림과 예제를 통해 자세히 알아봅니다.

삽입 정렬 알고리즘의 정렬 방법

삽입 정렬(Insert Sort Algorithm)은 선택 정렬 알고리즘과 비슷한 알고리즘입니다. 앞에서 배운 선택 정렬과는 어떤 차이점이 있는지 알아보도록 합시다. 선택 정렬 알고리즘이 정렬되지 않은 데이터 중에 가장 작은 값을 찾아서 정렬을 하는 방식이라면 삽입 정렬은 그러한 작은 값을 찾는 검색 과정이 필요 없는 정렬 알고리즘입니다. 오히려 순차적으로 정렬하면서 현재의 값을 정렬되어 있는 값들과 비교하여 위치로 삽입하는 방식입니다. 삽입 정렬과 마찬가지로 그림을 보면서 이해해볼까요?

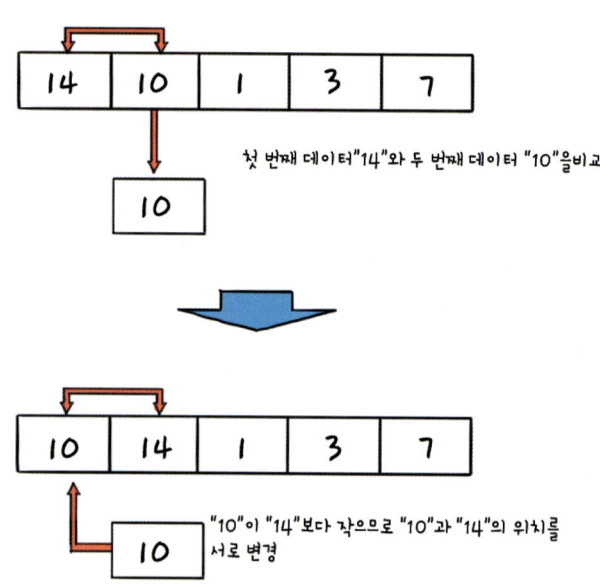

[그림 11-10] '10'과 '14'를 비교하여 서로 위치 변경

위 그림은 이해가 쉽게 됐을 겁니다. 그 다음이 삽입 정렬의 특징을 고스란히 보여주는 정렬 방법입니다.

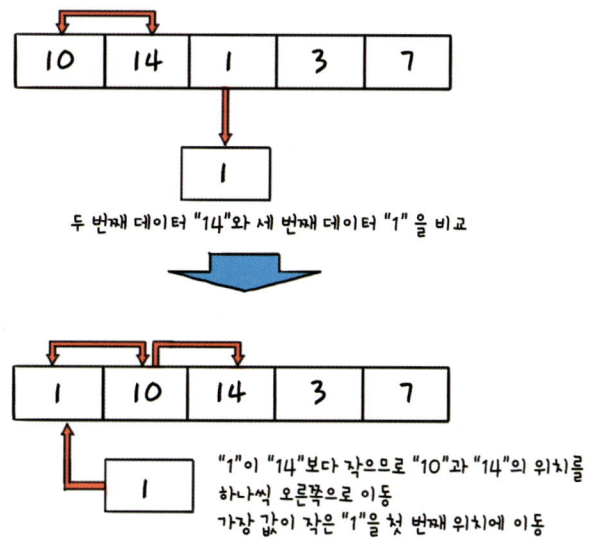

[그림 11-11] '1'과 '14를 비교하여 위치 변경

위의 그림을 보면 세 번째 데이터인 '1'과 바로 왼쪽의 데이터인 '14'를 비교하여 '1'이 더 작으므로 '1'을 별도로 저장해둡니다. '10'과 '1'을 다시 비교하여 '1'이 더 작으므로 '1'을 가장 첫 번째 위치로 이동시키고 '10'과 '14'를 한칸씩 오른쪽으로 이동시킵니다. 이와 같은 과정을 주어진 데이터에서 더 이상 이동시킬 데이터가 없을 때까지 반복합니다. 이동시킬 데이터가 없다는 것은 데이터들이 모두 정렬이 끝났다는 의미가 됩니다.

예제로 배우는 삽입 정렬 알고리즘

그러면 먼저 삽입 정렬 알고리즘의 전체 코드를 살펴볼까요?

삽입 정렬 알고리즘 예제 파일명 : insert_sorting.c

```c
#include <stdio.h>
#include <stdlib.h>

#define LIMIT 100

int arrayData[LIMIT];

void insertSORT(void)
{
    int i, j, temp;

    for (i = 1; i < LIMIT; i++) {
```

```
        temp = arrayData[i];
        j = i;

        while (arrayData[j - 1] > temp && j > 0) {
            arrayData[j] = arrayData[j - 1];
            j--;
        }
        arrayData[j] = temp;
    }
}

int main()
{
    int data = 0;
    int i = 0;
    printf("무작위 데이터입니다 \n");

    for (i = 0; i < LIMIT; i++) {
        data = rand() % LIMIT;
        arrayData[i] = data;
        printf("%4d ", arrayData[i]);
        if ((i % 10) == 9)
            printf("\n");
    }
    printf("\n");
    printf("삽입정렬로 정렬한 데이터 \n");

    insertSORT();

    for (i = 0; i < LIMIT; i++) {
        printf("%4d ", arrayData[i]);
        if ((i % 10) == 9)
            printf("\n");
    }
    printf("\n");
}
```

삽입 정렬 알고리즘은 선택 정렬 알고리즘과 정렬 알고리즘만 차이가 있을 뿐 다른 부분은 거의 동일합니다. 첫 번째 for문을 사용하여 첫 번째 데이터부터 마지막 데이터까지 반복문을 실행하면서 정렬작업을 하는 것은 선택 정렬과 삽입 정렬이 동일합니다. 비교의 시작을 배열의 첫 번째 데이터가 아닌 두 번째 데이터부터 시작하는 것이 다릅니다. 다음의 그림을 보죠.

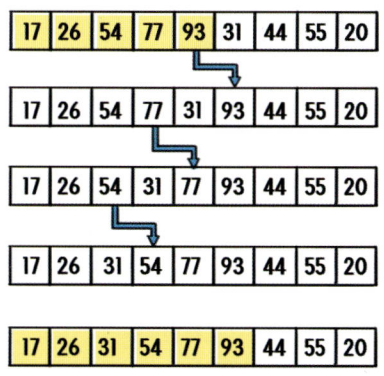

[그림 11-12] 삽입 정렬 알고리즘

먼저 93보다 작은 31이 나타나면 그 31을 다른 곳에 저장해두고, 31의 위치에 93을 이동시킵니다. 77과 31을 다시 비교해서 77 역시 31보다 크므로 다시 77을 이동시켜 저장합니다. 이 작업을 31보다 작은 값을 갖고 있는 26을 만날 때까지 반복합니다. 26을 만나면 26을 저장하는 것이 아니라 그제야 31을 저장시킵니다. 위의 그림과 같이 삽입 정렬 알고리즘을 전체 데이터가 모두 정렬될 때까지 반복하여 실행합니다.

삽입 정렬은 동작 방법이 앞에서 다룬 선택 정렬과 거의 비슷합니다. 선택 정렬이 현재 정렬되어 있지 않은 데이터들 중에서 가장 작은 값을 검색하여 찾아내서 정렬된 쪽으로 이동시키는 알고리즘인 반면에, 삽입 정렬은 정렬되지 않은 데이터에서 순서대로 데이터를 뽑아서 정렬된 데이터의 들어갈 위치를 검색하여 삽입하는 알고리즘입니다. 이 부분에 대한 차이가 있습니다.

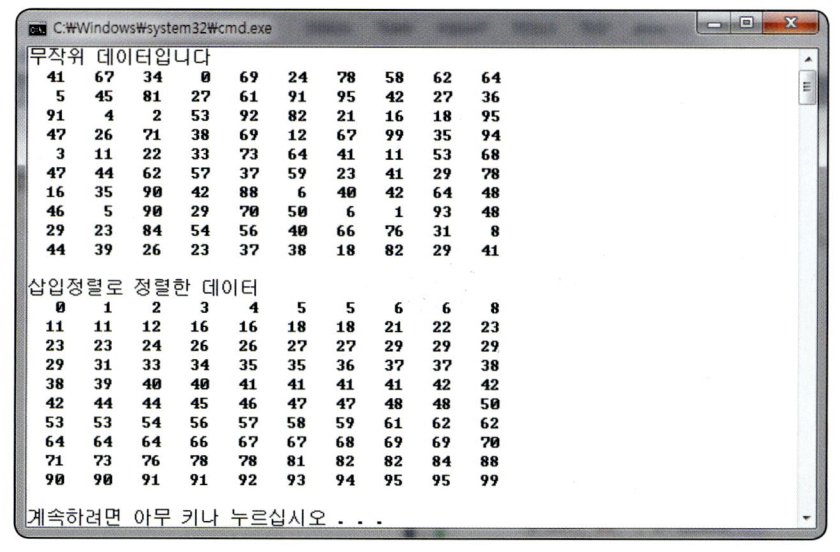

[그림 11-13] 결과 화면

좀 더 빨리 줄을 서시오 - 정렬 알고리즘 II

12장

버블 정렬 알고리즘의 정렬 방법과 셸 정렬 알고리즘의 정렬 방법을 예제와 함께 배워본 후 선택 정렬, 삽입 정렬, 버블 정렬, 셸 정렬의 성능을 각각 비교해서 알아보겠습니다.

45 버블 정렬 알고리즘
46 셸 정렬 알고리즘
47 4가지의 기본 정렬 알고리즘의 비교

45 버블 정렬 알고리즘

버블 알고리즘이 어떤 알고리즘이며 그 알고리즘의 성능이 어느 정도인지 알아보도록 합시다.

버블 정렬 알고리즘의 정렬 방법

버블 정렬(Bubble Sort)은 정렬하는 모양이 버블이랑 비슷하다고 해서 버블 정렬이라고 합니다. 버블 정렬은 주어진 데이터를 바로 옆의 데이터와 비교하여 정렬되어 있지 않으면 서로 위치를 바꿉니다. 이런 과정을 한 번 실행하고 나면 주어진 데이터 중에서 가장 큰 데이터가 가장 오른쪽인 끝위치로 오게 됩니다. 다음 그림을 볼까요?

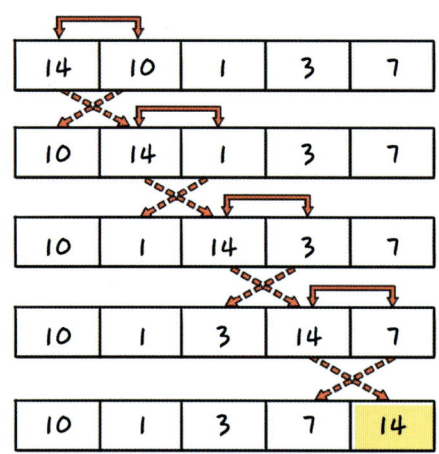

[그림 12-1] 버블 정렬의 첫 번째 실행

위의 그림과 같이 버블 정렬은 순차적으로 바로 옆에 있는 데이터와 비교해서 옆의 데이터가 크면 자신과 위치를 바꿉니다. 이와 같은 방식으로 데이터의 처음부터 끝까지 반복합니다. 첫 번째 데이터가 가장 크다면 계속 옆에 있는 데이터와 자리를 바꾸면서 그 데이터는 결국 맨 끝으로 가게 됩니다. 그리고 나서 두 번째 위치에 있는 데이터를 또다시 옆에 있는 데이터와 비교합니다. 이와 같은 과정을 마지막의 바로 전 데이터까지 반복합니다.

두 번째 버블 정렬의 실행 모습은 다음과 같습니다.

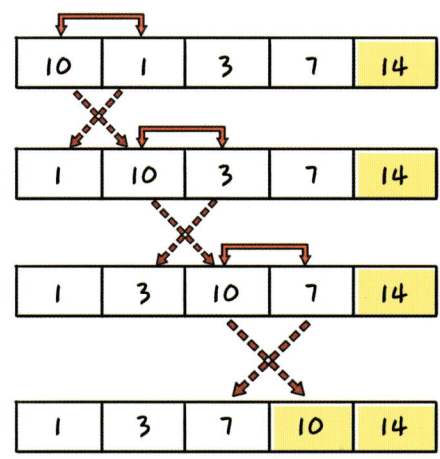

[그림 12-2] 버블 정렬의 두 번째 실행

버블 정렬 알고리즘이라고 이름이 붙여져 있는 이유는 데이터들끼리 서로 비교하여 바꾸는 모습이 마치 거품과 비슷하다고 해서 이런 이름이 붙였습니다. 이 버블 정렬 알고리즘은 기존이 정렬 알고리즘과 같이 두 개의 반복문을 중첩해서 사용합니다.

예제로 배우는 버블 정렬 알고리즘

버블 정렬 알고리즘의 전체 코드를 봅시다.

버블 정렬 알고리즘의 예제　　　　　파일명 : bubble_sort.c

```c
#include <stdio.h>
#include <stdlib.h>

#define LIMIT 100

int arrayData[LIMIT];

void bubbleSORT(void)
{
    int i, j, temp;

    for(i = LIMIT - 1; i >= 0; i--){
        for(j = 1; j <= i; j++){
```

```
            if (arrayData[j - 1] > arrayData[j]){
                temp = arrayData[j - 1];
                arrayData[j - 1] = arrayData[j];
                arrayData[j] = temp;
            }
        }
    }
}

int main()
{
    int data = 0;
    int i = 0;
    printf("무작위 데이터입니다 \n");

    for (i = 0; i < LIMIT; i++){
        data = rand() % LIMIT;
        arrayData[i] = data;
        printf("%4d ", arrayData[i]);
        if ((i % 10) == 9)
            printf("\n");
    }
    printf("\n");
    printf("버블정렬로 정렬한 데이터 \n");

    bubbleSORT();

    for (i = 0; i < LIMIT; i++){
        printf("%4d ", arrayData[i]);
        if ((i % 10) == 9)
            printf("\n");
    }
    printf("\n");
}
```

위의 버블 정렬 알고리즘을 실행하면 다음과 같이 이전 알고리즘과 동일한 결과가 나타납니다.

버블 정렬은 첫 번째 for문과 두 번째 for문으로 구성되어 있습니다. 먼저 첫 번째 for문에서 제어변수 i는 LIMIT - 1을 가리킵니다. LIMIT - 1은 정렬할 데이터가 저장되어 있는 배열 arrayData의 가장 마지막 위치를 말합니다. 첫 번째 for문은 가장 마지막 위치에서부터 한 칸씩 줄어들면서 반복 실행합니다.

두 번째 for문의 역할은 먼저 두 번째 for문의 제어변수인 변수 j는 1로 초기화되어서 첫 번째 for문의 제어변수인 변수 i값과 같거나 작을 때까지 하나씩 증가합니다. 가장 안쪽에 있는 if문은 arrayData[j - 1]이 arrayData[j]와 비교하여 arrayData[j - 1]이 arrayData[j]보다 크면 두 값을 변경합니다.

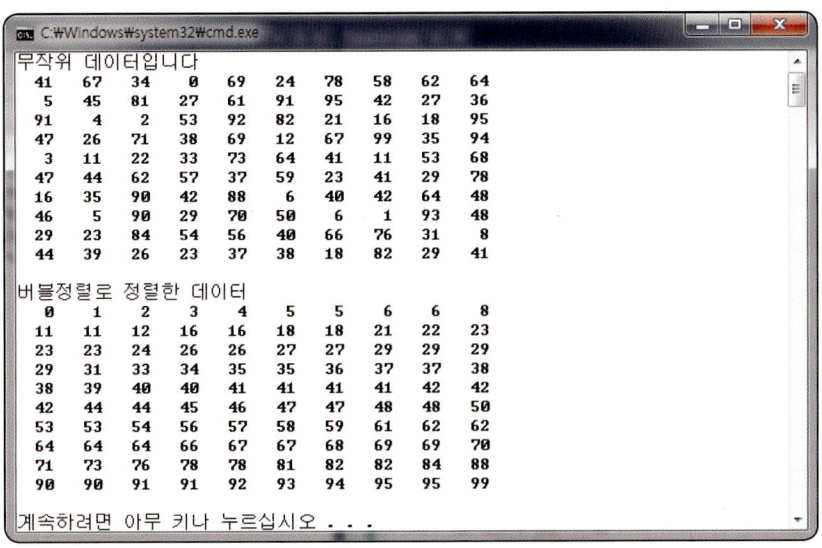

[그림 12-3] 결과 화면

고수로 가는 길 — Make를 알아야 한다

Make는 흔히 리눅스나 유닉스에서만 사용하는 툴로 알고 있는 사람들이 있습니다. 유닉스나 리눅스에서 Make 툴을 자주 사용하는 것은 맞지만 그렇다고 해서 윈도우 프로그램 내부에서 이런 툴을 사용하지 못하는 것은 결코 아닙니다. 단지 윈도우 프로그래밍을 할 때는 비주얼 스튜디오(Visual Studio)라는 통합 개발 환경 안에서 전용으로 사용하는 툴이 있기 때문에 굳이 Make 툴을 사용할 필요가 없는거죠. 비주얼 스튜디오(Visual Studio)를 사용하면서도 사실 Make 툴을 사용할 수도 있습니다.

독자들 중에서 평생 윈도우 프로그래머로 지내고자 마음 먹은 사람이라면 상관없지만 리눅스나 유닉스 프로그래밍을 하기 원하는 사람들은 반드시 Make툴과 Makefile을 작성하는 방법에 대해 알고 있어야 합니다.

46 셸 정렬 알고리즘

셸 정렬 알고리즘의 정렬 방법에 대해 살펴본 후, 예제를 통해 자세히 알아봅니다.

셸 정렬 알고리즘의 정렬 방법

셸 정렬 알고리즘(Shell Sort Algorithm)의 기본 구조는 삽입 정렬 알고리즘과 같지만 성능면에서는 삽입 정렬 알고리즘과 비교가 되지 않을 정도로 우수합니다. 그 이유는 셸 정렬 알고리즘의 특징이 정렬할 데이터를 일정한 구간별로 쪼개서 그 구간내에서 정렬한 후에 구간을 합쳐서 정렬을 하기 때문입니다. 다시 말하면 일정 그룹으로 쪼개서 정렬한 후 그룹 내의 정렬이 완료된 후에 전체 정렬을 하기 때문에 비교 횟수나 데이터의 이동 횟수가 훨씬 줄어듭니다. 다음 그림을 볼까요?

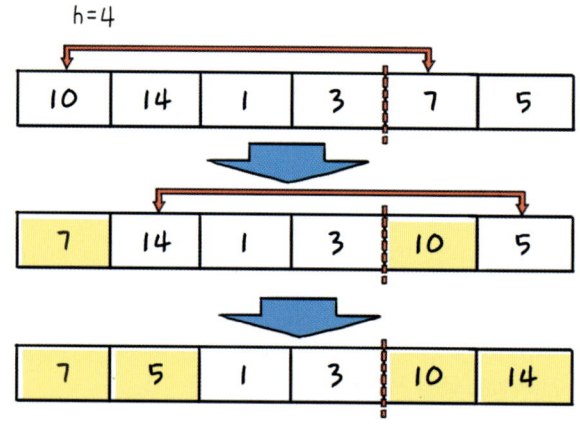

[그림 12-4] 셸 정렬의 첫 번째 실행

위의 그림은 정렬할 데이터가 10, 14, 1, 3, 7, 5를 셸 정렬 알고리즘의 첫 번째 실행을 한 결과입니다. 총 6개의 데이터를 2개의 그룹으로 쪼갰습니다. 왼쪽은 4개, 오른쪽은 2개의 데이터로 쪼개어 위의 그림과 같이 첫 번째 데이터와 다섯 번째 데이터를 비교하고 첫 번째 데이터인 '10'이 다섯 번째 데이터인 '7'보다 크므로 두 값을 교환합니다. 마찬가지로 두 번째 데이터인 '14'와 여섯 번째 데이터인 '5'를 비교하여 '14'가 더 크므로 두 값을 교환합니다.

그 결과는 다음과 같습니다.

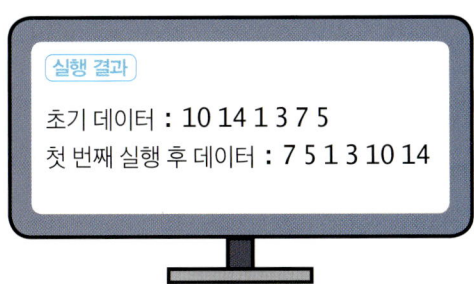

그 다음은 두 번째 실행을 합니다. 앞의 그림에서 쪼개는 경계값인 h가 4였으나 두 번째 실행할 때는 h가 1이 됩니다. 이 h값에 대해서는 조금 후에 좀 더 자세히 설명하도록 하겠습니다.

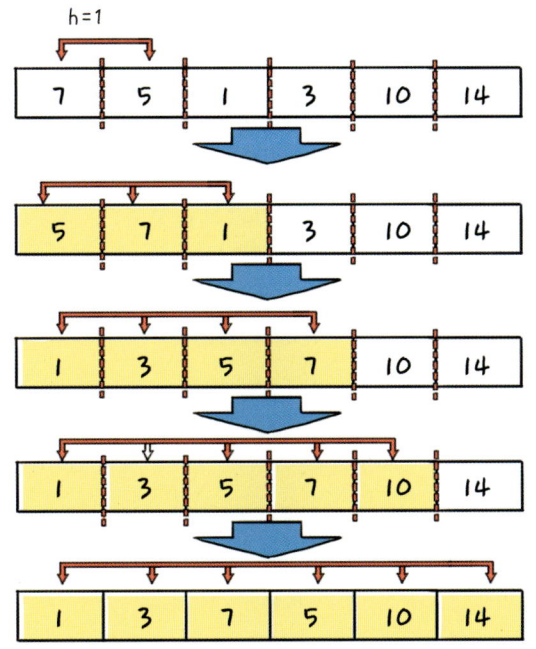

[그림 12-5] 셸 정렬의 두 번째 실행

두 번째는 h가 1이 됐기 때문에 위의 그림과 같이 데이터의 개수를 1개씩 나누어 각각 비교합니다. 결국 전체 데이터가 모두 정렬됩니다.

예제로 배우는 셸 정렬 알고리즘

다음은 위의 데이터를 사용한 셸 정렬 알고리즘의 전체 소스 코드입니다.

셸 정렬 알고리즘의 예제 파일명 : shell_sorting.c

```c
#include <stdio.h>
#include <stdlib.h>

#define LIMIT 100

int arrayData[LIMIT];

void shellSORT(void)
{
    int i, j, h, v;

    for (h = 1; h < LIMIT; h = 3 * h + 1);
    for (; h > 0; h /= 3) {
        for (i = h; i < LIMIT; i++) {
            v = arrayData[i];
            j = i;
            while (j >= h && arrayData[j - h] > v) {
                arrayData[j] = arrayData[j - h];
                j -= h;
            }
            arrayData[j] = v;
        }
    }
}

int main()
{
    int data = 0;
    int i = 0;
    printf("무작위 데이터입니다 \n");

    for (i = 0; i < LIMIT; i++) {
        data = rand() % LIMIT;
        arrayData[i] = data;
        printf("%4d ", arrayData[i]);
        if ((i % 10) == 9)
```

```
            printf("\n");
        }
        printf("\n");
        printf("셸정렬로 정렬한 데이터 \n");
        
        shellSORT();
        
        for(i = 0; i < LIMIT; i++){
            printf("%4d", arrayData[i]);
            if((i % 10) == 9)
                printf("\n");
        }
        printf("\n");
    }
```

위의 소스 코드를 보면 가장 중요한 부분이 바로 h를 구하는 부분입니다. h는 보통 3의 배수로 설정을 하는 경우가 많습니다.

```
    for (h = 1; h < LIMIT; h = 3 * h + 1);
```

이 for문을 실행하고 나면 h는 13이 되어, 전체 데이터의 수보다 크므로 셸 정렬 알고리즘은 실행되지 않습니다. 그리고 나서 첫 번째 for문에서는 h를 3으로 나눈 수로 줄여 나갑니다. h를 줄여 나가는 이유는 앞의 그림과 같이 처음에는 크게 자르고 점차 잘게 잘라 가기 위해서입니다.

좀더 많은 데이터를 정렬하는 경우에 대해서 알아봅시다. 셸 알고리즘을 좀 더 간단하게 설명하면 예를 들어 100개의 데이터가 있다고 가정해봅시다. h가 10인 경우에 0, 10, 20, 30, …, 90의 위치에 있는 데이터들만 뽑아서 정렬을 하고 그 다음에 다시 1씩 더해서 1, 11, 21, 31, …, 91의 위치에 있는 데이터들만 뽑아서 정렬을 합니다. 이와 같은 방식으로 9, 19, 29, …, 99까지 정렬한 후에 h를 줄이게 됩니다.

바로 이 h값을 얼마나 줄이느냐가 키포인트인데 위의 소스 코드에서는 3으로 나눈 값을 취했습니다. 따라서 h는 3이 되고 0, 3, 6, 9, …, 99까지 다시 정렬을 하고 또 1 증가해서 1, 4, 7, 10, …의 방식으로 정렬을 합니다. 1 증가한 값이 3보다 작을 때까지 반복한 후에 다시 h를 3으로 나누어서 1이 되면 0, 1, 2, …, 99를 정렬하는데 이미 h가 1이 되어 있는 경우에는 거의 대부분의 값들이 정렬이 된 상태가 됩니다. 이와 같이 셸 알고리즘은 많은 데이터가 있는 경우에 그 데이터를 특정한 조건으로 나누어 분할하여 정렬하는 방식입니다.

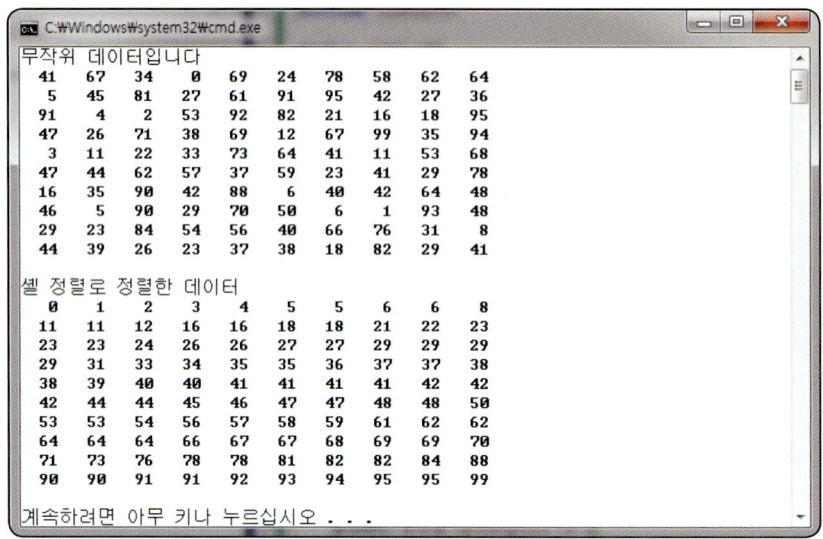

[그림 12-6] 결과 화면

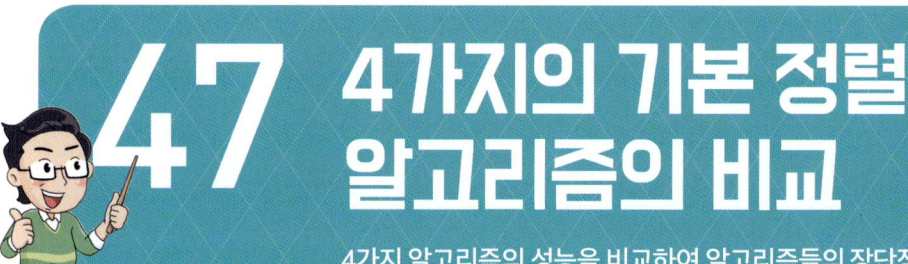

47 4가지의 기본 정렬 알고리즘의 비교

4가지 알고리즘의 성능을 비교하여 알고리즘들의 장단점을 알아봅시다.

알고리즘별 성능 결과

지금까지 배운 서로 다른 4개의 알고리즘을 서로 비교해보면 각각의 알고리즘의 특징에 대해 좀 더 자세히 알 수 있습니다. 다음의 그래프는 데이터를 무작위로 초기화했을 때의 각 알고리즘별 성능에 대한 결과입니다.

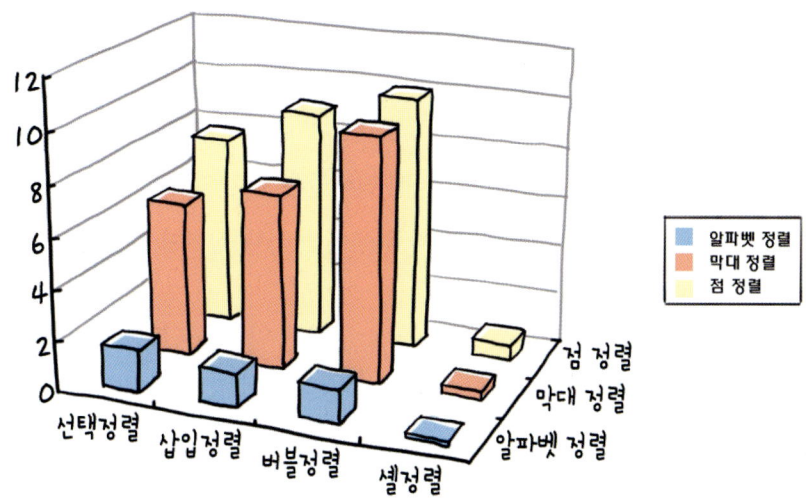

[그림 12-7] 네 가지 알고리즘의 성능 비교

정렬할 데이터를 무작위로 선택하여 정렬하는 경우 가장 성능이 좋은 알고리즘은 셸 정렬 알고리즘이며 가장 성능이 좋지 않은 알고리즘은 버블 정렬 알고리즘입니다. 그렇다면 최선의 경우에는 어떻게 달라질까요?

📘 최선의 경우 비교

정렬할 데이터를 무작위로 선택하여 정렬하는 경우 가장 성능이 좋은 알고리즘은 셸 정렬 알고리즘이며 가장 성능이 좋지 않은 알고리즘은 버블 정렬 알고리즘입니다. 그렇다면 최선의 경우에는 어떻게 달라질까요? 다음의 그래프는 이미 정렬되어 있는 형태로 데이터를 작성하여 네 가지의 정렬 알고리즘을 실행한 결과입니다.

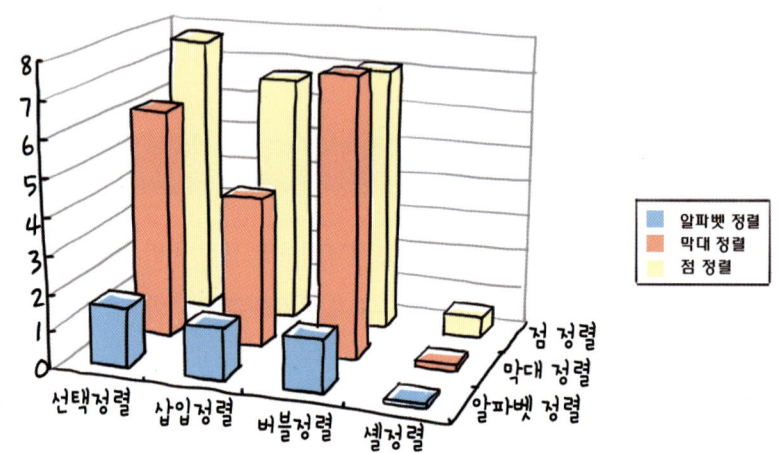

[그림 12-8] 이미 정렬되어 있는 데이터에 대한 네 가지 알고리즘의 성능 비교

최선의 경우에는 약간 양상이 달라집니다. 가장 성능이 좋은 것은 역시 셸 정렬 알고리즘이고 가장 성능이 안 좋은 알고리즘은 버블 정렬이지만 일반 모드의 경우에는 선택 정렬이 삽입 정렬보다 성능이 더 좋았는데 최선의 경우에는 그 반대가 되었습니다.

이와 같은 결과가 나타난 이유는 선택 정렬은 주로 비교 횟수가 많이 사용되는 알고리즘이기 때문에 최선의 경우처럼 이미 정렬되어 있는 경우에는 상대적으로 이동횟수가 줄어드는 삽입 정렬 알고리즘이 선택 정렬 알고리즘보다 성능이 좋습니다.

📘 최악의 경우 비교

마지막으로 최악의 경우를 살펴봅시다. 다음은 데이터를 역순으로 정렬한 최악의 경우에 네 가지 알고리즘에 대한 성능 비교입니다.

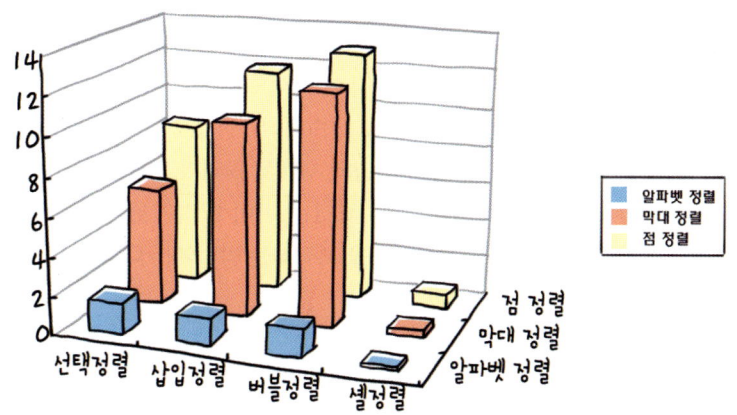

[그림 12-9] 역순으로 정렬되어 있는 데이터에 대한 네 가지 알고리즘의 성능 비교

최악의 경우에는 셸 정렬 알고리즘의 성능이 가장 좋고 그 다음으로 선택 정렬, 삽입 정렬 마지막으로 버블 정렬의 순서가 됩니다. 결국 선택 정렬, 삽입 정렬, 버블 정렬의 경우는 O-표기법에서 알 수 있듯이 $O(N^2)$의 성능을 갖고 있으며, 셸 정렬 알고리즘의 경우에는 $O(N(logN)^2)$의 경우이므로 위의 그림과 같이 현격한 성능 차이를 보이고 있습니다. 이 네 가지 정렬 알고리즘들은 기본적인 알고리즘이며 셸 정렬 알고리즘을 제외한 나머지 알고리즘은 $O(N^2)$의 성능을 갖고 있습니다. 그러나 무조건 셸 정렬 알고리즘이 좋다고만은 볼 수 없으며 각각의 데이터 정렬 조건에 따라 사용해야 할 정렬 알고리즘이 달라질 수밖에 없습니다.

여러분들은 앞 장과 이 장을 통해 기본적인 정렬 알고리즘에 대한 감을 익혔고 그와 함께 알고리즘의 성능을 어떻게 평가하는지 그리고 각각의 정렬 알고리즘이 어떤 특성이 있는지 살펴보았습니다.

이것만은 꼭 기억하세요! 툴을 사용하는 디버깅

프로그램을 만들다 보면 종종 디버깅(debugging)이라는 말을 듣곤 합니다. 또한 조금만 더 프로그래밍에 익숙해지다 보면 자신도 모르게 입에서 "나 디버깅 중이야"라는 말을 하게 될 것입니다. 디버깅에 대한 사전적인 의미는 프로그램에 존재하는 오류를 수정하는 작업을 가리킵니다. 그러나 개발 현장에서는 컴파일과 링크 과정 중에 나타난 오류를 수정하는 것은 디버깅이라고 하지는 않습니다.

보통 말하는 디버깅이라는 것은 프로그램이 정상적으로 컴파일과 링크 과정을 거쳐 실행 파일이 생성되었지만, 프로그램의 동작이 프로그래머가 원하는 방식대로 진행되지 않는 경우, 혹은 프로그램 내부에 코드를 입력할 때는 생각지 못했던 논리적인 오류가 숨어있는 경우에 그러한 오류를 잡아내는 작업을 표현하는 말로 사용됩니다.

비주얼 스튜디오는 금세기 최고의 디버깅 툴이라고 할 수 있을 만큼 강력한 디버깅 기능이 있습니다. 비주얼 스튜디오에서는 실행되자 마자 각 라인마다 독립적으로 실행시키도록 할 수도 있고, 일정 구간을 건너뛰게 하거나, 실행 중에 변수의 값을 수정할 수도 있습니다.

그러면 본격적으로 비주얼 스튜디오를 이용한 디버깅의 세계로 들어가 볼까요?

우선 비주얼 스튜디오에서 디버깅을 시작하기 위해서는 이미 이야기했듯이 컴파일과 링크에는 오류가 없어야 합니다. 그리고 비주얼 스튜디오에서 디버깅을 시작하는 방법에는 다음의 두 가지가 있습니다.

❶ Go 메뉴를 이용한 디버깅 방법

[Debug]→[Start Debugging] 메뉴(단축키 F5)는 조금 뒤에 배우게 될 브레이크포인트와 함께 사용하여 디버깅하는 방법입니다. 즉, 브레이크포인트로 디버깅을 실행할 범위를 지정한 후 [Start Debugging] 메뉴를 실행하면 지정된 라인까지 디버깅합니다. 만약 브레이크포인트가 없다면 일반적인 실행 파일의 실행과 동일하게 실행됩니다.

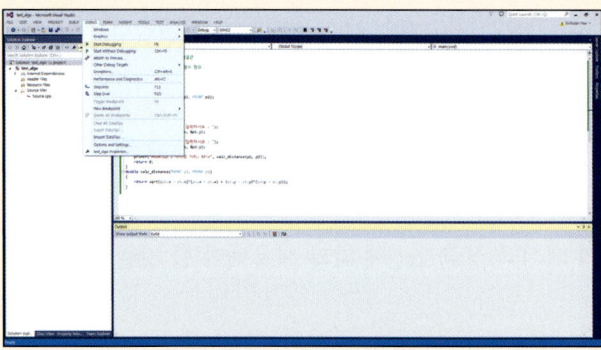

[Start Debugging] 메뉴의 실행

❷ Step Into 메뉴를 이용한 디버깅 방법

Step Into 메뉴는 소스 코드의 첫 번째 라인부터 차례대로 실행하게 하는 명령어입니다. Step Into 메뉴를 실행하면 일단 프로그램이 시작되자마자 프로그램의 실행이 잠시 멈추게 됩니다. 여기서 또 F11 을 누르면 그 다음 라인이 실행되고 멈춥니다. 이와 같이 Step Into 메뉴는 한 줄씩 실행 상태를 보려고 할 때 적합한 기능입니다. 메뉴에서 선택하는 방법은 [Debug]→[Step Info] 메뉴를 실행하면 됩니다.

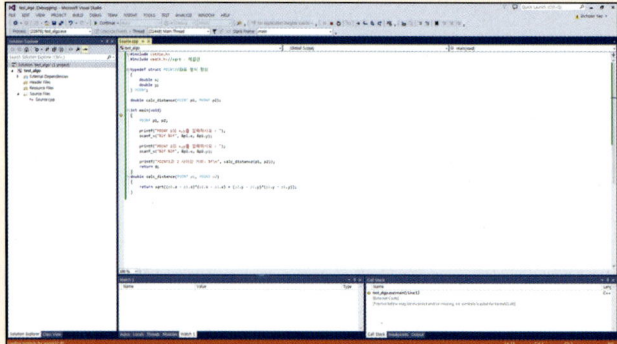

[Step Info] 메뉴의 실행

MEMO

보물찾기 - 검색 알고리즘

13장

순차 검색 알고리즘의 개념과 검색 방법을 도해와 예제를 통해 배워본 후, 순차 검색 알고리즘의 몇 가지 구조적인 문제, 즉 데이터 삽입이나 삭제에 대한 문제에 대해 알아보겠습니다.

48 × 순차 검색 알고리즘
49 × 순차 검색 알고리즘에서 데이터의 삽입
50 × 순차 검색 알고리즘에서 데이터의 삭제

48 순차 검색 알고리즘

순차 검색 알고리즘의 검색 방법에 대해 살펴본 후, 예제를 통해 적용해봅니다.

순차 검색 알고리즘이란

순차 검색 알고리즘(Sequential Search Algorithm)은 여러 가지 검색 알고리즘 중에서 가장 간단한 검색 알고리즘입니다. 그러나 개념이나 구현 방법이 간편하고 나름대로의 장점도 갖고 있어서 오늘날에도 여러 가지 저장 매체에서 응용되어 사용되고 있습니다.

현재 도서관은 다음 그림과 같이 컴퓨터를 이용하여 도서 대출 기록을 저장하는 시스템을 사용합니다.

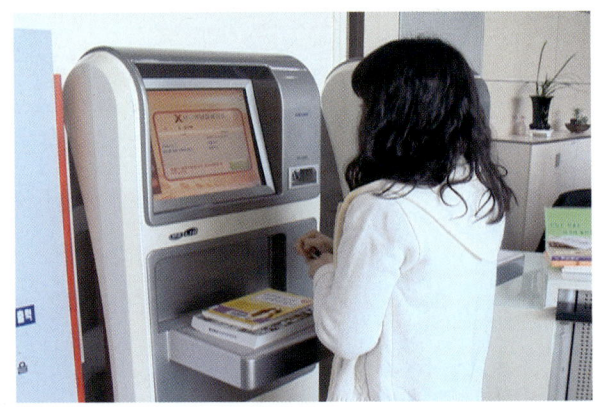

[그림 13-1] 현대식 도서관 대여 시스템

그러나 과거에는 책을 빌릴 때는 대여 장부에 손으로 기록하고, 독자들이 반납하면 빨간색 펜으로 해당 대여 기록을 죽 줄 긋는 것으로 반납처리를 끝냈습니다. 빠르면 1주일 늦어도 한 달 정도에는 한 번씩 장부의 처음부터 죽 훑어가면서 아직 반납이 안된, 즉 아직 빨간색 줄이 죽죽 그어져 있지 않는 그런 항목을 찾아서 바로 독촉 전화를 했던 그런 기억이 있습니다.

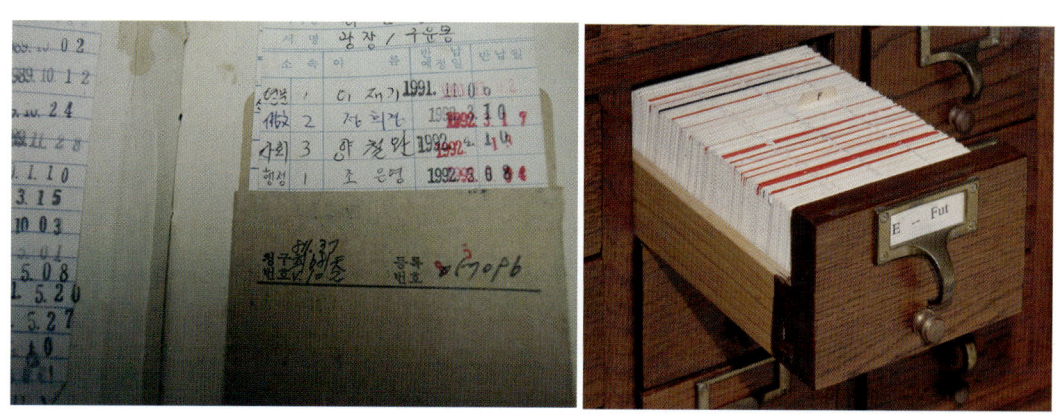

[그림 13-2] 과거 도서관 대여 시스템

바로 과거 도서관 도서 대여 장부가 이 장에서 다루게 될 순차 검색 알고리즘의 전형적인 모습입니다. 순차 검색 알고리즘의 특징은 모든 데이터가 차례대로 저장되어 있고 임의의 데이터를 찾기 위해서는 처음부터 차례대로 검색하는 방법을 사용합니다. 다음 그림을 볼까요?

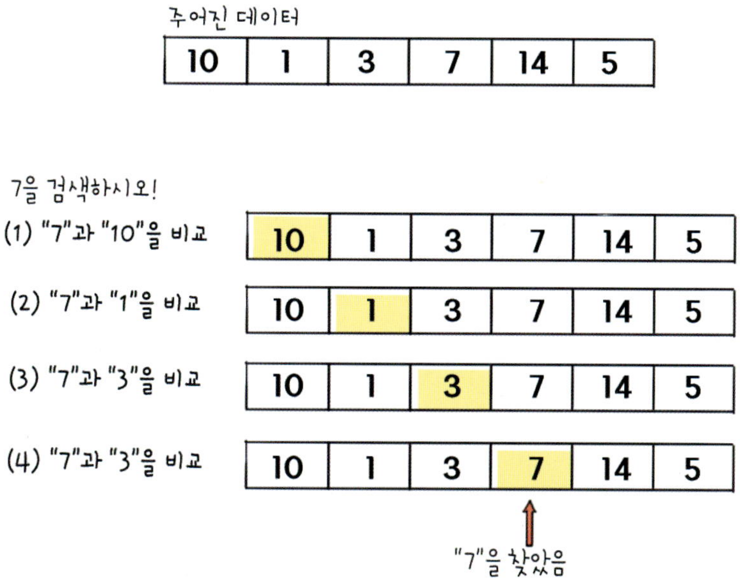

[그림 13-3] 순차 검색 알고리즘

위의 그림처럼 주어진 데이터가 있을 때 그 데이터 중에 원하는 데이터를 검색하는 방법 중 가장 간단한 방법은 순차 검색입니다. 이름 그대로 맨 처음의 데이터부터 순서대로 찾고자 하는 데이터와 값을 비교하는 방식입니다.

예제로 배우는 순차 검색 알고리즘

이미 이 책을 충실히 읽어본 독자라면 순차 검색 알고리즘의 개념에 대해서는 더 이상 설명하지 않아도 충분히 이해가 됐을 것입니다. 그렇다면 실제 프로그래밍 코드를 보면서 좀 더 자세히 살펴보도록 합시다.

순차 검색 알고리즘의 예제

파일명 : sequence_search.c

```c
#include <stdio.h>
#include <stdlib.h>
#define LIMIT 100

int arrayData[LIMIT];
void shellSORT(void)
{
    int i, j, h, v;
    for (h = 1; h < LIMIT; h = 3 * h + 1);
    for (; h > 0; h /= 3) {
        for (i = h; i < LIMIT; i++) {
            v = arrayData[i];
            j = i;
            while (j >= h && arrayData[j - h] > v) {
                arrayData[j] = arrayData[j - h];
                j -= h;
            }
            arrayData[j] = v;
        }
    }
}

int seqSEARCH(int num)
{
    int i;
    for (i = 0; i < LIMIT; i++) {
        if (arrayData[i] == num)
            return i;
    }

    return -1;
}

int main()
{
```

```c
    int data = 0;
    int i = 0;
    int ret = -1;

    for (i = 0; i < LIMIT; i++) {
        data = rand() % LIMIT;
        arrayData[i] = data;
    }

    printf("셸 정렬로 정렬한 데이터 \n");
    shellSORT();
    for (i = 0; i < LIMIT; i++) {
        printf("%4d ", arrayData[i]);
        if ((i % 10) == 9)
            printf("\n");
    }
    printf("\n");

    ret = seqSEARCH(50);

    if (ret == -1)
        printf("\n 50이라는 데이터가 없습니다\n");
    else
        printf("\n 50이라는 데이터가 %d 번째에 존재합니다\n", ret);
}
```

위 코드는 이 책에서 계속 다루고 있는 예제 코드와 비슷하며 단지 차이가 있다면 0부터 199까지의 값 중에서 100개의 데이터를 무작위로 생성한다는 점입니다. 또한 무작위로 생성된 데이터를 정렬하기 위해서 정렬 알고리즘을 사용하고 있습니다. 사실 순차 검색 알고리즘 코드라고 해봤자 별 내용은 없습니다.

검색할 데이터를 매개변수 num으로 받아서 for문을 데이터 총 개수만큼 반복합니다. for문을 반복하면서 현재 저장된 데이터와 매개변수 num의 값이 같으면 데이터가 저장된 인덱스 i를 리턴합니다. 반복문을 전부 실행한 후에도 같은 데이터를 찾지 못하면 -1를 리턴하게 되는거죠. 순차 검색이라는 용어가 생소해서 그렇지 실제 코드는 간단하죠? 다음은 위 프로그램의 결과입니다.

[그림 13-4] 결과 화면

49 순차 검색 알고리즘에서 데이터의 삽입

데이터를 삽입하거나 삭제했을 때 발생하는지 문제를 알아봅니다.

순차 검색 알고리즘의 데이터 삽입 방법

순차 검색 알고리즘에서 데이터를 삽입하는 방법은 두 가지가 있습니다. 첫 번째는 무조건 가장 뒤에 새로운 데이터를 삽입하는 방법과 삽입할 데이터의 위치를 계산해서 삽입하는 방법이 있습니다. 이 두 가지 방법 모두 장단점이 있습니다.

❶ 가장 뒤에 새로운 데이터를 삽입하는 경우

이 경우에는 데이터를 삽입하는 과정 자체는 가장 간단합니다. 단지 기존의 데이터의 끝에 삽입하면 그만이죠. 그러나 문제는 새로 삽입하더라도 기존의 데이터가 정렬되어 있는데 비해 새로 삽입된 데이터는 정렬이 되어 있지 않기 때문에 나중에 검색할 때 문제가 되죠.

❷ 크기를 비교해서 중간에 데이터를 삽입하는 경우

위의 ❶의 경우는 데이터를 삽입하는 방법이 간단하다는 장점이 있는 반면에 그 데이터를 검색할 때는 검색에 문제가 발생한다는 단점이 있습니다.

두 번째 경우는 데이터의 값을 원래의 데이터들과 비교해서 정렬되어야 할 위치를 찾아서 삽입하는 방법입니다. 이 방법은 데이터를 삽입할 때 ❶의 방법보다 번거롭다는 단점이 있지만 일단 삽입한 후에는 기존의 정렬 규칙을 위반하지 않는다는 장점이 있습니다.

다음 그림을 볼까요?

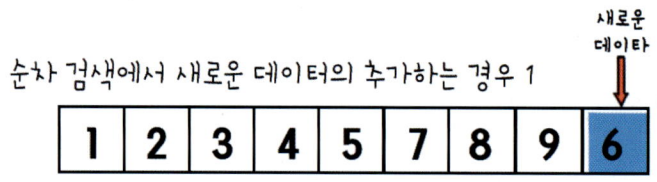

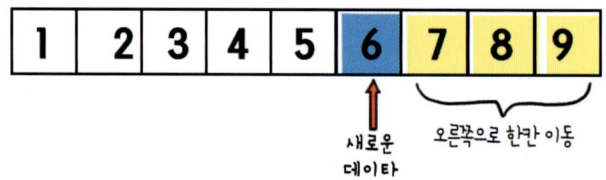

[그림 13-5] 순차 검색에서 새로운 데이터를 추가하는 경우

위의 그림에서 보면 첫 번째 경우와 두 번째 경우에 대해 나타나 있습니다. 두 번째 경우는 중간에 새로운 데이터를 삽입해야 하지만 그 이후의 데이터들을 오른쪽으로 한 칸씩 이동해야 하므로 번거롭습니다.

예제로 배우는 순차 검색 알고리즘

위의 삽입과정을 프로그래밍 코드로 살펴보도록 합시다.

순차 검색 알고리즘에서 데이터의 삽입 예제

파일명 : insert_sequence_sort.c

```c
#include <stdio.h>
#include <stdlib.h>
#define LIMIT 100

int arrayData[LIMIT * 2];
void shellSORT(void)
{
    int i, j, h, v;
    for (h = 1; h < LIMIT; h = 3 * h + 1);
    for (; h > 0; h /= 3) {
        for (i = h; i < LIMIT; i++) {
            v = arrayData[i];
            j = i;
            while (j >= h && arrayData[j - h] > v) {
                arrayData[j] = arrayData[j - h];
```

```
            j -= h;
        }
        arrayData[j] = v;
    }
  }
}

int seqSEARCH(int num)
{
    int i;
    for (i = 0; i < LIMIT; i++){
        if (arrayData[i] == num)
            return i;
    }

    return -1;
}

void insertData_1(int num)
{
    arrayData[LIMIT] = num;
}

void insertData_2(int num)
{
    int i, j;
    for (i = 0; i < LIMIT; i++)
    {
        if (arrayData[i] > num)
            break;
    }
    for (j = LIMIT + 1; j > i; j--)
    {
        arrayData[j + 1] = arrayData[j];
    }

    arrayData[i] = num;
}

int main()
{
    int data = 0;
```

```c
    int i = 0;
    int ret = -1;

    for (i = 0; i < LIMIT; i++) {
        data = rand() % LIMIT;
        arrayData[i] = data;
    }

    printf("셸 정렬로 정렬한 데이터 \n");
    shellSORT();
    for (i = 0; i < LIMIT; i++) {
        printf("%4d ", arrayData[i]);
        if ((i % 10) == 9)
            printf("\n");
    }
    printf("\n");

    insertData_1(50);
    ret = seqSEARCH(50);

    if (ret == -1)
        printf("\n 50이라는 데이터가 없습니다\n");
    else
        printf("\n 50이라는 데이터가 %d 번째에 존재합니다\n", ret);

    insertData_2(100);
    ret = seqSEARCH(100);

    if (ret == -1)
        printf("\n 100이라는 데이터가 없습니다\n");
    else
        printf("\n 100이라는 데이터가 %d 번째에 존재합니다\n", ret);
}
```

위의 프로그램은 데이터를 삽입하는 두 가지 경우에 대해 모두 테스트를 할 수 있는 코드입니다.

일단 위의 프로그램을 실행하면 첫 번째 삽입 과정이 진행되고, 그 결과는 다음과 같이 확인할 수 있습니다.

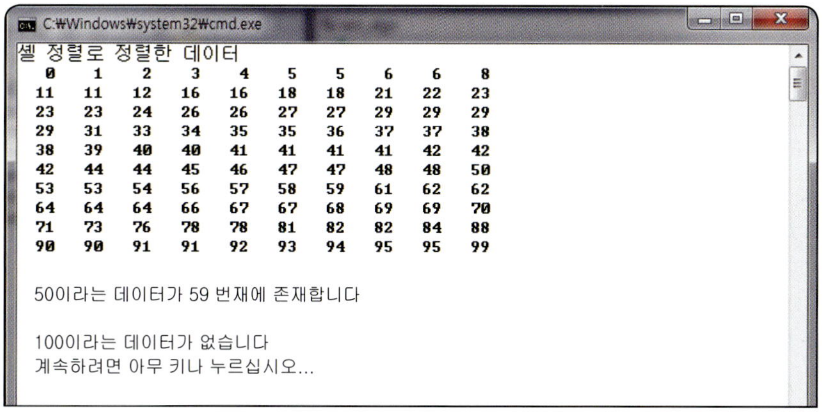

[그림 13-6] 결과 화면

위의 데이터를 보면 데이터 '50'을 삽입하면 첫 번째 경우에는 데이터의 가장 끝에 50이 삽입됩니다. 따라서 위의 데이터 '50'을 검색하기 위해서는 위 결과 화면처럼 100번이나 비교를 해야 겨우 '50'을 검색할 수 있습니다. 이와 같은 데이터의 삽입 코드는 다음과 같이 간단합니다.

```
void insertData_1(int num)
{
    arrrayData[MAX] = num;
}
```

단지 매개변수로 받은 데이터를 배열 데이터의 가장 마지막에 저장해주면 그만입니다. 그러나 데이터의 삽입 과정이 간편한 반면에 데이터들의 정렬 규칙을 위반하게 됩니다.

위의 두 번째 데이터 삽입의 경우에는 '100'이라는 데이터가 정확하게 자기 위치에 삽입되는 것을 확인할 수 있습니다. 그렇다면 두 번째 삽입 알고리즘은 어떨까요?

```
void InsertDataCase_2(int num)
{
    int i ,j;
    for(i = 0; i < MAX + 2; i++)
    {
        if(data[i] > num)
        break;
    }
    for( j = MAX + 1; j > i; j--)
    {
        data[j + 1] = data[j];
    }
    data[i] = num;
}
```

두 번째 삽입 과정은 먼저 매개변수로 받은 추가될 데이터가 전체 데이터에서 어디에 위치해야 할 지를 결정해야 합니다. for문을 총 데이터의 수만큼 반복하면서 현재 인덱스 i가 가리키고 있는 arrayData[i] 값과 매개변수 num의 값을 비교해서 num이 arrayData[i]보다 작아지는 순간에 for문을 빠져나옵니다. 위 과정을 그림으로 표현하면 다음과 같이 되겠죠.

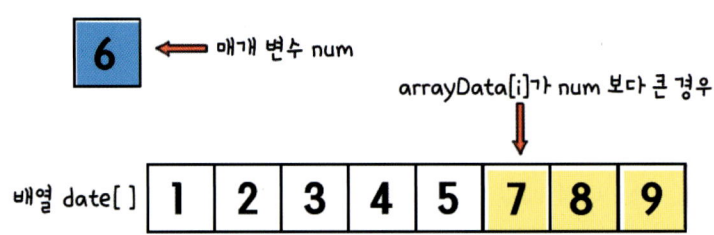

[그림 13-7] 순차 검색에서 새로운 데이터를 추가하는 경우 1

위의 그림처럼 매개변수가 데이터 '6'이라고 가정하면 '6'이 삽입될 위치를 for문으로 검색한 후에 arrayData[i]가 num보다 큰 경우에 break문에 의해 for문을 빠져 나옵니다. 그 다음은 arrayData[i]부터 끝까지의 데이터들을 오른쪽으로 한 칸씩 밀어주게 됩니다.

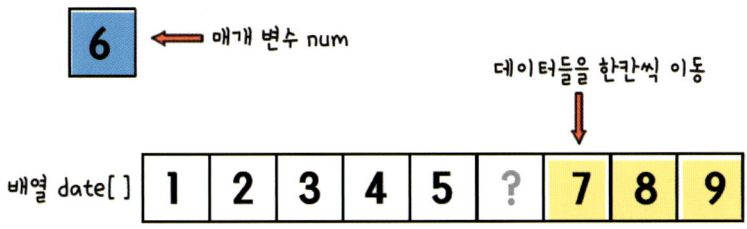

[그림 13-8] 순차 검색에서 새로운 데이터를 추가하는 경우 2

매개변수 num이 들어갈 자리를 확보한 후에 나머지 데이터들을 우측으로 이동시킵니다. 위의 두 번째 삽입 과정이 좀 복잡해 보이지만 정렬 규칙을 만족시키기 위해서는 어쩔 수가 없습니다. 그러나 데이터를 삽입할 때마다 매번 위와 같은 과정을 반복한다는 것은 상당히 성능을 떨어뜨리는 한 요인이 됩니다. 이에 대한 해결책은 조금 후에 살펴보기로 하고 이제는 데이터를 삭제하는 과정에 대해서 알아보도록 하죠.

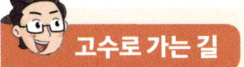 **브레이크포인트**

프로그래머들끼리는 코드를 보면서 종종 이런 표현을 합니다.
"야! 거기다 브레이크를 잡으면 될 거 아냐?" "브레이크 잡았는데 그냥 넘어가요."
여기서 말하는 브레이크는 브레이크포인트(breakpoint)를 의미합니다. 그렇다면 브레이크포인트라는 것은 무엇일까요? 예를 들어, 여러분들이 재미있는 예능 프로를 IPTV로 보고 있다고 가정해 봅시다. 한참 신나게 보고 있는데 누가 초인종을 누르면 리모컨으로 '잠깐 멈춤' 버튼을 누르죠? 이와 같이 프로그램에서도 프로그램의 실행 중에 실행을 잠시 멈추게 할 수 있습니다. 소스 파일에서 소스 코드의 임의의 장소에서 프로그램의 실행을 잠시 멈추게 하는 방법이 바로 브레이크 포인트입니다.

비주얼 스튜디오에서 브레이크포인트는 유용한 도구입니다. 브레이크포인트를 사용하여 조금 후에 다루게 될 변수의 값을 보거나, 변수의 값을 변경할 수도 있고, 소스 코드의 한 줄 한 줄 실행을 제어할 수도 있죠.

50 순차 검색 알고리즘에서 데이터의 삭제

순차 검색에서 데이터를 삭제하는 과정에 대해 순차적으로 알아봅니다.

순차 검색 알고리즘에서 데이터 삭제 과정

순차 검색에서 데이터를 삭제하는 것은 삽입 과정과 비슷합니다. 삭제를 하는 경우에도 삽입 과정과 마찬가지로 두 가지 경우가 있습니다.

❶ 데이터를 삭제하고 Mark를 하는 경우

데이터를 삭제하고 표시를 하는 경우는 가장 간단한 방법입니다. 표시라는 표현을 사용해서 좀 어리둥절할 수도 있지만 별다는 것은 아니고 도서 대출 장부에서 도서 반납한 기록을 빨간줄로 죽 긋는 것과 같은 원리입니다. 결국 이 데이터는 삭제된 데이터라는 표시를 해두는 방법이죠. 이 방법은 간단하게 데이터를 삭제할 수 있다는 장점이 있는 반면에 데이터를 삭제하더라도 사용하는 공간이 줄어드는 것이 아니기 때문에 공간 효율성이 좋지 않다는 단점이 있습니다.

❷ 데이터를 실제로 삭제하고 전체 데이터들을 재구성하는 경우

두 번째 경우는 실제로 데이터를 삭제하고 남아 있는 데이터들을 재구성하는 경우입니다. 이 경우는 삽입 과정의 두 번째 경우와 유사합니다.

예제로 배우는 순차 검색 알고리즘에서 데이터 삭제

자, 그렇다면 삭제에 대한 프로그램 코드를 보면서 자세히 살펴보도록 하죠.

순차 검색 알고리즘에서 데이터의 삭제 예제

파일명 : delete_sequence_sort.c

```c
#include <stdio.h>
#include <stdlib.h>
#define LIMIT 100

int arrayData[LIMIT * 2];
void shellSORT(void)
{
    int i, j, h, v;
    for (h = 1; h < LIMIT; h = 3 * h + 1);
    for (; h > 0; h /= 3) {
        for (i = h; i < LIMIT; i++) {
            v = arrayData[i];
            j = i;
            while (j >= h && arrayData[j - h] > v) {
                arrayData[j] = arrayData[j - h];
                j -= h;
            }
            arrayData[j] = v;
        }
    }
}

int seqSEARCH(int num)
{
    int i;
    for (i = 0; i < LIMIT; i++) {
        if (arrayData[i] == num)
            return i;
    }

 return -1;
}

void deleteData_1(int index)
{
    arrayData[index] = -1;
}

void deleteData_2(int index)
{
```

```c
    int i;
    for (i = index; i < LIMIT; i++)
    {
        arrayData[i] = arrayData[i + 1];
    }
}

int main()
{
    int data = 0;
    int i = 0;
    int ret = -1;

    for (i = 0; i < LIMIT; i++){
        data = rand() % LIMIT;
        arrayData[i] = data;
    }

    printf("셸 정렬로 정렬한 데이터 \n");
    shellSORT();
    for (i = 0; i < LIMIT; i++){
        printf("%4d ", arrayData[i]);
        if ((i % 10) == 9)
            printf("\n");
    }
    printf("\n");

    ret = seqSEARCH(50);

    if (ret == -1)
        printf("\n 50이라는 데이터가 없습니다\n");
    else {
        printf("\n 50이라는 데이터가 %d 번째에 존재합니다\n", ret);
        deleteData_1(ret);
        for (i = 0; i < LIMIT; i++){
            printf("%4d ", arrayData[i]);
            if ((i % 10) == 9)
                printf("\n");
        }
        printf("\n");
    }
```

```
    ret = seqSEARCH(100);

    if(ret == -1)
        printf("\n 100이라는 데이터가 없습니다\n");
    else{
        printf("\n 100이라는 데이터가 %d 번째에 존재합니다\n", ret);
        deleteData_1(100);
    }
}
```

위의 프로그램 코드는 데이터의 삽입과 거의 비슷합니다. 프로그램 코드를 설명하기 전에 위 프로그램의 실행 결과부터 살펴봅시다.

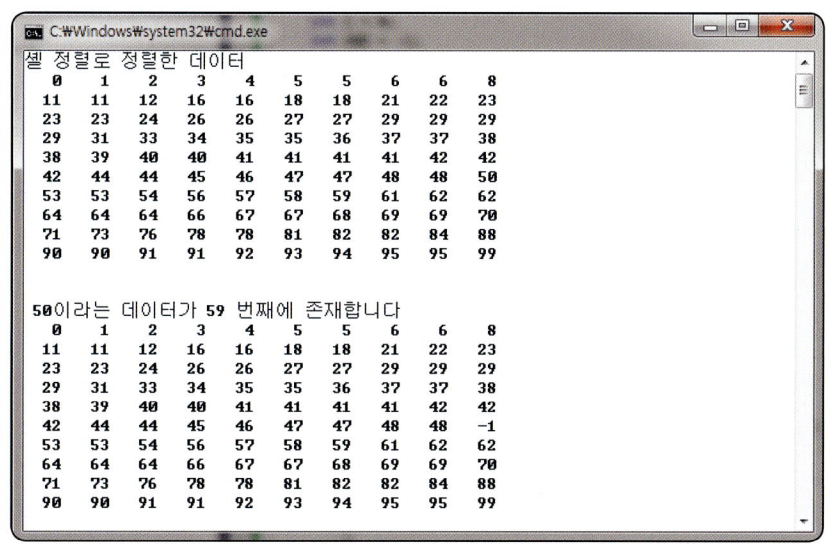

[그림 13-9] 결과 화면

위의 결과를 보면 두 개의 데이터 삭제 알고리즘의 차이점을 알 수 있습니다.

첫 번째 알고리즘은 다음과 같습니다.

첫 번째 삭제 알고리즘

```
void deleteData_1(int index)
{
    arrayData[index] = -1;
}
```

매개변수로 받은 배열 데이터의 인덱스에 저장되어 있는 데이터에 -1이라는 표시를 합니다. 이 표시는 데이터를 삭제했다는 의미가 되죠.

위의 결과 화면에서 보면 원본 데이터에서 데이터 '50' 부분이 첫 번째 경우로 데이터 삭제를 하게 되면 '-1'로 바뀌었음을 알 수 있습니다. 그러나 두 번째 경우로 데이터 삭제를 하면 -1로 표시하는 것이 아니라 그 뒤의 데이터가 전부 앞으로 당겨져 왔음을 알 수 있습니다.

두 번째 경우의 데이터 삭제 알고리즘은 다음과 같습니다.

두 번째 삭제 알고리즘

```
void deleteData_2(int index)
{
    int i;
    for(i = index; i < LIMIT ; i++)
    {
        arrayData[i] = arrayData[i + 1];
    }
}
```

위의 프로그램 코드에서처럼 매개변수로 받은 index 변수가 가리키는 데이터 부분부터 그 뒤의 데이터를 for문으로 반복하면서 하나씩 앞으로 이동시킵니다.

자! 어떻습니까? 여러분들은 이제 순차 검색 알고리즘에 대해서 이해를 했죠? 그런데 한 가지! 위의 배열로 된 구조에 대한 순차 검색은 구조적으로 삽입/삭제를 할 때 데이터의 이동 횟수가 너무 많습니다. 따라서 그다지 바람직한 방법이라고는 할 수 없죠.

 **비주얼 스튜디오의 Watch를 이용한 변수값 변경하기**

비주얼 스튜디오의 Watch를 사용하면 변수의 값을 보는 것뿐만 아니라, 변수의 값을 원하는 값으로 변경할 수도 있습니다. 다음과 같이 Watch창에서 왼쪽과 오른쪽의 값을 원래의 100에서 90으로, 그리고 100에서 50으로 변경하였습니다.

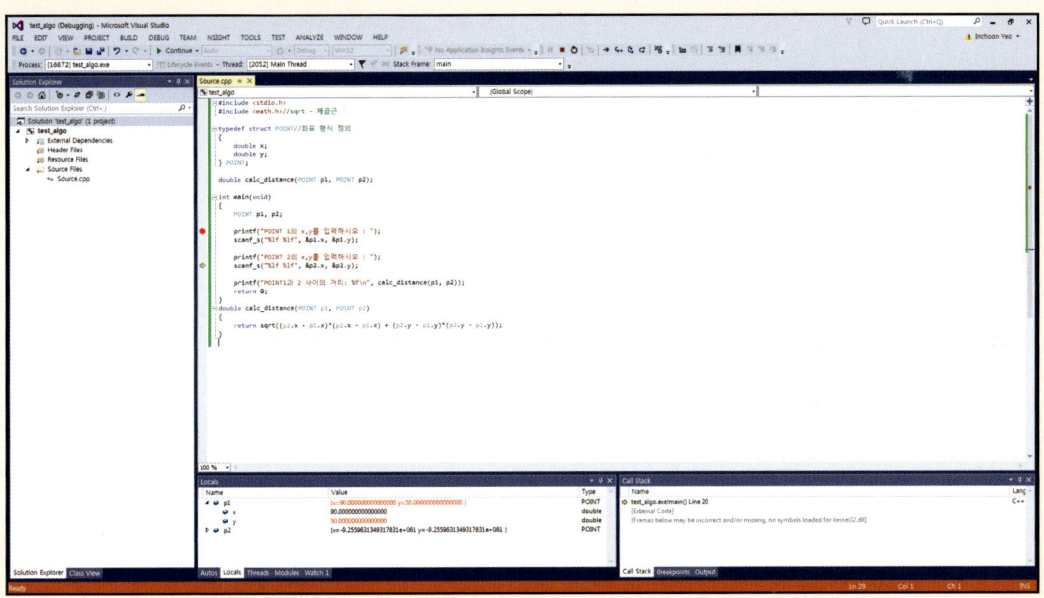

[그림 13-10] 구조체 p1과 p2의 내부 항목의 값의 변경

디버깅 과정에서 변수의 값을 변경할 수 있다는 점은 프로그래머에게 상당히 매력적인 기능입니다. 만약 변수에 잘못된 값이 대입된 경우, 디버깅을 중지한 후에 코드를 일일이 수정하지 않고 Watch 창에서 변수의 값을 직접 수정하여 프로그램이 제대로 동작하는지 확인할 수도 있기 때문입니다.

조금 더 특별한 검색 알고리즘

검색 알고리즘이 구조적으로 가지는 몇 가지 문제점에 대해 알아본 후, 이러한 문제점을 해결하는 방법에 대해서 살펴보겠습니다.

14장

51 × 연결 리스트를 사용한 검색 알고리즘
52 × 보간 검색

51 연결 리스트를 사용한 검색 알고리즘

구조적인 문제점을 해결하는 방법을 알아봅니다.

연결 리스트를 사용한 검색 알고리즘에서 데이터의 삽입

배열을 사용하여 순차 검색을 하는 경우는 위에서도 언급했듯이 데이터의 삽입과 삭제 과정에서 상당한 오버헤드(overhead)가 발생합니다. 이러한 오버헤드를 단순히 삽입 알고리즘과 삭제 알고리즘을 최적화시키는 것만으로는 해결할 수 없습니다. 그 이유는 배열이라는 자료 구조 자체가 갖고 있는 구조적 문제이기 때문이죠. 사실 배열을 사용하면 순차 검색과 같이 순차적으로 데이터를 읽고 비교하는 알고리즘의 구현이 상당히 간단해지기는 하지만, 데이터를 이동시킬 때는 심각한 문제가 될 수 있습니다.

배열을 사용하는 순차 검색의 이러한 문제점을 구조적으로 해결하기 위해서는 배열 대신에 연결 리스트를 사용하면 됩니다. 연결 리스트를 사용하기 위해서는 이 책의 앞부분에서도 배웠듯이 구조체로 선언된 NODE라는 자료 구조가 필요하고 그 자료 구조에 맞게 검색 알고리즘을 수정해주어야 합니다. 다음은 연결 리스트를 사용하는 검색 알고리즘이 프로그램 코드입니다.

연결 리스트를 사용한 검색 알고리즘의 데이터 삽입 예제 파일명 : insert_linkedlist_sort.c

```c
#include <stdio.h>
#include <stdlib.h>
#include <time.h>

#define LIMIT 100
#define TRUE 1
#define FALSE 0

typedef struct _node {
    int key;
    struct _node *link;
} node;
```

```c
node *p_head, *p_end;

int data[LIMIT];
void initLIST(void);
void insertLIST(int);
void displLIST(void);
void q_SORT(int[], int, int);

int main()
{
    int i;
    initLIST();
    q_SORT(data, 0, LIMIT - 1);

    for (i = 20; i > 10; i--){
        insertLIST(data[i]);
    }

    printf("10개의 데이터를 연결 리스트에 추가\n");
    displLIST();
    insertLIST(35);
    printf("\n 데이터 35를 연결 리스트에 추가\n");
    displLIST();

    return 0;
}

void initLIST(void)
{
    int i, item;

    i = 0;
    srand((unsigned)time(NULL));

    while (i < LIMIT){
        item = rand() % LIMIT;
        data[i] = item;
        i++;
    }

    p_head = (node *)malloc(sizeof *p_head);
```

```
        p_end = (node*)malloc(sizeof *p_end);
        p_head->link = p_end;
        p_end->link = p_end;
}

void insertLIST(int item)
{
    node *p;
    node *t = p_head;
    p_end->key = item;

    while (item > t->link->key) {
        t = t->link;
    }

    p = (node *)malloc(sizeof *p);
    p->link = t->link;
    t->link = p;
    p->key = item;
}

void dispLIST(void)
{
    node *p = p_head->link;
    while (p != p_end)
    {
        printf("%5d", p->key);
        p = p->link;
    }

    printf("\n");
}

void q_SORT(int data[], int left, int right)
{
    int item, i, j, temp;

    if (right > left) {
        item = data[right];
        i = left - 1;
        j = right;
        for (;;) {
```

```
            while (data[++i] < item);
            while (data[--j] > item);
            if (i >= j)
                break;
            temp = data[i];
            data[i] = data[j];
            data[j] = temp;
        }
        temp = data[i];
        data[i] = data[right];
        data[right] = temp;
        q_SORT(data, left, i - 1);
        q_SORT(data, i + 1, right);
    }
}
```

위의 프로그램은 일단 배열을 사용하여 무작위로 데이터 100개를 생성한 후에 그 배열의 값들을 InsertLIST() 함수를 사용하여 연결 리스트에 삽입하는 과정을 보여주고 있습니다. 사실 연결 리스트를 사용하는 경우에는 배열을 사용하지 않아도 되지만 연결 리스트에서 데이터를 삽입하는 과정을 좀 더 확실하게 보여주기 위해서 기존에 사용한 배열과 퀵 정렬 함수를 사용했습니다. 위의 코드에서 중요한 부분은 먼저 노드에 대한 자료 구조를 정의하는 부분입니다.

검색에서 사용할 연결 리스트의 노드의 정의

```
typedef struct _node {
    int key;
    struct _node *link;
} node;
node *p_head, *p_end;
```

위의 코드는 이미 연결 리스트에서 다루었기 때문에 별도로 설명하지는 않겠습니다. 데이터가 저장되는 key 항목과 다음 노드를 가리키는 Next 항목으로 구성되어 있습니다. 그리고 나서 연결 리스트에 새로운 데이터를 삽입하기 전에 초기화하는 함수를 살펴봅시다.

연결 리스트의 초기화 함수

```
void initLIST(void)
{
    int i, item;
    i = 0;
    srand((unsigned)time(NULL));
    while (i < LIMIT) {
        item = rand() % LIMIT;
        data[i] = item;
        i++;
    }

    p_head = (node *)malloc(sizeof *p_head);
    p_end = (node*)malloc(sizeof *p_end);
    p_head->link = p_end;
    p_end->link = p_end;
}
```

연결 리스트의 초기화 부분에서 하는 역할은 연결 리스트의 선두를 담당하는 **p_head** 포인터 변수와 연결 리스트의 끝에 해당하는 **p_end** 포인터 변수에 대한 처리뿐입니다. 이제 우리가 궁금해하던 연결 리스트에 데이터를 삽입하는 InsertLIST( ) 함수를 살펴봅시다.

연결 리스트의 데이터 삽입 예제

```
void InsertList(int num)
{
    NODE *p;
    NODE *t = head;
    end->key = num;
    while (num > t->Next->key) {
        t = t->Next;
    }
    p = (NODE *)malloc(sizeof *p);
    p->Next = t->Next;
    t->Next = p;
    p->key = num;
}
```

InsertLIST() 함수는 매개변수로 연결 리스트에 삽입할 데이터 item을 받습니다. 그리고 나서 연결 리스트의 끝에 해당하는 p_end 포인터 변수의 key 항목에 매개변수 item을 저장해둡니다. 이렇게 하는 이유는 while문에 대한 조건을 맞추기 위해서 입니다. 또한, 연결 리스트의 끝에 도달했는지를 검사하는 조건이 추가되어야 합니다.

while문에서는 현재 매개변수로 받은 item 값과 연결 리스트의 시작 노드의 key 값부터 계속 비교해서 item 값이 현재 노드의 key 값보다 큰 경우가 될 때까지 노드를 하나씩 이동합니다.

일단 연결 리스트의 끝에 도달하거나 중간에 item값이 작아지는 경우가 발생하면 while문을 빠져나오게 됩니다. 그리고 나서 새로운 노드에 대한 노드를 할당하고 그 노드를 연결 리스트와 연결해줍니다. 위의 과정을 그림으로 보면 다음과 같습니다.

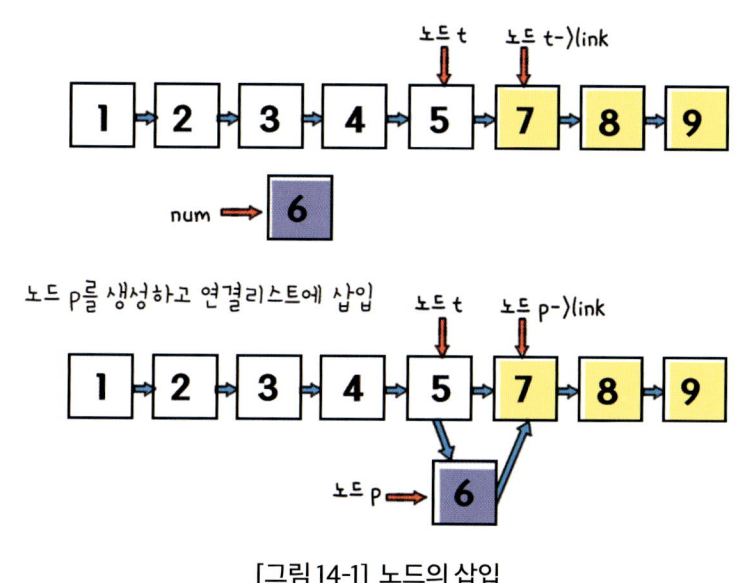

[그림 14-1] 노드의 삽입

위의 결과를 보면 다음과 같습니다.

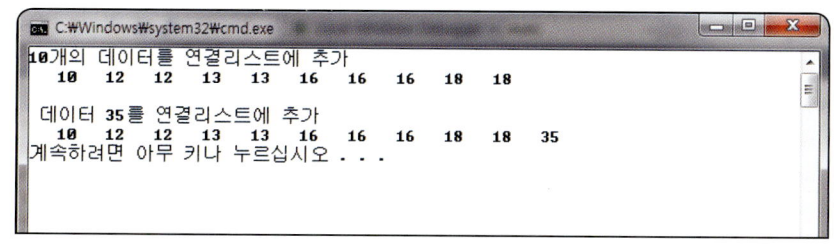

[그림 14-2] 결과 화면

위와 같이 연결 리스트를 사용하면 배열을 사용하여 데이터를 삽입할 때보다 데이터의 이동이 전혀 없게 되므로 검색 알고리즘의 구조적인 문제를 해결할 수 있습니다. 또한 배열의 경우는 미리 배열의 크기를 정해주어야 하는데 비해 연결 리스트는 연결 리스트의 크기와 상관없이 계속 데이터를 추가할 수 있으므로 공간적인 효율성도 더 뛰어납니다.

연결 리스트를 사용한 검색 알고리즘에서 데이터의 삭제

검색 알고리즘의 마지막으로 데이터의 삭제에 대해서 알아보도록 하죠. 데이터의 삭제도 데이터의 삽입과 마찬가지로 간단하게 구성할 수 있습니다. 다음은 데이터를 삭제하는 프로그램 코드입니다.

연결 리스트를 사용한 검색 알고리즘의 데이터 삭제
파일명 : delete_linkedlist_sort.c

```c
#include <stdio.h>
#include <stdlib.h>
#include <time.h>

#define LIMIT 100
#define TRUE 1
#define FALSE 0

typedef struct _node {
    int key;
    struct _node *link;
} node;

node *p_head, *p_end;

int data[LIMIT];
void initLIST(void);
void insertLIST(int);
void dispLIST(void);
void q_SORT(int[], int, int);

int main()
{
    int i;
    initLIST();
    q_SORT(data, 0, LIMIT - 1);

    for (i = 20; i > 10; i--) {
        insertLIST(data[i]);
```

```c
    }
    printf("10개의 데이터를 연결 리스트에 추가\n");
    displLIST();
    insertLIST(35);
    printf("\n 데이터 35를 연결 리스트에 추가\n");
    displLIST();

    return 0;
}

void initLIST(void)
{
    int i, item;

    i = 0;
    srand((unsigned)time(NULL));

    while (i < LIMIT) {
        item = rand() % LIMIT;
        data[i] = item;
        i++;
    }

    p_head = (node *)malloc(sizeof *p_head);
    p_end = (node *)malloc(sizeof *p_end);
    p_head->link = p_end;
    p_end->link = p_end;
}

void insertLIST(int item)
{
    node *p;
    node *t = p_head;
    p_end->key = item;

    while (item > t->link->key) {
        t = t->link;
    }

    p = (node *)malloc(sizeof *p);
    p->link = t->link;
    t->link = p;
    p->key = item;
```

```
}

void dispLIST(void)
{
    node *p = p_head->link;
    while (p != p_end)
    {
        printf("%5d", p->key);
        p = p->link;
    }

    printf("\n");
}

void q_SORT(int data[], int left, int right)
{
    int item, i, j, temp;

    if (right > left){
        item = data[right];
        i = left - 1;
        j = right;
        for (;;){
            while (data[++i] < item);
            while (data[--j] > item);
            if (i >= j)
                break;
            temp = data[i];
            data[i] = data[j];
            data[j] = temp;
        }
        temp = data[i];
        data[i] = data[right];
        data[right] = temp;
        q_SORT(data, left, i - 1);
        q_SORT(data, i + 1, right);
    }
}
```

위의 코드에서 중점적으로 살펴봐야 할 부분은 연결 리스트에서 데이터를 삭제하는 delLIST() 함수입니다.

```
void delLIST(int item)
{
    node *p;
    node *t = p_head;
    p_end->key = item;
    while(item != t->link->key){
        t = t->link;
    }
    p = t->link;
    t->link = t->link->link;
    free(p);
}
```

delLIST() 함수도 InsertLIST() 함수와 마찬가지로 삭제할 데이터를 매개변수 item으로 받습니다. 연결 리스트의 마지막인 p_end 포인터 변수의 key 값에 item 값을 저장해두고 반복문을 실행하면서 item과 같은 노드를 찾게 됩니다. 일단 item과 같은 값을 가진 노드는 t -> Next에 있으므로 그 t -> link를 포인터 변수 p에 저장해두고 t -> link에 t -> link -> link를 저장합니다. 그리고 나서 현재 노드 p를 메모리에서 해제시키면 노드의 삭제과정이 모두 끝나게 됩니다. 위 프로그램의 실행 결과는 다음과 같습니다.

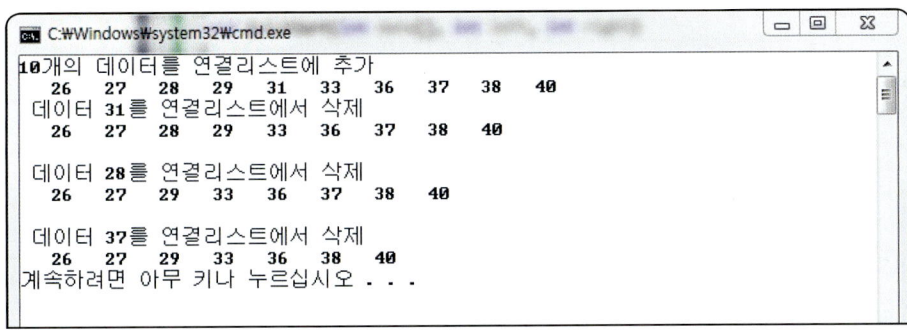

[그림 14-3] 결과 화면

검색 알고리즘은 O(N)의 성능을 갖고 있지만 이러한 성능은 검색 알고리즘 중에서는 가장 좋지 않은 성능입니다. 또한 데이터의 삽입이나 삭제가 빈번하게 발생하는 경우에는 배열을 사용한 순차 검색의 경우 데이터의 이동이 많아지게 되므로 오버헤드가 발생합니다. 이러한 오버헤드를 피하기 위해서는 배열을 사용하기보다 연결 리스트를 사용하는 것이 바람직합니다.

검색 알고리즘의 공간 효율성은 배열을 사용하면 좋지 않지만 이 문제 역시 연결 리스트를 사용하면 해결할 수 있습니다. 검색 알고리즘은 말 그대로 검색을 처음부터 하는 방식이기 때문에 코드가 간결하고 이해하기 쉽다는 장점이 있습니다.

52 보간 검색

여러 분야에 사용되면서 다양한 효율을 가지고 있는 이진 검색과 보간 검색에 대해 알아봅니다.

이진 검색과 보간 검색

앞에서 설명한 이진 검색은 널리 알려진 검색 방법으로, 여러 분야에 다양하게 사용되고 있을 정도로 상당한 효율을 가지고 있는 검색 알고리즘입니다. 효율적인 검색이 가능한 대표적인 자료 구조는 트리이며, $\log_2 N$의 검색 성능을 가지고 있습니다.

다음의 자료를 생각해봅시다.

| 1 | 2 | 3 | 4 | 5 | 6 | 7 | 8 | 9 | 10 | 11 | 12 |

[그림 14-4] 정렬되어 있는 데이터

위의 그림에서 '2'라는 데이터를 찾기 위해 이진 검색을 사용한다고 가정해봅시다. 이진 검색은 이름에서도 알 수 있듯이 찾아야 할 범위를 절반씩 감소시키는 방법이므로 다음과 같은 그림으로 찾아가게 됩니다.

데이터의 중간인 6부터 시작해서 원하는 데이터를 찾을 때까지 검색에 필요없는 부분은 제외시켜 나갑니다. 이렇듯 점점 반으로 줄여나가기 때문에 $\log_2 N$의 수행성능을 보이며, 상당히 우수한 검색 알고리즘입니다. 여기서 더욱 발전된 것이 보간 검색(Interpolation

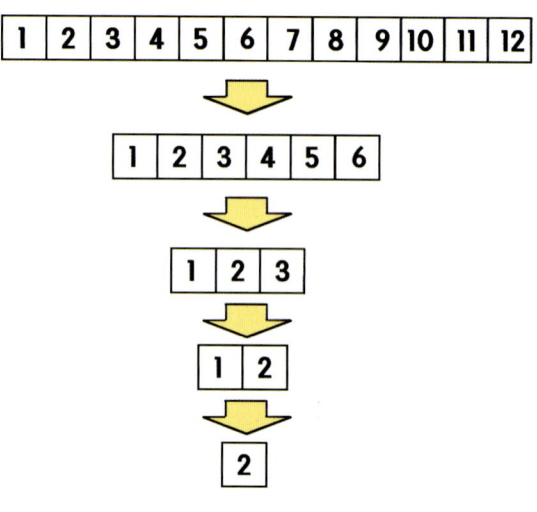

[그림 14-5] 이진 검색 방법

search)이라는 것인데 중간을 찍어 점점 줄여나가는 이진 검색과는 달리 검색하려는 대상에 비례하여 검색의 위치를 결정하는 방법입니다. 다시 말하면, 2를 찾기 위해서 중간값에 해당되는 6부터 찾는 것보다 3이나 4와 같이 2에 좀 더 가까운 수부터 검색을 시작하여 전체적으로는 검색 속도를 개선하는 방법입니다. 이진 검색과 보간 검색은 모두 정렬이 완료된 데이터를 대상으로 검색을 진행합니다.

결국 이진 검색과 보간 검색의 차이점은 mid값을 정하는 데에 있습니다. 이진 검색은 처음과 끝을 시작으로 반을 나누어가면서 왼쪽으로 갈지 오른쪽으로 갈지를 결정하는 방법입니다.

이진 검색을 위한 수식은 다음과 같습니다.

```
mid = (first + last) / 2
```

반면에 보간검색은 시작점을 조금 더 줄여가는 방법입니다. 찾고 싶은 숫자를 알고 있기 때문에 처음 검색 Index를 조금 더 근처로 설정할 수 있습니다. 수식은 다음과 같습니다.

```
mid = ((double)(target - ar[first]) / (ar[last] - ar[first]) * (last - first)) + first
```

이 수식으로 mid값을 정하고 나머지는 이진 검색과 같은 방식으로 진행합니다. 단, 나눗셈 수식을 사용하기 때문에 소수점이 나올 수 있으므로 Double이나 Float 형태로 Index를 추출해서 이에 대한 처리를 별도로 해줘야 한다는 단점이 있습니다. 그리고 수식의 오차로 인해서 종료의 조건이 기준치를 넘어가는 일이 발생해서 종료 조건을 조금더 까다롭게 주어야한다는 단점도 있습니다.

다음은 이진 검색과 보간 검색을 비교한 소스 코드입니다.

이진 검색과 보간 검색
파일명 : delete_linkedlist_sort2.c

```c
#include <stdio.h>
#include <stdlib.h>
#include <math.h>

#define SIZE 1000
#define MAX 1000

int data[MAX];
int count, index;
```

```c
int flag = 0;

void selection_sort(int data[], int n);
int bin_srch(int data[], int first, int last, int k);
int inter_srch(int data[], int first, int last, int k);

void main()
{
    int i, j, k, bsum, isum;

    bsum = isum = 0;
    for (i = 0; i < SIZE; i++) {
        for (j = 0; j < MAX; j++) {
            data[j] = rand() % SIZE;
        }
    }

    k = rand() % SIZE;
    selection_sort(data, SIZE);
    printf("%d 번째실행\n", i + 1);
    printf("k = %d\n", k);
    flag = 0;
    index = bin_srch(data, 0, (SIZE - 1), k);

    if (flag != 0)
        printf("이진검색성공 : index = %d, 비교횟수 : %d\n", index, count);
    else
        printf("이진검색실패 : 비교횟수 : %d\n", count);

    flag = 0;
    count = 0;
    index = inter_srch(data, 0, (SIZE - 1), k);

    if (flag != 0)
        printf("보간검색성공 : index = %d, 비교횟수 : %d\n", index, count);
    else
        printf("보간검색실패 : 비교횟수 : %d\n", count);
}

void selection_sort(int data[], int n)
{
    int i, j, k, temp;
```

```
    for (i = 0; i < n - 1; i++) {
        k = i;
        for (j = i + 1; j < n; j++) {
            if (data[k] > data[j])
                k = j;
        }
        temp = data[i];
        data[i] = data[k];
        data[k] = temp;
    }
}

int bin_srch(int data[], int first, int last, int target)
{
    int mid;

    if (first > last)
        return -1;

    count++;
    mid = (first + last) / 2;
    if (data[mid] == target) {
        flag = 1;
        return mid;
    }
    else if (target < data[mid])
        return bin_srch(data, first, mid - 1, target);
    else
        return bin_srch(data, mid + 1, last, target);
}

int inter_srch(int data[], int first, int last, int target)
{
    int mid;
    if (first > last)
    return -1;

    count++;
    mid = ((double)(target - data[first]) / (data[last] - data[first]) * (last - first)) + first;

    printf("mid : %d\n", mid);
```

```
        if(data[mid] == target){
            flag = 1;
            return mid;
        }
        else if(target<data[mid])
            return inter_srch(data, first, mid-1, target);
        else
            return inter_srch(data, mid+1, last, target);
    }
```

❶ 데이터의 크기가 10인 경우

전체 데이터의 크기가 10인 경우를 살펴봅시다. 결과 화면을 먼저 보면 다음과 같습니다.

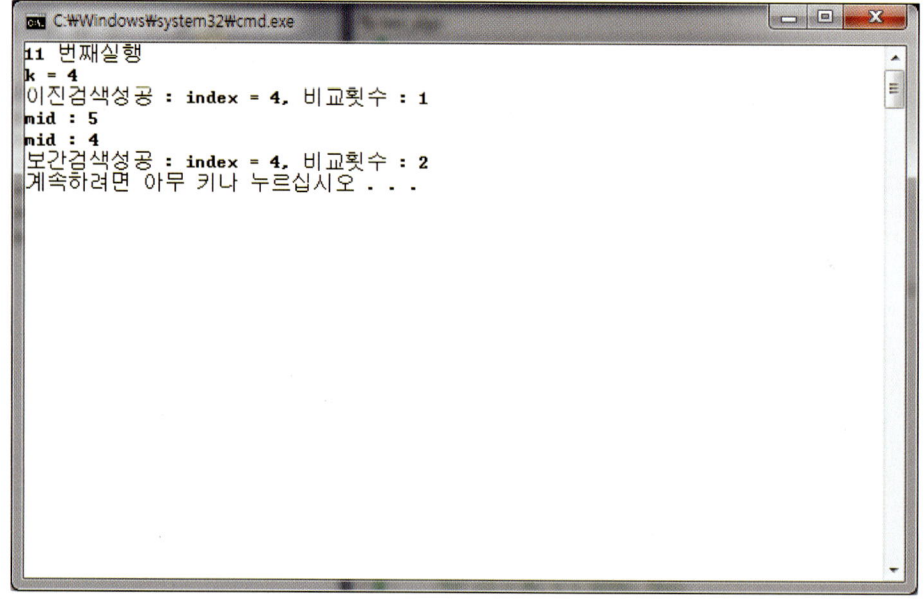

[그림 14-6] 데이터의 크기가 10인 경우

전체 데이터의 크기가 10인 경우는 보간 검색보다 이진 검색이 더 빠릅니다. 성능이 더 좋다는 말이 되겠죠. 비교 횟수를 비교해보면 이진 검색의 경우는 1번 만으로 검색이 가능하지만, 보간 검색의 경우는 2번의 검색 연산이 필요합니다.

❷ 데이터의 크기가 100인 경우

전체 데이터의 크기가 100만 되도 보간 검색이 이진 검색보다 더 빨라집니다. 다음의 결과 화면을 보죠.

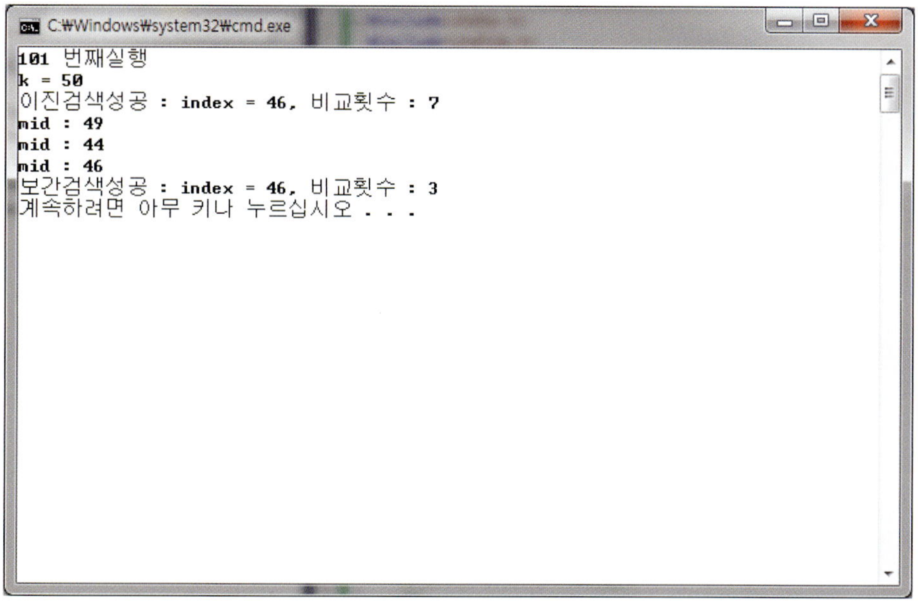
C:\Windows\system32\cmd.exe
101 번째실행
k = 50
이진검색성공 : index = 46, 비교횟수 : 7
mid : 49
mid : 44
mid : 46
보간검색성공 : index = 46, 비교횟수 : 3
계속하려면 아무 키나 누르십시오 . . .

[그림 14-7] 데이터의 크기가 100인 경우

❸ 데이터의 크기가 1,000인 경우

데이터의 크기가 1,000인 경우는 다음과 같은 결과가 나타납니다.

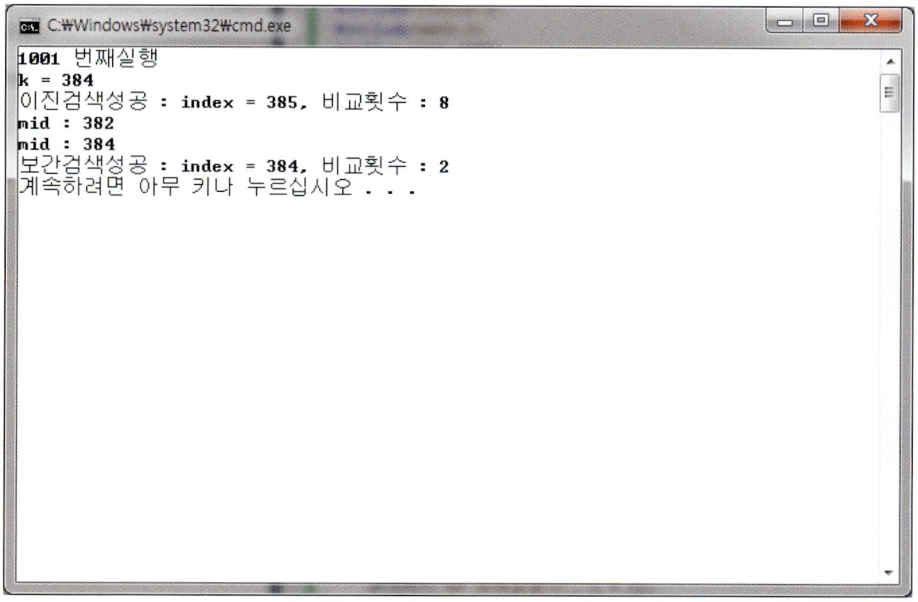
C:\Windows\system32\cmd.exe
1001 번째실행
k = 384
이진검색성공 : index = 385, 비교횟수 : 8
mid : 382
mid : 384
보간검색성공 : index = 384, 비교횟수 : 2
계속하려면 아무 키나 누르십시오 . . .

[그림 14-8] 데이터의 크기가 1000인 경우

❹ 데이터의 크기가 10,000인 경우

마지막으로 전체 데이터가 10,000개이고, 이 10,000개 중에서 한 개의 데이터를 검색하는 결과를 확인해봅시다.

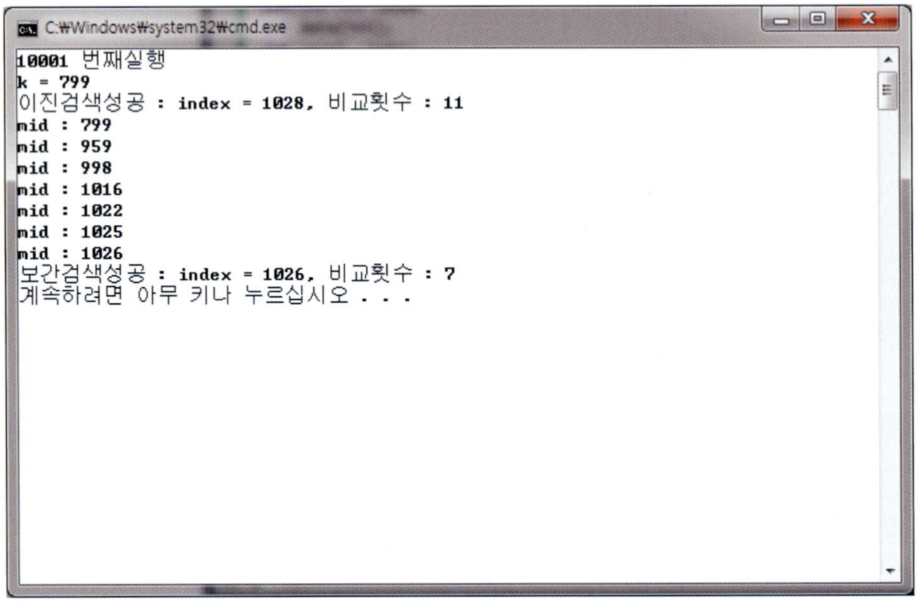
C:₩Windows₩system32₩cmd.exe
10001 번째실행
k = 799
이진검색성공 : index = 1028, 비교횟수 : 11
mid : 799
mid : 959
mid : 998
mid : 1016
mid : 1022
mid : 1025
mid : 1026
보간검색성공 : index = 1026, 비교횟수 : 7
계속하려면 아무 키나 누르십시오 . . .

[그림 14-9] 데이터의 크기가 10,000인 경우

MEMO

찾아보기

숫자/기호

10진법	57
4차 산업혁명	41

영어

AddString() 함수	193
C#	85
C/C++	41
char형	20
dequeue() 함수	152, 153
displayQUEUE() 함수	163
End 노드	93, 126
enqueue() 함수	152, 154
FIFO(First In First Out)	148
free	141
get() 함수	46
Head	126
Head 노드	93
InitQUEUE() 함수	152
int	19
L1 캐시	63
L2 캐시	63
L3 캐시	63
LIFO(Last In First Out)	148
main() 함수	41
Make	255
Makefile	255
malloc()	141, 201
Object-Oriented Programming	24
Pop()	125
printf() 함수	81
Push()	125
put() 함수	46
Rear	153
short형	22
sizeof() 함수	21, 84, 85
strlen() 함수	82, 84, 85
Top	125
TrimString() 함수	208
typedef	213
unsigned char형	25
visit() 함수	188

ㄱ-ㄷ

간접 전달(call by reference)	43
객체지향 프로그래밍 언어	24
공간의 효율성	38
공용체(union)	44
구조적 프로그래밍 언어	24
구조체(struct)	44
기가(giga)	57
노드(node)	92
높이	170
더블(double)	20
데이트 알고리즘	35
데카(deca)	57
디버깅(debugging)	263, 264

ㄹ-ㅂ

램	52
레벨	170
롱 더블(long double)	20
롱(long)	20
롱롱(long long)	20
루트	170
리프 노드(Leaf Node)	170
링크(link)	92
매개변수	126
메가(mega)	57
메가바이트(Mbyte)	57
메모리	18
메모리 주소	59
메모리의 구조	52
메모리의 단위	67
바이트(byte)	57
배열(array)	43
버블 정렬(Bubble sort)	239, 252, 261, 262, 263
버킷	229
변수	16
보간 검색(Interpolation Search)	298
부모 노드(Parent Node)	170
브레이크포인트(breakpoint)	279
비주얼 스튜디오	255. 262, 264
비주얼 스튜디오의 Watch	285
비트(bit)	57

ㅅ-ㅇ

삭제 알고리즘	94
삽입 정렬 알고리즘	246
삽입 정렬(Insertion sort)	239, 246, 261, 262, 263
상대주소	64

선택 정렬 알고리즘	240, 242, 244, 261, 262, 263
선형 조사 방법	233
셸 정렬 알고리즘	239, 256
쇼트(short)	22
순차 검색 알고리즘	268, 269
순차 검색(Sequential Search)	220
순회 알고리즘	171
순회(traverse)	172
스왑(swap)	244
스택	45, 124
슬롯	227
시간의 효율성	36
실수형	20
십진수	66
알고리즘	30
알파고	41
언사인드 롱(unsigned long)	20
언사인드 롱롱(unsigned long long)	20
언사인드 쇼트(unsigned short)	22
언사인드 캐(unsigned char)	20
엔트리(entries)	230
연결 리스트	44, 92
연산자(operator)	131
열거형(Enumerated Type)	163
옆자리 조사 방법(Linear Proving Method)	233
오버플로(overflow)	229, 230
오버헤드(overhead)	282
요타(Yotta)	57
원형 연결 리스트	111
이중 연결 리스트	111
이진 검색	298
이진법	62
이진수	53, 63
이진 트리	171
인공지능	41

ㅈ-ㅊ

자료 구조	42
자료형	18
자료형의 크기	20
자바/자바스크립트	41
자식 노드(Child Node)	170
재해쉬(Rehashing) 방법	234
전역변수	23
전위 순회 알고리즘	174
전위 순회(Pre-order Traverse)	172, 173
절대주소	64
정렬(sort) 알고리즘	238
정수형	21
중위 순회 알고리즘	183
중위 순회(In-order Traverse)	173, 181
지역변수	23
초기화	72
충돌(collision)	229, 230

ㅋ-ㅌ

카멜 표기법	15
캐시 메모리	63
코드의 효율성	39
퀵 정렬 알고리즘	32, 239
큐(Queue)	45, 148
클러스터링(clustering)	233
키-맵핑 알고리즘	224, 226
키-맵핑(Key-Mapping) 해쉬 알고리즘	226
키-주소 해쉬 알고리즘	224
키-주소(Key-Addressing) 검색 알고리즘	222, 223
킬로(kilo)	57
테라(tera)	57
테일(tail)	93
트리(Tree)	168

ㅍ-ㅎ

팝(Pop)	125
패킹 밀도	232
페타(peta)	57
포인터	43, 70, 85, 204
푸쉬(Push)	45, 125
플로트(float)	20
피연산자(operand)	131
합병 정렬(Merge Sort)	239
해쉬 테이블	232
해쉬 함수	232
해쉬(Hash) 알고리즘	45, 219
헝가리언 표기법	14
헤드(head)	93
헥토(hecto)	57
형식 지정자	23
형제 노드(Sibling Node)	170
후위 순회 알고리즘	185, 188
후위 순회(Posr-order Traverse)	173, 185, 188
힙 정렬(Heap Sort)	239

Foreign Copyright:
Joonwon Lee
Address: 10, Simhaksan-ro, Seopae-dong, Paju-si, Kyunggi-do,
          Korea
Telephone: 82-2-3142-4151
E-mail: jwlee@cyber.co.kr

C로 배우는 자료구조와 알고리즘

2017. 11. 29. 1판 1쇄 인쇄
2017. 12. 6. 1판 1쇄 발행

지은이 | Y박사, 한인, 정승태
펴낸이 | 이종춘
펴낸곳 | BM 주식회사 성안당
주소 | 04032 서울시 마포구 양화로 127 첨단빌딩 5층(출판기획 R&D 센터)
     | 10881 경기도 파주시 문발로 112 출판문화정보산업단지(제작 및 물류)
전화 | 02) 3142-0036
     | 031) 950-6300
팩스 | 031) 955-0510
등록 | 1973. 2. 1. 제406-2005-000046호
출판사 홈페이지 | www.cyber.co.kr
ISBN | 978-89-315-5527-1 (13000)
정가 | 23,000원

이 책을 만든 사람들
책임 | 최옥현
기획 | Y박사
편집 | 조혜란
진행·교정 | 방세근
일러스트 | 김태은
본문 디자인 | 강주현, 김효진
표지 디자인 | 김효진
홍보 | 박연주
국제부 | 이선민, 조혜란, 김해영
마케팅 | 구본철, 차정욱, 나진호, 이동후, 강호묵
제작 | 김유석

이 책의 어느 부분도 저작권자나 BM 주식회사 성안당 발행인의 승인 문서 없이 일부 또는 전부를 사진 복사나 디스크 복사 및 기타 정보 재생 시스템을 비롯하여 현재 알려지거나 향후 발명될 어떤 전기적, 기계적 또는 다른 수단을 통해 복사하거나 재생하거나 이용할 수 없음.

■ 도서 A/S 안내

성안당에서 발행하는 모든 도서는 저자와 출판사, 그리고 독자가 함께 만들어 나갑니다.
좋은 책을 펴내기 위해 많은 노력을 기울이고 있습니다. 혹시라도 내용상의 오류나 오탈자 등이 발견되면 **"좋은 책은 나라의 보배"**로서 우리 모두가 함께 만들어 간다는 마음으로 연락주시기 바랍니다. 수정 보완하여 더 나은 책이 되도록 최선을 다하겠습니다.
성안당은 늘 독자 여러분들의 소중한 의견을 기다리고 있습니다. 좋은 의견을 보내주시는 분께는 성안당 쇼핑몰의 포인트(3,000포인트)를 적립해 드립니다.
잘못 만들어진 책이나 부록 등이 파손된 경우에는 교환해 드립니다.

공무원 영어 검정시험은 지텔프가 대세입니다!

지텔프 활용 현황

✓ **시험 성적은 3년간 유효합니다.**

대한민국 정부
국가공무원 5급	지텔프 Level 2, 65점
외교관 후보자	지텔프 Level 2, 88점
국가공무원 7급	지텔프 Level 2, 65점
국가공무원 7급 (외무영사직렬)	지텔프 Level 2, 77점
국가공무원 7급 (지역인재)	지텔프 Level 2, 65점

대한민국 국회
입법고시	지텔프 Level 2, 65점

대한민국 법원
법원 행정고시	지텔프 Level 2, 65점

국민안전처 **2023년 예정**
소방간부 후보생	지텔프 Level 2, 50점
소방공무원	지텔프 Level 2, 43점

경찰청 **2022년부터 적용**
경찰공무원(순경)	지텔프 Level 2, 43점
경찰간부 후보생	지텔프 Level 2, 50점

대한민국 국방부
군무원 5급	지텔프 Level 2, 65점
군무원 7급	지텔프 Level 2, 47점
군무원 9급	지텔프 Level 2, 32점

병무청
카투사	지텔프 Level 2, 73점

기상청
기상직	지텔프 Level 2, 65점

국가정보원
지텔프 성적제출 가능

특허청
일반직공무원 (6급, 심사관 등)	지텔프 Level 2, 65점 이상
특허심판원 심판장 (상표분야, 화학분야 등)	지텔프 Level 2, 88점 이상

한국산업인력공단
변리사	지텔프 Level 2, 77점
세무사	지텔프 Level 2, 65점
공인노무사	지텔프 Level 2, 65점
외국어번역 행정사	지텔프라이팅 3급
관광통역안내사	지텔프 Level 2, 74점
박물관 및 미술관 준학예사	지텔프 Level 2, 50점
호텔경영사	지텔프 Level 2, 79점
호텔관리사	지텔프 Level 2, 66점
호텔서비스사	지텔프 Level 2, 39점
감정평가사	지텔프 Level 2, 65점
국제의료관광코디네이터	지텔프 Level 2, 65점

금융감독원
공인회계사	지텔프 Level 2, 65점

지텔프 Level 2 시험 구성
- 문법　　　　　26문항
- 청취　　　　　26문항
- 독해 및 어휘　28문항
- 총　80문항 (약 90분)

※ 자세한 문의사항은 지텔프코리아(www.gtelp.co.kr / 1588-0589)에 문의하시기 바랍니다.

| 함께 보면 좋은 책 |

케임브리지 대학 출판부의 베스트셀러 문법 교재 <GRAMMAR IN USE> 시리즈!

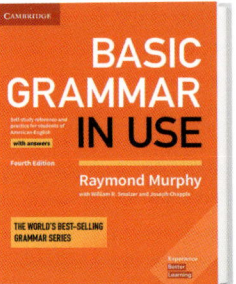

초급 **Basic Grammar in use 4/e**

전 세계 수백만 명의 학습자가 사용하는 영문법 교재입니다. 이 책의 구성은 스스로 공부하는 학생과 영어 수업의 필수 참고서로 적합한 교재입니다. 학습가이드를 통하여 영문법을 익히고 연습문제를 통하여 심화학습 할 수 있습니다. 쉽고 간결한 구성으로 Self-Study를 원하는 학습자와 강의용으로 사용하는 모두에게 알맞은 영어교재입니다.

ㅣ Book with answers and Interactive ebook 978-1-316-64673-1
　196×264 ㅣ 318쪽 ㅣ 30,000원
ㅣ Book with answers 978-1-316-64674-8 ㅣ 196×264 ㅣ 318쪽 ㅣ 21,000원

초급 **Basic Grammar in use 3/e 한국어판**

한국의 학습자들을 위하여 간단 명료한 문법 해설과 2페이지 대면 구성으로 이루어져 있습니다. 미국식 영어를 학습하는 초급 단계의 영어 학습자들에게 꼭 필요한 문법을 가르치고 있습니다. 또한 쉽게 따라 할 수 있는 연습문제는 문법 학습을 용이하도록 도와줍니다. 본 교재는 Self-Study 또는 수업용 교재로 활용이 가능합니다.

ㅣ Book with answers 978-0-521-26959-9 ㅣ 196×264 ㅣ 318쪽 ㅣ 21,000원

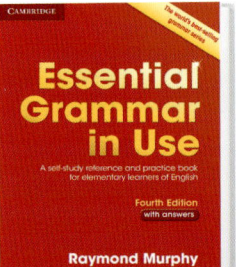

초급 **Essential Grammar in use 4/e**

영어 초급 학습자를 위한 필수 문법교재입니다. 학습가이드와 연습문제를 제공하며 Self-Study가 가능하도록 구성되어 있습니다.

ㅣ Book with answers and Interactive ebook 978-1-107-48053-7
　196×264 ㅣ 320쪽 ㅣ 30,000원
ㅣ Book with answers 978-1-107-48055-1 ㅣ 196×264 ㅣ 320쪽 ㅣ 21,000원

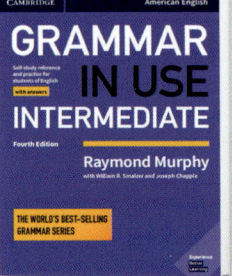

중급 **Grammar in use Intermediate 4/e**

미국식 영어학습을 위한 중급 문법교재입니다. 간단한 설명과 명확한 예시, 이해하기 쉬운 설명과 연습으로 구성되어 Self-Study와 강의용 교재 모두 사용 가능합니다.

ㅣ Book with answers and interactive ebook 978-1-108-61761-1
　196×264 ㅣ 384쪽 ㅣ 26,000원
ㅣ Book with answers 978-1-108-44945-8 ㅣ 196×264 ㅣ 386쪽 ㅣ 21,000원

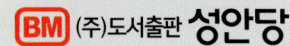    도서문의 031-950-6394

www.bmcambridge.co.kr

성안당 e러닝 인기 동영상 강의 교재

" 국가기술자격 수험서는 48년 전통의 '성안당' 책이 좋습니다 "

서영민 지음
40,000원

현성호 지음
22,000원

공하성 지음
43,000원

문영철 오우진 지음
33,000원

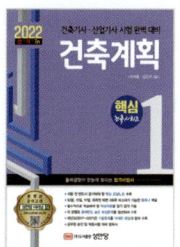
심진규, 이석훈 지음
20,000원

현성호 지음
40,000원

이시현 지음
35,000원

허준, 선세리 지음
28,000원

허원회 지음
38,000원

여승훈 지음
38,000원

정하정 지음
45,000원

김두석 지음
35,000원

* 상황에 따라 표지 및 가격 등 변동될 수 있음.

성안당 e러닝

국가기술자격교육 NO.1
합격이 쉬워진다,
합격이 빨라진다!

당신의 합격 메이트,
**성안당
이러닝**

bm.cyber.co.kr

단체교육 문의 ▶ 031-950-6332

◆ 소방 분야

강좌명	수강료	학습일	강사
소방설비기사 필기+실기+실기 핵심 과년도	370,000원	170일	공하성
소방설비기사 필기	180,000원	100일	공하성
소방설비기사 실기 과년도 문제풀이 포함	280,000원	180일	공하성
소방설비산업기사 필기+실기	280,000원	130일	공하성
소방설비산업기사 필기	130,000원	100일	공하성
소방설비산업기사 실기	200,000원	100일	공하성
화재감식평가기사 · 산업기사	192,000원	120일	김인범

◆ 환경 분야

강좌명	수강료	학습일	강사
대기환경기사 · 산업기사 필기	200,000원	180일	이승원
대기환경기사 · 산업기사 실기	100,000원	30일	이승원
수질환경기사 필기 과년도문제풀이 포함	170,000원	120일	장준영
수질환경산업기사 필기 과년도문제풀이 포함	150,000원	120일	장준영
수질환경기사 · 산업기사 필기	150,000원	90일	이승원
수질환경기사 · 산업기사 실기	100,000원	30일	이승원
폐기물처리기사 · 산업기사 필기	150,000원	90일	이승원
폐기물처리기사 · 산업기사 실기	100,000원	30일	이승원
온실가스관리기사 · 산업기사 필기	180,000원	60일	강헌, 박기학
온실가스관리기사 · 산업기사 실기	162,000원	60일	박기학
토양환경기사 필기+실기	400,000원	90일	이승원
환경기능사 필기 · 문제풀이+실기	210,000원	210일	이승원

◆ 위험물 · 화학 분야

강좌명	수강료	학습일	강사
위험물기능장 필기+실기	280,000원	180일	현성호,박병호
위험물산업기사 필기+실기[대학생 패스]	270,000원	최대4년	현성호
위험물산업기사 필기+실기+과년도	350,000원	180일	현성호
위험물산업기사 필기	100,000원	90일	현성호
위험물산업기사 실기	100,000원	60일	현성호
위험물기능사 필기+실기[프리패스]	270,000원	365일	현성호
화학분석기사 실기(필답형+작업형)	150,000원	60일	박수경
화학분석기능사 실기(필답형+작업형)	80,000원	60일	박수경

◆ 품질경영 분야

강좌명	수강료	학습일	강사
품질경영기사 필기+실기 단기합격반	210,000원	90일	임성래
품질경영산업기사 필기+실기 단기합격반	190,000원	90일	임성래
품질경영기사 필기+실기[프리패스]	400,000원	365일	임성래
품질경영산업기사 필기+실기[프리패스]	380,000원	365일	임성래

◆ 컴퓨터 · 정보통신 분야

강좌명	수강료	학습일	강사
네트워크관리사 1,2급 필기+실기	168,000원	90일	허 준
빅데이터분석기사 필기	230,000원	180일	박성택 외
CCNA	250,000원	60일	이중호
CAD 실무능력평가(CAT) 1급, 2급 실기	72,000원	120일	강민정, 홍성기
컴퓨터활용능력 2급 필기+실기	40,000원	180일	진광남
비범한 네트워크 구축하기	340,000원	60일	이중호
쉽게 배우는 시스코 랜 스위칭	102,000원	90일	이중호

HOT NEWS

경찰·소방공무원 영어과목 영어검정시험으로 대체 임박!

G-TELP Level 2 기준 점수 43점

군무원, 경찰직에 이어 소방공무원까지 영어검정시험 전면 도입!

>> 영어검정시험 도입이란?
  영어과목에 응시하지 않아도 영어검정시험(G-TELP, 토익, 토플 등)으로 대체가 가능해지는 것!

경찰공무원 2022년부터 영어검정시험 전면 도입 → **G-TELP Level 2로 대체 가능**
소방공무원 2023년부터 영어검정시험 전면 도입 → **G-TELP Level 2로 대체 가능**

※ G-TELP 기준 점수 취득 시 3년간 인정

>>>>> [G-TELP KOREA 공식] <<<<<
2021년 기출 7회분 강의 오픈!

G-TELP 단기 완성 공식, G-TELP는 **켈리**로 통한다.
정답이 보이는 지텔프

강좌 구매 시 지텔프 응시료 50% 할인 쿠폰 제공

당신의 지텔프 첫 시험을 응원합니다♥

강좌 구매자 전원에게 생애 첫 지텔프 응시료 50% 할인 쿠폰을 제공해드립니다.
(응시료 60,300원 → 30,000원 혜택)

생애 첫 지텔프 응시료 할인 쿠폰 **50%**

강좌 상세보기

성안당 e러닝

대통령상 2회 수상

국가기술자격시험 교육 부문

2019, 2020, 2021
3년 연속 소비자의 선택
대상 수상

중앙SUNDAY · 중앙일보 · 산업통상자원부

2021 소비자의 선택
The Best Brand of the
Chosen by CONSUMER

성안당 e러닝 주요강좌

소방설비기사·산업기사	전기기사·산업기사	전자기사
건축기사·산업기사	대기환경기사·산업기사	수질환경기사·산업기사
산업위생관리기사·산업기사	품질경영기사·산업기사	위험물산업기사·기능사
공조냉동기계기사·산업기사	가스기사·산업기사	빅데이터분석기사
G-TELP LEVEL 2	직업상담사	화학분석기사

성안당 e러닝 BEST 강의

전기/전자 오우진, 문영철, 류선희, 김영복, 김태영 교수
전기기능장, 전기기사·산업기사,
전기기능사, 전자기사

소방 공하성 교수
소방설비기사,
소방설비산업기사

G-TELP 켈리 교수
G-TELP LEVEL 2
최신 기출문제풀이,
G-TELP LEVEL 2
문법·독해&어휘

산업위생
서영민, 임대성 교수
산업위생관리기술사,
산업위생관리기사·산업기사

품질경영 임성래 교수
품질경영기사·산업기사

화학/위험물
박수경, 현성호 교수
화공기사, 화학분석기사,
위험물기능장,
위험물산업기사, 위험물기능사

기계/농림
허원회, 이영복 교수
공조냉동기계기사,
에너지관리기사,
유기농업기사, 식물보호기사

건축/토목
안병관, 심진규, 최승윤,
신민석, 정하정 교수
건축기사, 건축일반시공산업기사,
전산응용건축제도기능사

◆ 안전·산업위생 분야

강좌명	수강료	학습일	강사
산업위생관리기술사	1,000,000원	365일	임대성
산업위생관리기사 필기+실기	390,000원	240일	서영민
산업위생관리기사 필기	240,000원	120일	서영민
산업위생관리기사 실기	180,000원	120일	서영민
산업위생관리기사 실기 2주 단기완성반	100,000원	30일	서영민
산업위생관리산업기사 실기 2주 단기완성반	80,000원	30일	서영민
산업위생관리산업기사 필기+실기	390,000원	240일	서영민
산업위생관리산업기사 필기	240,000원	120일	서영민
산업위생관리산업기사 실기	180,000원	120일	서영민
산업위생관리기사·산업기사 필기+실기 [청춘패스]	320,000원	365일	서영민
가스기사 필기+실기	290,000원	365일	양용석
가스산업기사 필기+실기	280,000원	365일	양용석
가스기사 필기	185,000원	180일	양용석
가스산업기사 필기	175,000원	180일	양용석
가스기사 실기	150,000원	120일	양용석
가스산업기사 실기	140,000원	120일	양용석

◆ 전기·전자 분야

강좌명	수강료	학습일	강사
전기기능장 필기	280,000원	60일	김영복
전기기사 필기+실기 [대학생 패스]	270,000원	최대4년	오우진, 문영철
전기산업기사 필기+실기 [대학생 패스]	240,000원	최대4년	오우진, 문영철
60일 완성 전기기사 필기+실기 종합반	270,000원	240일	오우진, 문영철
60일 완성 전기산업기사 필기+실기 종합반	240,000원	240일	오우진, 문영철
30일 완성 전기기사·산업기사 실기	140,000원	120일	오우진, 문영철
전기기사 필기 핀셋 특강	150,000원	180일	전수기 외
전기산업기사 필기 핀셋 특강	130,000원	180일	전수기 외
참! 쉬움 전기기능사 필기+실기 [프리패스]	230,000원	365일	류선희, 홍성욱 외
참! 쉬움 전기기능사 필기 과년도문제풀이 포함	130,000원	90일	류선희, 문영철
전기기능사 실기(이론편+작업형)	80,000원	30일	홍성욱
전자기사 필기+실기(작업형)	300,000원	240일	김태영

◆ 건축·토목·농림 분야

강좌명	수강료	학습일	강사
토목시공기술사	350,000원	120일	이석일
건설안전기술사	585,000원	350일	장두섭
건축전기설비기술사	810,000원	365일	송영주 외
건축시공기술사	567,000원	360일	심영보
건축기사 필기+실기 [프리패스]	300,000원	365일	안병관 외
건축산업기사 필기	190,000원	180일	안병관 외
건축기사 필기	140,000원	120일	정하정
유기농업기사 필기	200,000원	90일	이영복
식물보호기사 필기	220,000원	120일	이영복
유기농업기능사 필기	100,000원	60일	이승원

◆ 차량·중장비 분야

강좌명	수강료	학습일	강사
차량기술사	540,000원	365일	박경택 외
도로교통사고감정사 1+2차 대비	241,400원	최대3년	박승범, 이무형
지게차·굴삭기 운전기능사 실기	35,000원	30일	탁덕기

◆ 기계·역학 분야

강좌명	수강료	학습일	강사
건설기계기술사	630,000원	350일	김순채
산업기계설비기술사	495,000원	360일	김순채
기계안전기술사	477,000원	360일	김순채
공조냉동기계기사 3회독 필기(기출문제풀이포함)+실기	250,000원	180일	허원회
공조냉동기계기사·산업기사 필기 이론+기출문제풀이	180,000원	90일	허원회
공조냉동기계기사 실기(필답형)	120,000원	90일	허원회
에너지관리기사 필기 기출문제풀이 포함	300,000원	120일	허원회
[무한연장] 전산응용기계제도기능사 필기+실기+CBT 모의고사	170,000원	60일	박미향, 탁덕기
공유압기능사 핵심이론+기출 1200제	120,000원	90일	김순채
공조냉동기계기능사 필기 과년도 문제풀이 포함	300,000원	120일	김순채
열/유체/재료역학 이론+문제	300,000원	180일	허원회
[공무원] 응용역학 이론+문제	105,000원	60일	임성묵
[공무원] 토목설계 이론+문제	105,000원	60일	임성묵

◆ 기타 분야

강좌명	수강료	학습일	강사
[켈리의 지텔프 기출분석] 2021	99,000원	60일	켈리
최신 공식 G-TELP 기출 7회분 문제풀이	59,000원	30일	켈리
직업상담사 1급 필기+실기	360,000원	최대 1년	이시현 외
직업상담사 1급 필기	140,000원	90일	이시현 외
직업상담사 1급 실기	280,000원	최대 1년	이시현 외
PMP 자격대비	350,000원	60일	강신봉, 김정수
SMAT-A 서비스경영자격시험	50,000원	30일	이경랑

* 상황에 따라 수강료 및 학습일 등 변동될 수 있음